Ensino de filosofia

Perspectivas

ORGANIZADOR
Walter Kohan

Traduções do espanhol
Maria Antonieta Pereira

Tradução do francês
Matosalém Vilarino Pereira Júnior

Revisão técnica
Maria Lúcia Jacob Dias de Barros

Tradução do inglês
Erick Ramalho

Ensino de filosofia
Perspectivas

2ª edição

autêntica

Copyright © 2002 Os autores
Copyright © 2002 Autêntica editora

Todos os direitos reservados pela Autêntica Editora. Nenhuma parte desta publicação poderá ser reproduzida, seja por meios mecânicos, eletrônicos, seja via cópia xerográfica, sem a autorização prévia da Editora.

CAPA/ILUSTRAÇÃO
Jairo Alvarenga Fonseca

DIAGRAMAÇÃO
Waldênia Alvarenga Santos Ataide

REVISÃO
Erick Ramalho

EDITORA RESPONSÁVEL
Rejane Dias

K79e
Kohan, Walter
Ensino de filosofia – perspectivas / organizado por Walter Kohan – 2. ed. – Belo Horizonte: Autêntica Editora, 2013.
296p.

ISBN 978-85-7526-047-0

1.Filosofia-estudo e ensino. I. Título

CDU 82.09

AUTÊNTICA EDITORA LTDA.

Belo Horizonte
Rua Aimorés, 981, 8º andar . Funcionários
30140-071 . Belo Horizonte . MG
Tel.: (55 31) 3214 5700

Televendas: 0800 283 13 22
www.autenticaeditora.com.br

São Paulo
Av. Paulista, 2073, Conjunto Nacional, Horsa I,
23º andar, Conj. 2301
Cerqueira César . São Paulo . SP .
01311-940
Tel.: (55 11) 3034 4468

SUMÁRIO

07 **Apresentação**
Walter Kohan

I- Política, Filosofia, Educação

13 Filosofia/Educação: os desafios políticos de uma relação complicada
Alejandro A. Cerletti

23 A ética de uma universidade felizmente à deriva: os elásticos dos sem-terra e as paredes da universidade
Gabriele Cornelli

29 Utopia e busca do sentido na educação: um olhar filosófico
María Elena Madrid M.

II- Filosofia e Universidade

39 Ensino da filosofia e disciplinamento
Raquel Viviani Silveira

53 Filosofia, educação e história
Rodrigo Dantas

69 Filosofia na formação universitária
Roberto de Barros Freire

III- Ensino de Filosofia

87 Antinomias no ensino de filosofia
Filipe Ceppas

97 Filosofia e crime: uma experiência de investigação filosófica a partir de Sherlock Holmes
Diego Antonio Pineda R.

119 Filosofia e teatro: as estratégias de teatralização como contribuição à transmissão de conteúdos filosóficos
Ricardo Sassone

IV- Filosofia com/para Crianças

143 Uma ética pragmatista de socialização
Maughn Gregory

151 A capacitação do professor no "Programa de Filosofia para Crianças" de M. Lipman: abordagem crítica
Renê José Trentin Silveira

171 Da tensão do pensar: sentidos da filosofia com crianças
Vera Waksman

V- Filosofia, Infância, Juventude

183 A filosofia na formação do jovem e a ressignificação de sua experiência existencial
Antônio Joaquim Severino

195 A concepção filosófica de infância na modernidade: a contribuição humanista e racionalista
Humberto Guido

213 A brincadeira, o jogo, a criação: crianças e adultos filosofam
Lúcia Helena Cavasin Zabotto Pulino

233 Uma educação da filosofia através da infância
Walter Kohan

VI- Filosofia da Educação

245 Método e Liberdade
Hubert Vincent

263 Por uma definição da filosofia da educação
Lílian do Valle

277 Filosofia e educação: pistas para um diálogo transversal
Sílvio Gallo

289 **Autores**

Apresentação

Walter Kohan

Foucault afirmava que há pelo menos duas formas de escrever um livro.[1] Por um lado, há os livros-verdade, aqueles nos quais o objetivo principal é transmitir uma verdade afirmada no interior da escrita. Escrever um livro como verdade é privilegiar a transmissão de um saber que, se pressupõe, os leitores farão muito bem em se apropriar através de sua leitura.

Por outro lado, há também os livros-experiência, aqueles nos quais o que interessa não é transmitir uma verdade, mas transformar a relação que temos com a verdade. Escrever um livro como experiência não desconsidera uma certa verdade histórica que o livro supõe e afirma. Não obstante, o essencial do livro não se encontra nem numa série de verdades históricas afirmadas nem na experiência que esse livro permite ao autor em relação à verdade. A experiência não está atrelada a qualquer verdade, mesmo àquelas que ela afirma.

A experiência e a verdade habitam espaços diferentes e possuem uma relação complexa. Uma experiência intensa, importante, desejável de escrita supõe um compromisso com uma certa verdade acadêmica, histórica, que a antecede. A escrita deste livro pressupõe essa forma de verdade. Mais ainda, a necessita. Não estamos dispostos a depreciar ou a renunciar a uma tal verdade. Não obstante, a experiência da escrita a transcende, a esquiva, a evita e, em seu sentido mais importante, a coloca em questão, a ameaça, modifica nossa relação com essa verdade. Este é o valor principal de uma experiência de escrita: não contribuir para

---

[1] FOUCAULT, M. "Entretien avec Michel Foucault". Entrevista com D. Trombadori. In: *Dits et Écrits*. Paris: Gallimard, 1994/1978, p. 41.

constatar uma pressuposta verdade, mas sim transformar a relação que mantemos com uma verdade na qual estávamos comodamente instalados antes de começar a escrever.

O mesmo sucede com a leitura. Há as leituras-verdade e as leituras-experiência. Podemos ler um livro para apropriarmo-nos de uma verdade externa, contida nas páginas de um texto. Mas também podemos lê-lo como experiência, para transformar a relação que mantemos com uma certa verdade que a experiência da leitura interroga, problematiza, transforma.

O sentido principal deste livro é provocar uma experiência de leitura em pessoas interessadas no ensino de filosofia. Talvez seja mais justo dizer que o que se almeja é propiciar experiências de leitura. Isto significa contribuir para provocar experiências plurais que transformem a relação que temos com o ensino de filosofia, que incomodem o que há de verdade adormecida quando pensamos sobre o ensino de filosofia ou, de modo mais direto, ensinamos filosofia.

As discussões em torno do ensino de filosofia tomaram temperatura altíssima no Brasil em 2001, a propósito da Lei 009/2001, de autoria do Deputado Pe. Roque Zimmermann, aprovada pela Câmara e pelo Senado por ampla maioria e vetada pelo Presidente da República em outubro desse mesmo ano. Alguns debates na imprensa polarizaram as posturas a favor e contra. A polêmica poucas vezes mostrou um tom interessante.

Os argumentos dos que se opõem ao ensino obrigatório da filosofia, a começar pelos esboçados nos fundamentos do veto do Presidente, são técnicos e financeiros. Alega-se uma falsa incompatibilidade com a LDB e a impossibilidade de assumir os custos com contratação de professores que tal obrigatoriedade imporia. Em outra posição, acostuma-se a contrapor uma defesa corporativa que abstrai e enaltece a filosofia como se ela fosse por si mesma e em qualquer circunstância algo maravilhoso. Como se ela fosse sinônimo de pensamento crítico, cidadania e democracia. Como se estes temas tivessem um sentido óbvio, natural, evidente.

Este livro procura deslocar o ensino de filosofia dessa polêmica. Importa-nos discutir o tipo de filosofia que vai se ensinar e os seus sentidos educacionais: qual filosofia ensinar? Para que fazê-lo? Não colocamos a ênfase em propiciar respostas conclusivas a favor ou contra a filosofia. Ao contrário, buscamos mudar a relação com uma verdade apenas afirmativa ou negativa, apologética ou condenatória. Este livro busca pensar diversas formas de conceber a filosofia e uma pluralidade de sentidos para ensiná-la. São perspectivas para pensar o ensino de filosofia.

Os textos que compõem este livro foram apresentados no Encontro Internacional "Filosofia e Educação", organizado em junho de 2001 em Brasília/DF, pela área "Filosofia na Escola" da Faculdade de Educação da Universidade de Brasília/UnB, o qual foi também o I Fórum de Ensino de Filosofia do Centro-Oeste. Esse evento, que contou com 1000 participantes de 10 países e 20 Estados do Brasil, foi possível pelo esforço dessa instituição e o apoio do CNPq e da FAP-DF. Este livro reúne alguns dos principais trabalhos apresentados em mesas redondas e sessões especiais. Há aqui autores da Argentina, Brasil, Colômbia, Estados Unidos, França e México.

Organizamos o livro em seis partes temáticas. Na primeira, "Política, Filosofia, Educação", Alejandro A. Cerletti aborda teoricamente as relações entre filosofia e educação e apresenta uma política da filosofia em seus alcances educacionais; Gabriele Cornelli narra uma experiência de fazer filosofia com os sem-terra. María Elena Madrid M. reflete sobre o sentido de pensar nestes dias uma escola utópica. Em "Filosofia e Universidade", propõem-se três olhares sobre a filosofia na Universidade: uma crítica do academicismo dominante (Rodrigo Dantas), a afirmação de uma filosofia da universidade como condição para qualquer filosofia na universidade (Roberto de Barros Freire), alguns exemplos de formação filosófica normalizadora (Raquel Viviani Silveira). Em "Ensino de filosofia", Filipe Ceppas pensa, com Kant e Derrida, antinomias clássicas das teorizações sobre ensino de filosofia; Diego Antonio Pineda R. reflete sobre o valor filosófico das obras de Sherlock Holmes; Ricardo Sassone convida a pensar sobre as multifacetadas relações entre teatro e filosofia. Em "Filosofia com/para crianças", há a apresentação de uma ética pragmatista no diálogo entre adultos e crianças (Maughn Gregory), uma crítica gramsciana da formação do professor do "programa filosofia para crianças" (Renê José Trentin Silveira) e a experiência da filosofia como seu propósito e sentido primordiais na escola (Vera Waksman). Em "filosofia, infância, juventude", Antônio Joaquim Severino destaca a importância da atitude filosófica para compreender mais significativamente uma experiência de vida e daí seu caráter imprescindível na formação dos jovens; Humberto Guido propõe uma reflexão filosófica sobre o lugar da infância na modernidade; Lúcia Helena Cavasin Zabotto Pulino trabalha o papel do lúdico numa educação filosófica e Walter Kohan propõe uma ideia de infância para educar a filosofia. Por último, em "filosofia da educação", uma discussão das exigências metodológicas em termos de suas ameaças para a liberdade de ensinar (Hubert Vincent), uma forma de conceitualizar o estatuto filosófico da educação (Lílian do Valle) e uma proposta para pensar a transversalidade dos encontros entre filosofia e educação (Sílvio Gallo).

Pistas, pegadas, horizontes para pensar a filosofia e seu ensino, sua política, seu sentido educacional. Perspectivas. Filosofias. O leitor apreciará sua potencialidade para problematizar tantas verdades instituídas.

I – Política, Filosofia, Educação

Filosofia / Educação: os desafios políticos de uma relação complicada

Alejandro A. Cerletti

Filosofia e Educação mantiveram (e mantêm) uma relação complexa. Para além da pertinência de ser ensinada formalmente, um dos aportes que a filosofia pode fazer sobre os diversos aspectos da educação é elucidar seus conceitos, revisar suas hipóteses ou repensar suas problematizações. Este texto girará ao redor de um ponto clássico de articulação entre filosofia e educação: o Estado. Portanto, a referência à educação (institucionalizada) será feita numa perspectiva política. De maneira consequente, tentar-se-á outorgar um sentido definido à chamada "Filosofia da Educação", de modo que se possa dar conta da vinculação filosofia-educação-Estado sob novos parâmetros de análise.

Enfocar a questão da "Filosofia *na* educação (por quê? para quê? como?)" – tal como o encaminha o tema central da convocatória deste congresso – supõe, em princípio, que *há* educação (boa ou má, não é o caso de ponderar isso aqui) e que a filosofia não se inclui *necessariamente* nela. Supõe também que seremos capazes de reconhecer-nos em um território que nos é comum a todos e sobre o qual deveremos pensar um lugar para a filosofia. Pois bem, interessa-me tomar essa simples constatação como ponto de partida para minha argumentação.

Filosofia/Educação: apresentação de uma velha relação

Digamos, então, que podemos constatar o fato de que houve e há um campo que se chama, num sentido genérico, "educação" (ou também "pedagogia", que mesmo não sendo sinônimos, para os efeitos deste texto serão unificados no mesmo espaço problemático). Esses nomes resumem, tradicionalmente, um conjunto heterogêneo de práticas e teorias vinculadas à transmissão dos conhecimentos, à cultura e às relações sociais, que afirma certos enunciados, enfoca alguns problemas funcionais e propõe, por sua vez, soluções funcionais a respeito. Também difunde valores, reproduz saberes e práticas, estimula certas ações e dissuade (ou reprime) outras. Bem, em princípio, a filosofia não tem muito a ver com isso – ao menos de maneira direta – e, se é associada com esse tipo de ações, ou seja, com o que *há que* ou *se deve* transmitir, é convertida em outra coisa (talvez em uma espécie de instrução cívica ou moral). Pouco altera o fato de que tal transmissão seja um dogma político ou religioso, o texto de uma constituição nacional ou a declaração dos direitos do homem, já que a chave da questão é que se está utilizando a filosofia como um mero veículo de difusão dos valores, das crenças ou da ideologia dominantes. Um veículo talvez excelso, mas sempre um veículo.

Diremos então, em primeiro lugar, que há educação fora da filosofia e acrescentaremos também que há filosofia fora da educação.[1] Ou seja, ambas não se pressupõem necessariamente, como talvez tenha ocorrido em outra época.[2] Trata-se, então, de analisar que tipo de relação pode ocorrer entre ambas e que consequências podem ser extraídas a esse respeito.

Dos múltiplos cruzamentos que podem ser pensados entre filosofia e educação, para efeito desta exposição interessa deter-me naqueles que acontecem mediados ou condicionados pelo Estado.[3]

---

[1] Ver a respeito a colocação geral das relações filosofia-educação ("filosofia fora da educação", "educação fora da filosofia", "filosofia na educação", "educação na filosofia") que Jean Houssaye propõe na ("Présentation" de: Jean Houssaye (direct.): *Éducation et philosophie. Approches contemporaines*, Paris: ESF , 1999, p. 14.

[2] O que não implica que não possamos considerar logo, por exemplo, que o ensino da filosofia possa ser importante para a educação ou a "formação" dos indivíduos. Como justificar isso dependerá, obviamente, do sentido que atribuamos à filosofia e à educação.

[3] Roberto A. Follari remarca o caráter estatal do que fazer educativo enquanto função concreta que remete a políticas práticas. Para esse autor, a produção no campo educativo estaria marcada, a respeito do Estado, por uma espécie de dupla determinação. Por um lado, como qualquer disciplina social, quanto aos limites do discurso tolerado e às "políticas sobre o científico" que o próprio Estado dá. Por outro, em referência ao controle estatal sobre a política educativa e, portanto, sobre a produção textual que se dá sobre as temáticas que lhe são inerentes. (Roberto A. Follari: "Filosofía y educación: nuevas modalidades", in: Alicia de Alba (coord.): *Teoría y Educación. En torno del carácter científico de la educación*, México: UNAM, 1996, p. 68). Apesar de sua inquietude estar dirigida quase exclusivamente sobre a produção intelectual em temas de educação, não deixa de ser significativo o lugar que atribui, de maneira mais geral, aos mecanismos de regulação político-estatal no espaço educativo: "A investigação sobre temas educativos é menos 'livre' que a que o Estado pode fomentar em outras temáticas de ciência social, pela simples razão de que seu campo de referência (e de possível aplicação) é muito mais imediatamente prático, e tem uma relação direta com políticas estatais." (*op. cit.*, p. 70).

(Sabemos também que um dos possíveis contatos entre ambas constitui um campo disciplinar específico da filosofia: a "Filosofia da Educação". Disso me ocuparei com mais detalhes adiante.)

Filosofia/Educação medidas pelo Estado[4]

Para introduzir a questão, vou mencionar duas referências filosóficas clássicas.

Poderíamos dizer que um dos primeiros encontros entre filosofia, educação e Estado pode ser visto em torno da figura emblemática do velho Sócrates. Não são poucos os que consideraram o mestre de Platão como um fenômeno pedagógico sem igual.[5] Bem, este contato inaugural entre filosofia e educação, atravessado pelo Estado, foi, por certo, bastante traumático. A trágica morte do filósofo sintetiza que o que ali ocorreu foi muito mais que o que o Estado ateniense de então estava em condições de tolerar. Mas por que o poder político do século V a. C. encontrou em um ancião, que negava ensinar a verdade e que reconhecia não saber nada, um perigo radical para suas instituições? Extrapolando as conhecidas acusações, respondamos com outra pergunta: poderia admitir-se hoje num espaço escolar – isto é, no âmbito onde um Estado dispõe da responsabilidade da transmissão e da reprodução de uma cultura e de um laço social – a presença de um "corruptor de jovens", não-crente nos deuses da *pólis* ou introdutor de novas e estranhas divindades, ou seja, de alguém que questiona as tradições fundadoras de uma sociedade? A limitação que isso implica constituirá nossa primeira marca distintiva.

A segunda referência ao assunto é constituída pelo célebre opúsculo de Kant "*Was ist Aufklärung?*" (*O que é o iluminismo?*, segundo a tradução para a língua portuguesa).[6] Recordemos o *dictum* que Kant atribui a Federico: "Raciocinai tudo o que queirais e sobre tudo o que

---

[4] Não me referirei aqui à clássica distinção entre educação pública (ou estatal e gratuita) e educação privada (ou paga), mas à educação *institucionalizada* em geral, ou seja, àquela que cai sob a tutela política do Estado, que a regulamenta para que seja reconhecida oficialmente (isto é, legitimada).

[5] Cf. JAEGER, Werner: *Paideia*, trad. cast. (décima reimpressão em um volume), México: FCE, 1992, p. 403-404: "Sócrates é o fenômeno pedagógico mais formidável na história do Ocidente".

[6] Recorrer a Sócrates e Kant me pareceu significativo porque tanto a *Apologia* como *O que é o iluminismo?* são referências filosóficas muito escolarizadas (pelo menos na Argentina), tanto no ensino médio, quanto nos institutos terciários de professorado ou no primeiro ciclo da universidade.

queirais, mas obedecei!" A expressão explicita a tensão que o ideal ilustrado de educação supõe: aponta, por um lado, a autonomia do sujeito e, por outro, a necessidade social de que este seja "governável". Ou seja, a educação moderna é jogada em uma oposição fundamental: liberdade/governabilidade. Recordemos também que Kant imaginava dissolver o conflito ao introduzir a distinção entre o *uso público* da razão (o que se exerce na qualidade de autoridade) e o *uso privado* da razão (o que se faz na qualidade de "funcionário"). Um professor (de filosofia, por exemplo) dá aulas na qualidade de funcionário do Estado e, portanto, deve cair em tal desdobramento. Para Kant, o uso público não devia ter limites e o uso privado sim, já que "existem empresas de interesse público nas quais é necessário certo automatismo para [...] poderem ser dirigidas pelo governo a seus fins públicos. Nesses casos não cabe raciocinar, mas há que obedecer".[7] Este limite constitui nossa segunda marca distintiva.

Temos, então, que uma primeira aproximação do encontro filosofia-educação-Estado revela dois aspectos distintivos que não são outra coisa senão as duas faces da mesma moeda. O questionamento filosófico (ou a radicalidade do pensamento crítico) encontra limites estruturais à sua circulação, depois da necessidade de garantia do laço social. Em nossas sociedades essa função reguladora é cumprida pelo Estado.

Apesar de o mundo ter mudado muito, a estrutura básica de nossas instituições escolares, e da escolaridade em geral, continua sendo moderna. Portanto, expressa as contradições da constituição social do liberalismo e das modalidades de sua reprodução. Em especial, atualiza permanentemente a tensão entre "educar" para exercer a soberania (gerar sujeitos livres) e exaltar a necessidade da obediência (promover sujeitos dóceis). Nesse contexto, a filosofia, para ser aceita, deverá negociar as condições de sua expressão e subordinar-se, em última instância, à lógica reguladora do Estado.

É interessante recordar as últimas reformas dos sistemas educativos, que assolaram nossos países latino-americanos, e o lugar que se pretende dar, nelas, à filosofia. Parece que, embora seja difícil encontrar nos novos desenhos curriculares um espaço mais ou menos autônomo para a disciplina "Filosofia" (isso está sendo vivido aqui no Brasil com muita intensidade) não o é tanto reciclá-la em uma multifacetária e "transversal" "Formação ética e cidadã". E isso não é um dado menor. Constitui a decisão política de enlaçar filosofia, educação e Estado de acordo com

---

[7] KANT, Immanuel: "¿Qué es la Ilustración? (1784)", in: *Filosofia de la historia*, Prólogo e tradução de Eugenio Imaz, México: FCE, 1985, p. 29. Há tradução para o português: "O que é o iluminismo?". *Humanidades*. Brasília, DF: UnB, v. 1, n. 1, out./dez. 1982, p. 49-53.

a tônica desses tempos de reformas neoliberais. Porque, se analisamos com alguma atenção a situação, veremos imediatamente que ensinar *ética* não é o mesmo que ensinar *formação ética e cidadã*. Quando se procura que a filosofia tenha um sentido educativo de fundamentação moral, que possa ser aplicado à política, termina-se por debilitá-la de maneira substancial. Ensinar a disciplina filosófica da "ética" implica ensinar o significado da norma (o *porquê* e suas consequências) e não simplesmente a necessidade de sua obediência. Nesse sentido, à filosofia importará muito mais analisar o sentido político que tem a *obediência* na constituição das sociedades, ou os significados que são atribuídos hoje ao conceito de *cidadania*, do que incorporá-los acriticamente. Ganharemos muito pouco sob o ponto de vista filosófico se, por exemplo, ensinarmos a Declaração dos Direitos Humanos como o novo decálogo desses tempos de capitalismo globalizado. Seguramente, será mais significativo para o olhar filosófico tematizar como girou, em torno dos direitos humanos, grande parte da legitimação política do Ocidente, da segunda guerra mundial em diante. Repetindo, uma coisa é ensinar direitos humanos e outra é visualizar e explicitar as condições que fazem com que hoje eles possam ser um tema importante para a discussão filosófica. Se não for assim, pouco se distinguirá o filósofo professor do que faz o advogado que dá instrução cívica.

Sabemos bem que as escolas não são lugares neutros. Elas conformam o cenário – algumas vezes silencioso, outras buliçoso – de permanentes e múltiplas disputas políticas, econômicas, sociais e culturais. Tampouco os saberes que circulam por ela são ingênuos. Os conhecimentos que chegam a canonizar-se e instalar-se nos programas oficiais costumam ser aquilo que emerge de enfrentamentos, conflitos e lutas de poder que o resultado final dissimula ou quase nunca permite vislumbrar. Mas também tanto os conhecimentos como as práticas consagradas que ocorrem no interior dos estabelecimentos educativos entrecruzam-se com seus hábitos burocráticos, seus saberes empíricos, suas tradições administrativas que geram, por sua vez, novos saberes e novas práticas que têm tanta força como os primeiros. Tudo isso não deixa de produzir permanentemente efeitos de dominação.

A filosofia que vai ao encontro da educação deverá ser vista então como uma tensão entre a liberdade (ou a irrupção do novo) e os mecanismos institucionalizados de reprodução social e cultural. Digamos que em nossas sociedades essa relação se encontra normalizada através da figura política do Estado. Mas o que é que a filosofia pode proporcionar a essa questão? Que poderemos extrair da problematização filosófica da educação? Que pode surgir do encontro entre filosofia e educação? Creio que esse é o horizonte que deve animar um campo problemático a que possamos chamar, com justeza, de "Filosofia *da* Educação".

Filosofia da educação

Follari resume bem o que historicamente recebeu o nome de "Filosofia da educação", remarcando o fato de que *Filosofia* e *Filosofia da Educação* constituíram-se como âmbitos praticamente autônomos. Ele assinala que o campo da "Filosofia da Educação" tem sido, tradicionalmente, "o da discussão de quais são os valores fundamentais que a educação deve transmitir e quais são os métodos a se utilizar em relação, sobretudo, ao 'menino', objeto tradicional da ação (e portanto da reflexão) educativa."[8] É evidente que, dificilmente, hoje, podemos dizer que a filosofia da educação seja uma área de especialização da filosofia, no mesmo plano que os habituais ou mais tradicionais. Isso é o que demonstra, ao menos nos fatos, a realidade da filosofia acadêmica. De fato, se nos detemos a repassar os planos de estudo das carreiras universitárias de Filosofia, veremos que na maioria das vezes "Filosofia da educação" no costuma ser uma matéria importante ou prestigiosa, ou, como ocorre na maioria das vezes, sequer forma parte dos planos de estudo. Na Universidad de Buenos Aires, por exemplo, sequer é uma matéria dada pelo departamento de Filosofia: é oferecido pelo Departamento de Ciências da Educação.

Não pretendo afirmar que a "educação" não seja uma área de interesse para o pensamento crítico em geral (por certo, a chamada "sociologia da educação" é um campo de produção teórica muito atual e ativo), mas que com o tempo foi sendo deixada de lado como um objeto de interesse *para* a filosofia. Como já antecipei, uma das formas clássicas sob a qual se vinculou a filosofia à educação supôs um interesse mais prescritivo que crítico. A intenção era então –pensemos em fins do século passado e princípios deste – "formar" as pessoas de maneira integral de acordo com certos preceitos (muitas vezes religiosos), e o sentido que podia ser outorgado a uma "filosofia" da educação era bem mais o de uma espécie de explicitação do "espírito" dessa educação, ou seja, da sabedoria última que deveria acompanhar a formação moral dos indivíduos (tenha-se em conta, por exemplo, o humanismo cristão

---

[8] FOLLARI, Roberto A. "Filosofía y educación: nuevas modalidades", in: Alicia de Alba (coord.): *Teoría y Educación. En torno del carácter científico de la educación*, México: UNAM, 1996, p. 74.

e sua missão de educar no dogma). De maneira mais ampla, o campo da Filosofia da Educação ocupou-se, centralmente, de refletir sobre os valores essenciais que a educação deveria transmitir e os métodos que deveriam ser seguidos pela ação pedagógica. Embora hoje não seja mais usual pensar em derivar uma pedagogia de uma filosofia, essa imagem fundamentadora ou pedagogizante, que foi dada à filosofia a respeito da educação, não se dissipou totalmente.

Por outro lado, a partir da ótica das chamadas "Ciências da educação" (ou inclusive das Ciências Sociais em geral) as referências a uma "filosofia" da educação muitas vezes costumam ressoar como especulação ou "metafísica", algo muito distante das pretensões científicas às quais esse campo aspira. Nesse sentido, são habituais suas pretensões de extrapolar pressupostos e metodologias da sociologia com o objetivo de conformar uma sustentação epistemológica mais sólida, própria de uma ciência social.

Com esse panorama, não restariam muitas alternativas mais do que pretender refundar um campo problemático. Evidentemente, teria que ser excluído que a Filosofia da Educação seja algo como o espírito ou o sentido último da educação e também que se considere que a filosofia sirva para fundamentar, propor princípios diretivos ou legitimar a educação. De acordo com o que dissemos no início, a Filosofia da Educação supõe que haja educação, seja lá o que for que esta signifique ou que pensemos dela, com suas práticas específicas, seus saberes gerados a partir dela, e suas legitimações. Isso exclui, por exemplo, que a filosofia possa fixar os princípios ou determinar as normas da educação. Uma "Filosofia da Educação" terá sentido se for pensada como o encontro da filosofia e da educação e não como a subordinação de um campo a outro.

Conclusões

Considerar que educação e filosofia não se supõem necessariamente permite poder estabelecer pelo menos dois tipos de vínculo entre elas. Por um lado, podemos considerar a filosofia como uma *disciplina* ensinável em um contexto educativo institucional. Avançar nessa via implica não só avaliar a pertinência de certas modalidades didáticas ou maneiras de ensinar filosofia (o "como?" do tema deste Encontro) mas também justificar a importância (ou, inclusive, a necessidade) desse ensino e dos efeitos que isso poderia produzir na educação dos estudantes (o "por quê?" e o "para quê?" do tema). Por outro lado, a filosofia pode refletir sobre a questão educativa ou explorá-la, isto é, colocar em questão a educação mesma. Nesse caso, o "como?", o "por quê?" e o "para quê?" estarão dirigidos agora à educação, enquanto objeto de análise da filosofia.

Em outro momento[9] justificamos que o ensino da filosofia deveria ser um ensino *filosófico*. Isso significa, de um modo geral, que a filosofia pode – e deve – pensar as possibilidades e condições de seu próprio ensino (e esse é o sentido que pode ser atribuído, em última instância, a uma "filosofia do ensino filosófico"). Se a filosofia pensar seu ensino terá que tematizar o contexto institucional no qual ele seja possível e seu lugar no conjunto do sistema educativo. Embora as duas instâncias ("ensino filosófico da filosofia" e "filosofia da educação") constituam perspectivas de análise diferentes, compartilham a mesma tríplice problemática que hoje nos interessou: filosofia-educação-Estado.[10]

Dissemos que se teria que refundar uma "Filosofia da Educação" de acordo com novos parâmetros, que privilegiasse o encontro (e não uma eventual subordinação mútua) entre filosofia e educação. Como fecho deste texto, seria conveniente talvez imaginar um caminho sobre o qual se começasse a transitar para procurar resolver os desafios que a educação coloca para a filosofia. E, como toda prospectiva, essa deverá fixar alguns pontos básicos para se pensar o novo trajeto. Pretendendo ser coerente com o que disse até aqui, creio que uma das apostas mais interessantes que poderia ser feita, quando se pensasse a educação, seria deslocar o conceito educativo clássico de "formação" para o de "transformação". Pensar a educação enquanto transformação significa privilegiar a irrupção do novo frente à conservação do velho, o acaso da liberdade frente à segurança do estado de coisas dominante, a experiência inédita à prática de normalização ou controle. Bem, esse deslizamento da formação à transformação não é uma decisão filosófica mas uma aposta política no interior da educação, que a filosofia deverá conceitualizar. Se

---

[9] Cf. CERLETTI, Alejandro A.: "Enseñanza de la filosofia e filosofia de la enseñanza filosófica", participação no *Congresso Brasileiro de Professores de Filosofia*, Piracicaba, 5 a 8 de novembro de 2000.

[10] "A 'filosofia' mantém sempre uma relação paradoxal com a 'educação': é, simultaneamente, crítica da mesma e uma de suas possibilidades. A possibilidade de empreender uma crítica filosófica da educação supõe haver adquirido já esse nível de independência intelectual e consciência crítica que a própria educação permitiu. Portanto, pensar reflexiva e criticamente – e, em consequência, 'filosoficamente'– *sobre* a educação supõe sempre um compromisso *com* a educação." (CARR, Wilfred: *Una teoría para la educación*. *Hacia una investigación educativa crítica*, trad. cast., Madrid: Morata-Paideia, 1996, p. 14)

filosofia é inventar conceitos, como sustentava Deleuze, terá então que pensar a novidade ou o acontecimento que irrompe a regularidade do estado de coisas, com novos conceitos e extrair as consequências que isso acarreta. E é claro que não poderá fazê-lo a partir dos saberes anteriores porque se trata justamente de algo novo (se fosse inferível o pensável a partir dos saberes consagrados, não seria mais que uma variante do estado de coisas dominante). Essa mudança de perspectiva, ou de atitude, supõe um grande desafio porque atualiza a perspectiva filosófica de análise e nos coloca frente à necessidade de pensar novas situações que desnaturalizem a rotina dos saberes, das práticas e dos valores institucionalizados.

Oxalá essa aposta possa contribuir para que possamos responder a um questionamento filosófico medular: *que significa educar em liberdade?*

A ética de uma universidade felizmente à deriva: os elásticos dos sem-terra e as paredes da universidade

Gabriele Cornelli

> É preciso que o corpo docente ande em direção dos lugares mais avançados de perigo que são constituídos pela incerteza permanente do mundo.
>
> (Heidegger)

Os elásticos dos sem-terra

Quando era criança, adorava brincar com elásticos. O "barato" era puxá-los devagar, sentindo a tensão crescer, até arrebentar. Eram espécies de testes da elasticidade, experiências dos limites, provas de resistência.

Elásticos

Estou pensando em minha experiência com os Sem-terra, no interior do projeto Escola de Formação Permanente Nova Canudos, projeto de extensão do Curso de Filosofia da Universidade Metodista de Piracicaba[1]. A experiência de "fazer filosofia" com os sem-terra fez emergir a necessidade de repensar a própria Universidade, suas estruturas e sua *elasticidade*.

Numa ocupação de terra, depois de bons machados para desmatar e arrumar os paus para o acampamento, a matéria-prima mais preciosa e necessária são elásticos para prender a estrutura em madeira dos barracos de lona. Dada minha pouca experiência com arquitetura e atividades artesanais em geral, na hora de montar os barracos, na Nova Canudos, alguém dava sempre um jeito de colocar em minhas mãos uma tesoura

---

[1] CORNELLI, Gabriele. *Filosofia sem-terra às margens do chão*. In: Anais do II Seminário de Extensão do FAE/CONSEPE. Piracicaba: UNIMEP, 2000, p. 35-37.

e uma velha câmara de pneu. Tarefa revolucionária: cortar a borracha para fazer elásticos para a construção.

"Quando não tem elásticos, a gente usa pregos. Mas não é a mesma coisa. Com os elásticos os barracos ficam muito mais resistentes."

De baixo de uma árvore, cortando um velho pneu, me descobri várias vezes pensando nesta frase, que parece resumir a filosofia da arquitetura dos barracos dos sem terra.

Extensão universitária. Filosofia sem-terra.

Como é possível que um elástico seja mais resistente do que um prego de aço? De qual resistência se trata?

A primeira noite num barraco é de fato reveladora. O vento (e a chuva) não deixa descansar um só milímetro a estrutura de madeira do barraco. É um movimento contínuo, um ondular permanente da casa. E o barraco não cai exatamente porque não resiste ao movimento.

O melhor: para ele a resistência é a elasticidade.

A ética (pouco) elástica da Universidade

Sentado agora calmamente em minha mesa, na frente de programas, projetos, memórias e anotações do dois anos de projeto de extensão com os sem-terra, o elástico parece-me ainda a maneira melhor de pensar, metaforicamente, a Universidade.

O problema tem a ver com a elasticidade... da Universidade.

As paredes da Universidade, todas elas, *politico-acadêmicas* e administrativas, são construídas com uma arquitetura sólida, com muito prego e pouco elástico, teorias pedagógicas, planos de ação e orçamentos definidos. Talvez tudo isso seja necessário para que a Universidade continue sendo o que ela é, quem sabe, esta seja a sua própria forma de resistência.

Ao lado e, muitas vezes (vezes demais), fora dela transitam os que nossas políticas acadêmicas chamam de *público alvo* e *novos sujeitos sociais*. Suas casas são feitas de paus e elásticos. Sua resistência é a mobilidade continua, sua força, saber se dobrar como canudos novos expostos aos ventos.

Mas a Universidade não é um bom elástico.

O bom elástico é o que possui o equilíbrio perfeito entre elasticidade e resistência, entre movimento e tensão. Um elástico muito duro não permite trabalhar com sua elasticidade e pode arrebentar na primeira extensão, um elástico *esticável* com muita facilidade corre da mesma forma o risco de arrebentar logo.

A força do elástico está em seu ponto de equilíbrio.

A Universidade, quem sabe por causa de sua idade já milenar, peca por resistência, não por elasticidade. Quando a extensão puxa, as paredes resistem imediatamente. Suas paredes, desde os tempos antigos, não foram pensadas para serem estendidas, mas para uma conservação do saber produzido pelas elites aristocráticas e clericais.

Ser professor de filosofia empenhado em projeto de extensão na Universidade é viver as tensões de um elástico não muito bom. Ou melhor: tentar fazer de uma parede um elástico, tornar os muros da Universidade paredes de borracha, extensíveis, elásticas. O destino deste professor na Universidade está inscrito nesta sua tarefa *donquixotesca*.

Pois a Universidade está em crise.

Já é quase um chavão. Porém a crise se diz, se escreve, e – sobretudo a partir de uma perspectiva extensionista – se vive.

Como em muitas crises, é a consciência delas, o reconhecimento, o dizer-se – quase terapêutico – do sujeito em crise que pode apontar para uma saída que possa significar seu crescimento.[2]

Tempos de desvios e derivas

Estamos hoje, parece-me, numa situação que o antropólogo francês Michel Leris chama de *Biffures*: um termo difícil de traduzir e que amplia seu campo semântico desde *cancelamento* ou *pista falsa* a ser apagada até *bifurcação, ramificação, desvio*.

Ele descreve – já na metade do século passado – este *desvio* como a condição fundamental daquela que, somente em seguida, foi definida como pós-modernidade (que tomo como sinônimo de contemporaneidade, até como provocação).

> Quando gestos e palavras vão à deriva, quando qualquer hábito é desviado e todo o mundo exterior parece adquirir um prazer maligno em confundir as pistas, quando há subversão total dos objetos que habitualmente nos são submissos e a decorrente con-

---

[2] Cf. CHAUÍ, M. *Escritos sobre a universidade, Escritos sobre a Universidade*. São Paulo: UNESP, 2001, p. 131: "o que é grave é nossa inconsciência, pois a universidade está mergulhada no pós-modernismo *sem o saber*".

fusão das relações", então, nesses desvios "poderia se imaginar uma completa "filosofia da mudança", alicerces de pedra seca, cujas partes constituintes, tomadas no estado bruto e deixadas na autonomia, devem sustentar-se (como em qualquer construção de ideias respeitável) exclusivamente em virtude da gravidade e não requisitam o artifício de cimento nenhum para permanecerem unidas entre si.[3]

É uma magnífica descrição daquela que poderia ser a condição pós-moderna.

E não é exatamente este desorientação que às vezes sentimos na Universidade? A crise da Universidade não poderia ser uma crise de falta de cimento? Um enjoo de estar "a meia altura", talvez "boiando" sem o chão firme e seguro de paradigmas bem alicerçados?

O que fazer, então? Voltar para a terra firme? Voltar a definir com precisão, por regras acadêmicas e políticas fiscais, o que é pesquisa e o que é poesia? O que é extensão e o que é fantasia? Qual deve ser "o" papel da Universidade na construção da sociedade e da nação (ou do mercado)?

Acho que não. A mobilidade dos sem-terra me ensinou que é possível pensar uma outra Universidade.

Talvez o momento atual desafie outras posturas; ele diz respeito a uma outra maneira de ver a Universidade: uma Universidade feliz e conscientemente à deriva, quem sabe. Uma Universidade que aceite a crise dela como algo salutar e essencial à sua vida.

É o que sugere o grande Guimarães Rosa numa metáfora filosoficamente audaciosa, que compreendi e amei (*filo-sofia*) exatamente nos barracos dos sem-terra:

> Ô senhor... mire veja: o mais importante e bonito, do mundo, é isto: que as pessoas não estão sempre iguais, ainda não foram terminadas – mas que elas vão sempre mudando. Afinam ou desafinam. Isso que me alegra, montão. (...) A pois: um dia, num curtume, a faquinha minha que eu tinha caiu dentro de um tanque, só caldo de casca de curtir, barbatimão, angico, lá sei. – "Amanhã eu tiro..." – falei, comigo. Porque era noite, luz nenhuma eu não disputava. Ah, então, saiba: no outro dia, cedo, a faca, o ferro dela, estava sido roído, quase por metade, por aquela aguinha escura, toda quieta. Deixei, para mais ver. Estala, espoleta! Sabe que foi? Pois, nessa mesma tarde aí: da faquinha só

---

[3] LEIRIS, M. *Biffures*. Turim: Einaudi, 1979, p. 70.

se achava o cabo... O cabo, por não ser de frio metal, mas de chifre de galheiro. Aí está: Deus... Bem, o senhor ouviu, o que ouviu sabe, o que sabe me entende.[4]

O *curtume* da crise cultural que muitos chamam de pós-modernidade parece não deixar intactas nem as estruturas mais ferrenhas. Este sentimento de desgaste, de perene *inacabado*, de falta de chão é talvez a percepção mais clara e, em alguns casos, a dor mais íntima e inconfessada de quem faz a Universidade hoje.

Mas o mesmo Ludwig Wittgenstein, não suspeitável de navegar pelos mares arriscados da complexidade pós-moderna, já se perguntava: "será que é sempre vantajoso trocar um retrato pouco claro por outro bem nítido? Não será o retrato pouco nítido exatamente aquilo de que precisamos?"[5]

Não será, parafraseando, exatamente de uma Universidade mais *confusa*, menos nítida, que aceita a deriva como espaço privilegiado de busca de outros caminhos, de outros versos e reversos da realidade, de encontros de saberes "a meia altura", de métodos sem alicerces, aquilo de que realmente estamos precisando?

Aprender a filosofia dos sem-terra torna-se, para essa Universidade, um imperativo quase categórico. Para isso será preciso daquela "filosofia da mudança" de Michel Leris, anteriormente citada. E mais: uma arquitetura acadêmico-ideológica que não precisa de cimento. Pois o cimento, ao que parece, hoje já não segura mais nada. Tudo muda, tudo se remastiga e se corrói. Tudo parece sofrer de uma inquietude muito grande, um sentimento quase de inacabado, de não-terminado, de aberto para o futuro. Sem cimento, sem âncoras, sem-terra...

É verdade: o risco é que, quando muito puxado, o elástico pode também quebrar.

E a dialética elástica torna-se assim uma dialética crítica, negativa, oposta ao movimento conciliador e positivo de uma síntese possível entre as paredes *acadêmico-administrativas*, claras e distintas, e a complexidade híbrida da vida, entre minha mesa de professor e os barracos dos sem-terra.

Assim, ser professor hoje é quebrar a Universidade.

---

[4] ROSA, J. G. *Grande Sertão: Veredas*. Rio de Janeiro: José Olympio, 1976, XI ed., p. 21.

[5] WITTGENSTEIN, Ludwig. *Investigações filosóficas*, 71. *Tratado Lógico-filosófico – Investigações filosóficas*. Lisboa: Fund. Calouste Gulbenkian, 1995.

Abrir brechas em suas paredes éticas, esticá-las até sentirem os seus limites. Correr o risco da incerteza – como diz Heidegger.

É armar para ela uma *dialética quebrada* (Ricoeur), suja e desordenada, mas elástica e compreensiva da complexidade da realidade além das teorias.

É esticar a teoria e a política até o ponto de ruptura, até a quebra epistemológica e estrutural que pode acontecer somente arriscando nossa dialética sintética e asséptica na lama e na fragmentariedade da vida contemporânea.

"Aí está: ... bem, o senhor ouviu, o que ouviu sabe, o que sabe me entende."

Utopia e busca do sentido na educação: um olhar filosófico

María Elena Madrid M.

A reflexão filosófica e a preocupação educativa se perguntam como transformar qualquer de nossas instituições. Isso quase equivale a questionar-nos: como transformar nossa sociedade ou, inclusive, como mudar enquanto pessoa. Essas perguntas são – ou deveríamos entendê-las como – perguntas fundacionais, porque nos questionam sobre as raízes, a razão de ser das coisas. Também porque deveriam mover-nos à ação e, como David Hume bem pensou, não basta ter boas razões, já que a razão por si só não nos move para a ação. Segundo o mais importante representante do empirismo inglês, são as paixões que nos fazem atuar e a razão deve ser uma escrava, uma servidora dessas.

Então, esse é um problema de equilíbrio e nossa reflexão nos deve permitir reconstruir este laço: trata-se de unir paixão e razão, a razão como um guia que me aclare e me ajude a decidir e as paixões, os sentimentos, como um motor que nos impulsione e nos dê força para mudar.

Creio que uma perspectiva filosófica nos oferece duas possíveis ferramentas ou dimensões para pensar essa transformação como possibilidade e necessidade: o olhar utópico e a busca do sentido.

Utopia

Cada época elabora sua utopia. Essas representações utópicas, que se sustentam pela esperança e permitem o espaço do imaginário, congregam ou plasmam desejos de bem estar, modos de ser e entender, categorias e modelos ideais, que o transcorrer histórico vai forjando, usando e deslocando. Entre a imagem e a possibilidade, o pensamento utópico e sua força subversiva pressupõem o repúdio do tempo e do modo do presente.

A utopia é e reclama por uma realidade alternativa, não necessariamente factível, contudo mais ordenada, mais justa e harmoniosa. Rosario Castellanos, em *Meditación en el umbral* diz isso em um tom feminista:

> Deve haver outro modo que não se chame Safo
> Nem Messalina nem Maria Egipcíaca
> Nem Magdalena nem Clemencia Isaura.
> Outro modo de ser humano e livre
> Outro modo de ser

O olhar utópico permite ver até o passado e reivindicar, reler, inclusive reconhecer situações históricas que, por serem irrepetíveis tornam-se protótipos, situações míticas, a condição primeira, a idade de ouro, de quando sabíamos quem éramos, de quando fomos algo ou alguém. A utopia na vida pessoal é, na realidade, a busca de uma identidade, pessoal, própria, a invenção de um projeto de vida, de um destino.

A partir de nossa perspectiva histórica, aqui e agora, a utopia também é a busca de uma identidade americana, de uma cultura integradora e diversificada, é a fundação utópica de um espaço multicultural latino-americano. O sonho bolivariano.

Projetada para o futuro, a utopia torna-se necessariamente um olhar revolucionário. É a faculdade de imaginar, de modificar o real, de elaborar uma hipótese, um mundo possível. Forma-se de desejos, sonhos, esperanças, ideais, objetivos, que nos movem à ação, à transformação. Há que desenvolver a capacidade de sonhar com o futuro, de imaginá-lo. O discurso utópico é um discurso alternativo, permite reconhecer a alteridade, a diversidade e põe em jogo a imaginação, a possibilidade de outro modo de ser.

A utopia, como reconstrução implica uma crítica à ordem existente e a necessidade de elaborar um modelo novo que permita transformá-la. A força inovadora provém de questionar a ordem que impera, o modo de fazer as coisas, o sistema. A crítica deve prefigurar, delinear a alteridade, a possibilidade de outro modo de ser. A escola é ou deveria ser a porta para esse espaço que chamamos de utopia.

Utopia na educação

Assim, um olhar utópico sobre o que poderia acontecer no âmbito educativo sempre é refrescante, abre janelas e nos permite ver para além de nossa prática docente cotidiana. O olhar utópico da aula nos leva a questionar a visão dominante sobre objetivos, ações dirigidas, avaliações convencionais e um sem fim de atividades sem sentido. O sentido do que fazemos, de nossa cotidianidade, é algo importante.

A utopia e sua ação transformadora permitem reconhecer o que se busca, o que se pretende, o que é simples: como melhorar a condição humana e o bem estar social. Resta-nos entender como a educação pode nos permitir obter isso a cada dia, em nossa escola, em nossa aula.

A reconstrução de nossa prática docente tem que passar pela crítica e pela crise do modelo atual de transmissão de conhecimentos e informação. Mas, da mesma forma, também a organização escolar. A prática docente deve ser convertida em instância de democracia, onde seja possível a invenção-reinvenção da democracia a partir da aula, da formação de uma comunidade de indagação que dialoga: questiona, elabora hipóteses, obtém consensos, reconhece dissensos etc. Já sabemos que o diálogo é o modo de proceder de cada instância de comunicação e de ação, na dimensão educativa.

A escola, e todos os que a integram, deve ser uma instituição que aprende, se autoavalia e se autocorrige; uma instituição que permite, promove e exerce a crítica e a criatividade; uma instituição que aprende a perceber-se e a corrigir-se.

Permitir que a utopia entre na escola é, como se dizia nos anos sessenta: a imaginação ao poder; é gerar tempos de esperança, criar espaços do imaginário e preparar e permitir ao futuro cidadão o exercício de uma autonomia solidária e de uma liberdade participativa.

A busca de sentido

Gostaria de falar da educação como a busca de sentido, já que na filosofia contemporânea a pergunta pelo significado foi uma questão central ao longo do século XX, e por isso a atividade filosófica, a partir de Wittgenstein, define-se como o propósito de compreender a fina trama, o tecido lógico entre a linguagem, a realidade e o pensamento.

Assim, a aula é ou deve ser o espaço que torna possível a confluência de várias dimensões inter-relacionadas que criam uma rede de significações, que permite a compreensão da realidade e da constituição da pessoa e do cidadão, assim como a individualidade de cada estudante. A aula, enquanto espaço da utopia, deve tornar crível e desejável iniciar, introduzir distintos modos de compreender e interagir com a realidade, como a ciência, a arte ou a política. Essas dimensões tendem a dar ao sujeito e ao futuro cidadão uma situação e uma compreensão da realidade, e potenciar tanto suas capacidades como seus ideais de vida.

Assim, a dimensão semântica é a que permite a formação do sentido, da compreensão da realidade, de sua diversidade e da riqueza conceitual com a qual podemos nomeá-la, explicá-la e entendê-la. A dimensão ética é a dimensão que se questiona pela busca do sentido da vida, que encaminha para a autoestima e a realização pessoal. A dimensão epistemológica é a busca da verdade e da objetividade do que conhecemos, a certeza que podemos ter acerca do mundo e das teorias que o explicam. O entrelaçamento dessas dimensões vem a constituir o espaço utópico e imaginário que pode e deve ser a aula, e que também deveria nos permitir uma organização curricular para além das matérias. É necessário destacar a importância da imaginação para ativar, propiciar e conectar todas essas dimensões assinaladas no indivíduo e assim conseguir sentir, pensar e fazer na aula.

No campo da ética e da metafísica, sem dúvida, uma questão central é a busca do sentido da vida, – recordemos a famosa pergunta de Heidegger "por que o ser e não o nada?" – ou das coisas a meu redor e de minha pessoa, de perguntar-nos inclusive se assim como vivemos somos felizes e, se não o somos, por quê? Que nos impede de sê-lo? Que papel deve ter a felicidade em minha vida, e em geral na vida?

Contudo, interessa-me assinalar que essa busca do sentido, ainda que tenha sido tema de filósofos, é uma questão fundamental para o adolescente, porque na casa, na rua, mas sobretudo na escola, resagada, fragmentada, depois de tanta informação, de matérias, horários, aulas etc., o jovem e a jovem buscam, necessitam, têm a esperança de poder encontrar razões para viver, para ser. Atrever-me-ia a dizer que encontrar sentido na vida é questão de vida ou morte para um adolescente.

Se nós adultos somos tão frágeis, o que acontece com os jovens? Eles são testemunhas mudas de nossos erros e nossas mentiras, de nossas falhas, de nossa profunda incompreensão e falta de manejo da realidade. E é certo, já que devido à complexidade da vida atual, seja nas questões políticas, econômicas, sociais ou científicas, quase toda a sociedade muda tão rápido que, na verdade, escapa-nos o sentido do que acontece. Não é fácil responder a um adolescente, ou a um menino, sempre com a verdade, entendida como informação adequada e atualizada.

Esta época não está feita para pessoas, menos ainda para jovens ou meninos. E eles o sabem, os jovens pressentem – alguns afirmam que inclusive os bebês percebem – que não há lugar para eles, que em certo sentido não são desejados nem como pessoas, nem como futuros cidadãos.

Essa sensação ou percepção de repúdio e incompreensão nos leva a ver e reconhecer a dimensão moral e emocional que existe na aula, na escola. Daniel Goleman, em *Inteligência emocional*, apresentou-nos razões para o que chamou de bloqueio epistêmico de que padecem muitos estudantes, que se sentem prejudicados ou vulnerabilizados pelos conteúdos ou procedimentos não respeitosos, que ocorrem na aula e na escola e, portanto, negam-se a aprender, não se permitem a si mesmos aprender, desconectam-se.

O mesmo sucede como comportamento de emoções com conteúdo moral, como o ressentimento, a indignação ou os ciúmes, já que levam o sujeito a uma situação de repúdio ou renúncia como o único meio de expressar sua inconformidade, seu desacordo. A Inteligência é também emocional.

Em nossas aulas, a partir dessa visão, talvez estejam os sobreviventes e não os melhores. De algum modo, nossas instituições educativas estão cheias de perdedores, dos que aceitaram submeter-se a dinâmicas e tratos não-respeitosos, onde não há reconhecimento do outro, mas concorrência e menosprezo.

Muitas vezes desafortunadamente a resistência é um modo de "dizer-nos" a todos sobre a falta de integridade, de dignidade e de respeito, como prática na sala de aula e na vida escolar. A resistência então se torna suicida, pode chegar a ser agressão contra si mesmo, como as condutas que vão desde a falta de atenção até a deserção e a reprovação, incluindo-se a violência na sala de aula ou o recurso último: o suicídio.

Conclusão: A escola e o exílio

Em tempos difíceis, como os de agora, de nossa época, a escola deve tomar a defesa dos meninos e jovens e protegê-los. Assim como John Stuart Mill lutou pela defesa do indivíduo diante do Estado, em nosso caso, temos que assumir a defesa diante da família disfuncional ou violenta, ou diante da sociedade sem espaço nem reconhecimento para o jovem e o menino.

Assim, a escola é, ou deveria ser, esse espaço de sobrevivência, uma espécie de exílio; a escola também funciona, ou deveria funcionar, como um refúgio emocional, uma forma de exílio. Quando o ambiente familiar afoga, há necessidade de outro espaço que permita existir e ser, que ofereça segurança e reconhecimento. Então a escola é, ou deve ser, esse espaço alternativo que pode inclusive proteger. Por que isso é assim?

Primeiro, porque não há reconhecimento no lar, nem na sociedade de que certos membros da família existem: às vezes, eles se tornam invisíveis, não são vistos, não são. Estão aí mas não existem, porque não queremos reconhecê-los, levá-los em conta como pessoas que são: "se não existes então não há problema contigo".

A escola permite a formação conceitual e emocional mas também a reconstrução emocional, pessoal, permite reparar o tecido de meus sentimentos e de minha identidade. Preciso de um tempo e um espaço para reconstruir, reparar e transformar minha subjetividade, minhas emoções. Oxalá toda escola entendesse esse grito de auxílio, que alguns de nossos estudantes dão, e permitam que ocorram espaços de sobrevivência.

De que necessitamos? Creio que é simples: a formação de todo indivíduo passa pelo respeito, pelo reconhecimento, e também pelo sentir-se necessário e querido. A escola como exílio é um modo de defender e proteger emocionalmente, de dar um tempo e um espaço, para o que se sente ameaçado, não reconhecido e não querido recuperar-se e continuar vivendo.

A escola como busca do sentido e como utopia é um princípio de esperança. A função da esperança é criar um horizonte, um futuro, uma possibilidade de ser.

A escola é o lugar que deve tornar crível e desejável o conhecimento, a democracia e a mudança, mas sobretudo o gosto pela vida.

Referências

AINSA, Fernando. *La reconstrucción de la utopia*. México: Correo de la UNESCO, 1997.

DUART, Josep María. *La organización ética de la escola e la transformação de valores*. Barcelona: Paidós, 1999.

GOLEMAN, Danemel. *Inteligencia emocional*, 1995.

MADRID, Ma. Elena. *La fábrica de miseria. Metaética y educação moral*. México: UPN, 1998.

MARTÍNEZ MARTIN, Miguel. *El contrato moral del profesorado. Condiciones para una nueva escola*, Bilbao: Desclée De Brouwer, 1998.

II- Filosofia e Universidade

Ensino da filosofia e disciplinamento

Raquel Viviani Silveira

O propósito desse artigo é discutir a ideia de que qualquer programa de ensino carrega em si uma proposta de disciplinamento. Para isso vou trabalhar com dois exemplos. Primeiramente, analiso a proposta de ensino de filosofia da Faculdade de Filosofia da USP, da qual fui aluna, mostrando como ela configura práticas e visões de mundo que podem ser consideradas como parte de um processo disciplinador. O segundo exemplo é o programa de ensino de filosofia para crianças de Matthew Lipman.

Todo disciplinamento pressupõe uma ação repressiva e ao mesmo tempo criadora, pois na medida que suprime práticas e formas de entender o mundo, cria outras que as substituem. Para Norbert Elias o controle do comportamento do indivíduo existe em todas as sociedades humanas, mas nas sociedades modernas ocidentais esse controle cada vez mais vem se transformando em autocontrole individual. E um dos grandes mecanismos de controle social é o bloqueio dos impulsos espontâneos, conseguido pela imposição de impulsos outros, *controlados socialmente*, e alojados, por exemplo, nas palavras *razão, escrúpulo* e *compreensão*, na educação da racionalidade.[1]

A formação uspiana

Minha formação filosófica é uspiana, e só por ocasião da pesquisa que fiz sobre Matthew Lipman em minha tese de doutoramento[2], pude entender o processo de disciplinamento que se operou sobre mim a partir do estudo acadêmico.

---

[1] ELIAS, Norbert. *A sociedade dos indivíduos*, p. 98.

[2] *Empresa de Filosofia Militância e luta pela harmonização das sociedades*, defendida em fevereiro de 2001, na Faculdade de Educação da UNICAMP, na área temática *Educação, Conhecimento, Linguagem e Arte*.

Lendo o projeto para o curso de filosofia da USP, escrito por Jean Maügué em 1935, pude ver porque, a despeito da atração que sofria pelo Programa Filosofia para Crianças, a todo momento ele me parecia uma heresia. Para quem foi ensinado que estudar filosofia é fazer leitura rigorosa dos textos filosóficos, e que o aprendizado da filosofia deve se dar através dos escritos originais dos próprios filósofos (pilares do ensino de filosofia da USP), só há de parecer vulgarização duvidosa um projeto de ensino de filosofia que nem ao menos faz referência ao nome de algum filósofo.[3]

A fundação da Universidade de São Paulo, em 1934, e a criação da Faculdade de Filosofia, Ciências e Letras são parte do projeto de busca de hegemonia e manutenção do poder da elite paulista, através da institucionalização de uma racionalidade academizada incentivadora dos pressupostos de uma certa visão de mundo.[4]

A Universidade, como parte de um programa político e educacional, aparece, para nossos liberais, como um dispositivo muito eficaz, para a formação da nova geração da elite dirigente. Essa nova geração deveria levar o Brasil para a modernidade.

Fernando de Azevedo, um dos mentores da criação da Universidade de São Paulo, por sua vez, pensa que não é possível entregar a formação das novas gerações da elite para uma instituição privada de ensino, porque entende que só o Estado é capaz de congregar, com isenção, indivíduos para participarem dessa empreitada político-educacional, permitindo a diversidade característica do papel cívico desse programa. Só o Estado poderia efetivar um sistema de ensino capaz de servir como *instrumento político de coesão*, a serviço dos interesses nacionais[5].

À Universidade de São Paulo caberá a função de formar uma elite dirigente, de profissionalizar professores para o ensino, como ainda responsabiliza-se pela produção e transmissão de saber. Para Franklin Leopoldo e Silva, o projeto de criação da USP é parte de um processo

---

[3] O estudo sobre os aspectos da formação acadêmica em filosofia da Faculdade de Filosofia da Universidade de São Paulo encontra-se no primeiro capítulo, *As possibilidades do lugar*, da minha tese de doutoramento.

[4] Visão essa que entende a *Universidade* [de São Paulo] *como uma forma de poder para formar e reproduzir as elites dirigentes conduz à interpretação de seu projeto como parte integrante de um projeto de hegemonia cultural e política.* CARDOSO, Irene. *A Universidade da Comunhão Paulista*, p. 58-59.

[5] Ver essas colocações em AZEVEDO, Fernando de. *As universidades no mundo do amanhã – Seu sentido, sua missão e suas perspectivas.*

de longa duração no qual o Estado aparece como o único responsável pelo aperfeiçoamento da educação, e nas justificativas para a criação da Faculdade de Filosofia, Ciências e Letras, onde o autor vê aspectos de um projeto de "racionalização e sublimação dos interesses de classe.[6]

E neste contexto, a Faculdade de Filosofia Ciências e Letras (FFCL) passará a atuar como o lugar onde um processo civilizador se inicia. Para os idealizadores da USP, o Estado, controlando a universidade, poderá conseguir, através da submissão dos cidadãos de todos os níveis à educação escolarizada, atuar como força reguladora e coordenadora, com uma espécie de racionalidade de estado, que sustentasse a defesa de abstratos interesses gerais, realizando assim concretamente a democracia.[7]

Para dar início a esse empreendimento foram contratados professores franceses engajados no que ficou conhecida como "a Missão Universitária Francesa", a qual se incumbiu de ensinar a produzir um discurso que a elite vai passar a usar. Victor Goldschmidt e Martial Guéroult, dois dos membros dessa Missão, implantam na FFCL um método de estudo e ensino de filosofia que marcará a formação de futuras gerações de professores de Filosofia da USP.

Victor Goldschmidt, segundo Oswaldo Porchat Pereira, busca fixar as regras que permitam fazer da história da filosofia uma espécie de ciência rigorosa na exposição e para a interpretação dos sistemas filosóficos, e um método para que o estudante e o estudioso da filosofia cheguem até a reconstituição explícita do movimento do pensamento do filósofo estudado, refazendo-lhe os caminhos de argumentação e descoberta, e respeitando todas as articulações estruturais, até por fim, reescrever a obra segundo a "ordem das razões".[8]

Para Gilles-Gaston Granger, o historiador da filosofia Martial Guéroult foi o inaugurador do método estruturalista em história da filosofia,

---

[6] "[...] Vistas as coisas dessa maneira, a universidade cumpre função política em dois níveis: permite a compatibilização entre elite e democracia; e recruta, na totalidade do espectro social, para formá-los segundo os mais afinados padrões de saber e discernimento, os futuros membros da elite. SILVA, Franklin L. "A experiência universitária entre dois liberalismos", p. 35.

[7] "Os liberais fundadores tinham um projeto político-educacional essencialmente vinculado à institucionalização de uma concepção de educação e cultura para que o que era absolutamente necessário o comprometimento do Estado." SILVA, Franklin L. *Idem*, p. 72.

[8] Essa discussão encontra-se no texto "Tempo lógico e tempo histórico na interpretação dos sistemas filosóficos" de Oswaldo Porchat Pereira, publicado como posfácio em *A Religião de Platão*, de Victor Goldschmidt.

instrumento com o qual, em suas monografias, busca sempre a ordem das razões que os filósofos imprimem às suas obras. Guéroult tratava cada texto filosófico como acabado e como sistema, e afirmava que eles precisam ser lidos na sua construção, na sua arquitetura, e então propõe a reconstituição da ordem lógica da estrutura da obra, ou seja, a busca do esclarecimento dos momentos internos e seu tempo lógico.

A metodologia de Guéroult é uma proposta acadêmica-escolar para a leitura da filosofia, e com ela se busca fugir do dogmatismo, do diletantismo ou do ecletismo. Guéroult, professor, insiste na leitura sistemática dos textos filosóficos, uma vez que ler os filósofos é justamente uma questão interna da própria filosofia, e a leitura que os filósofos fazem das filosofias é iniciadora de novas filosofias. Para ele, todo aquele que lê com método um filósofo deve se tornar seu discípulo, pelo menos durante o tempo em que dure a leitura.

Para Lívio Teixeira, o método de Guéroult exige certa disciplina, esforço para a verificação do que, nos grandes sistemas filosóficos, é a ordem das razões. Essa disciplinarização do estudo é característica da proposta de ensino da faculdade de Filosofia da USP. Bento Prado Jr. afirma que a estratégia pedagógica dos professores franceses funcionou muito bem na Faculdade de Filosofia, vingou e tornou-se a metodologia da casa. E disso se pode ter exemplo neste texto, com tom melancólico, de José Arthur Giannotti, que foi aluno dos alunos dos franceses da Missão fundadora da USP:

> Por que esta obsessão que nos obriga a debruçar sobre escritos alheios e, durante semanas, meses, anos, articular palavra com palavra a fim de construir um edifício de pensamento, onde possamos caminhar como se cortássemos uma cidade estranha e familiar? O que nos leva a gastar grande parte de nossas vidas junto a uma escrivaninha, elaborando nosso discurso por meio do discurso do outro? O romancista emprega seu tempo para criar um mundo imaginário; [...]. O filósofo, entretanto, parece consumir filosofias alheias que, contudo, não são destruídas por esse consumo, já que por ele sobrevivem. Suporte do discurso alheio, o filósofo empresta sua voz fiel e deformante aos textos chamativos do passado, com o intuito de elaborar um novo discurso que foge de sua subjetividade para apresentar-se como um pensamento objetivo.[9]

Discutindo a afirmação de Protágoras sobre a incomensurável variedade de opiniões e de concepções sobre o saber e a verdade, e contrapondo-a

---

[9] GIANNOTTI, José A. *Filosofia miúda e demais aventuras*, p. 11.

àquela perspectiva platônico-socrática da unidade da Razão, Oswaldo Porchat Pereira justifica a necessidade de estudar a história da filosofia, opondo-se e confrontando-se com o que lhe é contemporâneo ou anterior, imprimindo-se assim seu caráter histórico; o que, por fim, justifica a determinação de que é preciso estudar a filosofia desde sua história.[10] Isso faria Paulo Arantes afirmar que no departamento de Filosofia da USP a história da filosofia era a própria filosofia, ou antes:

> Nisto cifrava-se a modernidade: de nossa parte simplesmente não poderíamos deixar de atender a tal imperativo, sob pena de bisonhice imperdoável, entranhando na própria matéria filosófica, e por isso mesmo dilatávamos o espectro da crítica e fazíamos da crítica filosófica, isto é, estrutural, não um sucedâneo, mas a encarnação da própria filosofia.[11]

A sensação, que o ingresso na Filosofia da USP causou a Bento Prado Jr é descrita por ele como a de uma difícil restrição ao frenesi da *imaginação ideológica*, em troca do aprendizado de uma disciplina que exige estudo diário exaustivo, entre *outros tantos valores ascéticos*, que obrigava à conquista de um estilo de rigor e simplicidade. A partir dessa metodologia fomos, os alunos da Filosofia da USP, encaminhados para o estudo da filosofia e para a profissão de professores dessa disciplina escolar.

Peter Burke, discutindo a história do conhecimento, afirma que os intelectuais assemelhados ao clero criam, como este, seitas e igrejas para acomodar suas próprias ortodoxias nos movimentos de criação de ideias e no processo de reprodução intelectual.

Citando Norbert Elias, Burke argumenta que os departamentos universitários comumente se afiguram como *Estados soberanos*, quando competem por financiamentos, criando monopólios, eliminando competidores. E ao que não me parece demasiado acrescentar: criando conceitos e preconceitos, e metodologias, aceitando ou rejeitando temas, estudos, ideias e propostas.

Burke nos chama a atenção, ainda, para a importância das análises de Pierre Bourdieu sobre as instituições educacionais e sobre a tendência

---

[10] "Em outras palavras, a filosofia aparece-me como uma multiplicidade historicamente dada de filosofias, identicamente empenhadas, todas elas, na elucidação da própria noção de filosofia e identicamente confiantes na própria capacidade e resolver essa questão de princípio e de executar de maneira adequada o programa que o mesmo empreendimento de autodefinição implicitamente lhes traça." PEREIRA, Oswald P. "O conflito das filosofias", p. 135.

[11] ARANTES, Paulo E. *Um departamento francês de ultramar*, p. 135.

delas "a reproduzirem a si mesmas, de criarem e transmitirem "capital" intelectual."[12] Podemos dizer que a Filosofia da USP com sua proposta de ensino e estudo de filosofia nos dá um exemplo dessa prática.

Um olhar sobre Lipman

As primeiras imagens que tenho do programa Filosofia para Crianças de Matthew Lipman são as do documentário feito pela BBC-Londres[13], no qual se pode ver crianças de 6-7 anos participando disciplinadamente de uma aula, falando cada uma na sua vez e dando opiniões acerca do tema em debate de maneira lúcida e tranquila.

A lucidez, a tranquilidade e a harmonia que dominam as aulas de filosofia do programa de Lipman, apresentadas nesse filme, pintam um quadro absurdamente diferente daquele das salas de aula nas quais, muitos de nós professores, temos vivido.

Mesmo sabendo que as cenas de civilidade, como aquelas do grupo de crianças dando opiniões sobre a mente e a formação dos pensamentos ou a dos adolescentes de um bairro pobre discutindo a lealdade, apresentadas nesse documentário, são artificiais,[14] não há como não se sentir atraído pela possibilidade, ali desenhada, de convivência tolerante e compassiva.

O quadro, artificial ou não, que o documentário descortina, inspira um certo desejo pela harmonia (desejo quase sempre insatisfeito) e um desarmar de consciência, que mobiliza um sentimento de acolhimento para com o projeto educativo de Lipman. E a metodológica de aplicação do programa nos é apresentada como capaz de transformar todas as nossas salas de aula em mansas comunidades democráticas de estudo, diálogo, pesquisa e convivência social.

Busquei então fazer dessa atração, pela imagem de um desejo realizado, meu objeto de estudo e pretendi entender por que aquelas cenas, de crianças e adolescentes dialogando pacificamente, mobilizam, atraem e seduzem pessoas envolvidas com a educação e com o ensino de filosofia.

---

[12] BURKE, Peter. "Seitas e igrejas na história do conhecimento", p. 16-17.

[13] Produzido na década de 80 e divulgado no Brasil pela TV Cultura na série *Os Transformadores*.

[14] Vejo artificialidade, aqui, no fato de que cenas de documentários são sempre editadas, seguindo os cânones do gênero documental, para compor uma narrativa, um simulacro da realidade, que tem uma destinação e um autor.

O estudo sobre o campo de atuação do Programa de Lipman e suas estratégias de expansão no Brasil me ajudaram a apurar a percepção de intenções pedagógico-moralizantes e de velhas pretensões disciplinares que surgiam ali naquele projeto dito inovador.

A proposta de ensino de Matthew Lipman começa a ser divulgada no Brasil por volta de 1985 e coincide com o movimento de redemocratização do ensino brasileiro. Com as mudanças estruturais do sistema de ensino, perderam espaço nos currículos disciplinas como Educação Moral e Cívica e OSPB (Organização Social e Política Brasileira), tão caras à política educacional dos governos militares. Mesmo que a abertura política tenha quebrado a influência hegemônica dos grupos conservadores na definição das políticas educacionais, eles continuaram ocupando espaços importantes, o que, me parece, facilitou ao programa de Lipman encontrar acolhida como uma solução para as intenções moralizantes da educação escolar.

As relações estreitas entre racionalidade e ética, reflexão filosófica e ações morais, feitas por Lipman e seus colaboradores no material didático e no de divulgação, autorizaram o Programa Filosofia para Crianças a lutar pelo espaço deixado vago com a saída da Educação Moral e Cívica dos currículos oficiais.

Essa hipótese redesenhou o horizonte de minha pesquisa, incorporando nela o desejo de entender a configuração do jogo das regras de legitimação de dispositivos e disposições, de pessoas e grupos, de coisas e palavras, filosofias e mitologias. Olhando para o programa Filosofia para Crianças de Matthew Lipman, pretendia distinguir, na minha sociedade e na minha época, os saberes que elas acolhem e os processos de disciplinamento ali envolvidos.

O conceito de comunidade, do qual se impregna toda a história da proposta de Lipman desde sua criação, sua divulgação, até à sua recepção suponho, é aquele elemento que torna a *Filosofia para Crianças* quase um fetiche. Suponho, ainda, que também no conceito de comunidade subjazem categorias míticas que acolhem suposições de uma possível harmonia social, conquistada pela educação da racionalidade, as mesmas que têm atraído tantos movimentos e ideologias contraditórios entre si.

A proposta de Lipman sugere que a atuação prática na vida em sociedade possa ser ensinada e incentivada por um programa de estudos que desenvolva habilidades cognitivas e comunicativas, e que a boa convivência possa advir da boa educação do pensamento.

Subjacente a essas pretensões pedagógicas e éticas está a concepção de razão que aponta o sujeito racional como aquele capaz de verdade e justiça, capaz de dominar conscientemente os ímpetos da emoção e realizar atos morais dirigidos pelo intelecto. A racionalidade é aqui entendida como capacidade intelectual de pensar, falar e exprimir-se corretamente, e como a capacidade de ordenar a realidade para torná-la compreensível, confiando que as coisas sejam organizáveis, ou racionais elas mesmas.

Poder viver a vida numa comunidade harmoniosa e pacífica, ideia de grande importância estratégica para o receituário de intenções político-ideológicas conservadoras ou progressistas, é base de sustentação da imagem atraente e utópica, apresentada pela proposta de ensino de Matthew Lipman em seu Programa Filosofia para Crianças.

Lipman propõe que a filosofia seja ensinada para crianças através da ficção, e para isso cria algumas novelas, chamadas por ele de filosóficas, uma vez que tratariam de temas da história da filosofia ocidental. Nestas novelas filosóficas não há propriamente moral da história, a moral está incorporada nas regras da lógica, a moral está na gramática.

> A novela filosófica, além de proporcionar um modo indireto de comunicação, pode servir para outros propósitos.[...] Pode ajudar as crianças a perceberem a diferença entre o pensamento lógico e o ilógico de uma maneira pouco dolorosa, e mostrar quando o pensamento lógico é apropriado e quando o pensamento não lógico é preferível. Outra função essencial da novela filosófica é sensibilizar as crianças quanto à complexidade e ambiguidade das situações morais e, às vezes, quanto à necessidade de inventar ou criar a conduta moral apropriada.[15]

Lipman insiste na necessidade de se ensinar crianças a pensarem corretamente, para que elas possam decidir como agir bem em comunidade. Para ele, pensar é um ato natural que pode ser burilado, e o *pensar correto* e autônomo é aquele que mostra eficiência, habilidade e acordo com as regras da lógica (não é por acaso que a primeira novela filosófica do programa trata de questões lógicas da estruturação dos discursos):

> O pensar é natural mas também pode ser considerado uma habilidade passível de ser aperfeiçoada. Existem maneiras de pensar mais eficientes e outras menos eficientes.[16]

---

[15] LIPMAN, M. OSCANYAN, F. e SHARP, A. *Filosofia na sala de aula*, p. 235.

[16] *Ibidem*, p. 34.

O problema pedagógico é, ao menos no primeiro estágio, transformar a criança que já pensa numa criança que pensa bem.[17] As crianças que foram ajudadas a serem mais criteriosas não só têm um senso melhor de quando devem agir mas também de quando não devem fazê-lo.[18]

A autonomia do pensamento, para Lipman, é alcançada a partir do diálogo se a criança for exposta a situações onde haja a necessidade de autonomia: quando ela é obrigada a dar respostas autênticas a questões que lhe são propostas, quando ela trabalha com um material didático que coloque problemas e a forcem a buscar soluções para eles e quando, através das histórias filosóficas ela tenha contato com resoluções exemplares da problemática vivida no seu cotidiano.

Esse ideal de educação moral individual e coletiva, através de uma metodologia de ensino que viabilize uma modelagem do raciocínio e da ação, expressa a escolha de procedimentos educativos que forjem, em crianças e adolescentes, uma postura diante do mundo pautada por uma racionalidade prática e reguladora e uma disposição para a autorreparação constante.

Matthew Lipman e sua colaboradora Ann Margareth Sharp, e a maior parte dos divulgadores do programa de ensino de filosofia para crianças, repetem continuamente que tanto o propósito quanto a consequência desse projeto pedagógico é fazer com que crianças e adolescentes pensem corretamente, e iluminados pelo pensamento correto ajam corretamente. Este chamado *pensar correto* é sempre referido a uma forma de raciocínio com o qual se corrige constantemente a si mesmo, confrontando-se, examinando em si as razões e os argumentos; e sobretudo mostrando-se sempre disposto a uma revisão dos pressupostos e dos arrazoados.

A insistência com que o programa de Lipman trata de conceituar o pensamento correto e desejável como um pensamento que se autocorrige, faz ver aí a atuação de um dispositivo de controle, implantado na atividade da racionalidade, modulando as ações daqueles a quem esse tipo de pensamento foi ensinado.

Gilles Deleuze nos adverte que a instalação desse controle é forma nova de dominação. A educação para a autocorreção posterga o término do processo da educação escolarizada, e permite uma avaliação

---

[17] LIPMAN, M., OSCANYAN, F. e SHARP, A. *Op. cit.*, p. 35.
[18] *Idem.*

e uma autoavaliação constantes, que através da *modulação*, da *moldagem autodeformante* permite formas de controle contínuo.[19]

A racionalidade autocorretiva, de Lipman, me parece ter a pretensão de manter sempre o pensar e o agir do indivíduo no timbre certo para a sociedade que o forjou, sem necessidade de recomeço (ou reciclagem). O indivíduo mesmo trataria de censurar a si mesmo se os seus pensamentos ou ações não fossem condizentes com o meio ou a situação.

Mas por outro lado, a *comunidade de investigação*[20] como prática de ensino, para além da discussão de temas filosóficos travestidos de histórias ficcionais, busca trabalhar na construção de uma estrutura cognitiva que dê suporte para formas e categorias de percepção e de ação no mundo, dotando crianças e adolescentes, desde bem pequenos, nas salas de aula, de princípios de visão de mundo que uma vez incorporados transformam-se em disposições corporais e intelectuais para a percepção do mundo e atuação no mundo dos adultos.[21]

Pois bem. Experiências, como as propostas por Lipman e Ann Sharp, por exemplo essa da convivência tolerante de crianças em sala de aula ou a educação da intelecção e do comportamento no contexto escolar, são vistas por eles como naturais e absolutamente necessárias. Essa naturalização da formação cultural da criança, através da educação escolarizada, vela a imposição sub-reptícia de normas e padrões, já estabelecidos de antemão.

Em Lipman a sala de aula aparece como um espaço para um jogo de campo. Com condições e regras definidas *a priori*, e o que se quer das crianças é que essas se engajem, pensem com correção e *brinquem de* uma vida harmoniosa. O trabalho de aprender fica diluído no jogo. Toda criança deve brincar, mas quando o trabalho de aprendizagem é escamoteado pela ficção, pela brincadeira, pelo jogo, corre-se o risco de diminuir-lhe o valor e esconder-lhe os propósitos.

A criação de um mundo ideal, estruturado como ambiente asséptico, no qual a criança deve inserir-se, como que preparando-se com seu grupo para um jogo, absolutiza o mundo infantil, oculta as di-

---

[19] Muitos jovens pedem estranhamente para serem *motivados*, e solicitam novos estágios e formação permanente; cabe a eles descobrir que estão sendo levados a servir, assim como seus antecessores descobriram, não sem dor, a finalidade das disciplinas. DELEUZE, Gilles. *Conversações*, p. 226.

[20] Comunidade de Investigação é o nome da metodologia de ensino do Programa Filosofia para Crianças de Matthew Lipman.

[21] O Programa Filosofia para Crianças pode iniciar-se nas escolas a partir do maternal.

ficuldades reais dos relacionamentos entre adultos e crianças (ou mesmo entre os adultos) e encobre a cotidiana violência da vida no mundo. E sobretudo, como quer Hannah Arendt:

> [...] sob o pretexto de respeitar a independência da criança, ela é excluída do mundo dos adultos e mantida artificialmente no seu próprio mundo, na medida em que esse pode ser chamado de um mundo.[22]

Matthew Lipman com seu programa *Filosofia para Crianças* trata de instituir um projeto de educação para os valores vigentes, e através da formação de uma racionalidade autorrepressora, imprime à filosofia um caráter de pragmática moralizante, idealizadora de um vir a ser normatizado.

Os dois exemplos

Os dois modelos de ensino de filosofia analisados aqui, a filosofia da USP e a filosofia de Lipman, nos fazem pensar que a Filosofia como disciplina escolar oferece uma excelente possibilidade/*locus* para a manutenção de um espaço de catequização. Mesmo que na aparência se pretenda leiga, o ensino da filosofia pode vir a ser um elemento importante no trabalho de formação de uma ética, não religiosa, talvez civil, mas finalmente criadora de princípios de visão de mundo e de atuação nele.

Peter Burke mostra que da contraposição entre escolas de pensamento, entre metodologias de estudo, sobressai a recorrente luta entre ideologias, quando diz que:

> uma forma de encarar a história social do conhecimento é vê--la como uma história dos encontros, interações e trocas entre *establishments* e forasteiros, amadores e profissionais, inovação e rotina, fluidez e fixidez, conhecimento oficial e não oficial. O grande contraste é entre círculos ou redes, de um lado, e, de outro, instituições com membros fixos e esferas de competência oficialmente definidas, construindo e mantendo barreiras que separam de seus rivais e de leigos.[23]

Então pensei que essa vocação para perseguir o histórico como método para estudar filosofia, característica central da Filosofia uspiana, era

---

[22] ARENDT, Hannah. *Entre o passado e o futuro*, p. 233.
[23] BURKE, Peter. "Seitas e igrejas na história do conhecimento", p. 17.

incompatível com a pretensão para o sempre novo, o sempre fresco, que Lipman deixa entrever na sua metodologia. Vejo nessa incompatibilidade a origem do desconforto que a proposta de Lipman causou-me: um olhar uspiano visando uma perspectiva divergente. Todavia tanto uma como a outra realizam um disciplinamento do corpo e da consciência, da racionalidade.

Lipman, quando nos apresenta uma lógica formal aplicada, modalidade *light* da lógica aristotélica, que possibilitaria a educação do raciocínio, o melhoramento do processo do juízo e da formação de conceitos, numa exegese do deliberar, raciocinar, dialogar, pretende, a partir do desenvolvimento de habilidades de raciocínio e do controle dos comportamentos individuais, obter a regulação da vida em sociedade.

Aí vemos a preocupação com uma racionalidade instrumental, como critério de realidade, característica por sua formalidade e busca de eficiência técnica, e uma concepção de *praticidade* da filosofia capaz de ditar princípios e pressupostos indicativos do percurso ótimo na formação cívica das crianças. Supondo poder ensinar democracia promovendo um ajustamento lógico, Lipman manifesta a crença iluminista no poder emancipador da razão, na *quimera da cidade racional*, onde a *Deusa Razão* pudesse instaurar a justiça social e da convivência harmoniosa.

Richard Sennett, em *O declínio do homem público*, diz que o grande mito contemporâneo, descendente de questões do século dezenove, é a crença de que a aproximação entre as pessoas é um bem moral. O homem quer fugir da impessoalidade, da frieza e da alienação, mistura entendida como arrasadora. Para escapar da aspereza, dos constrangimentos da condição humana moderna e do medo da violência, o homem moderno propõe alternativas de organização das convivências.

E assim por tantas vezes, o medo da degeneração e o desejo da pacificação política criaram propostas utópicas, carregadas de imagens sobreviventes da situação a ser ultrapassada, utopias prenhes de ideologia[24], que se justificam usando a ética e a cultura intelectual, esforçando-se na construção de planos educacionais que as viabilizem, e exigindo que o indivíduo elabore conscientemente a si mesmo. E imbuídos desse credo filosófico idealista aceitam a cultura de maneira positiva, mas atribuem a ela sempre uma nuance ética e pretendem promover

---

[24] Penso em Rousseau e seu texto *O Emílio*, também uma novela filosófica com intenções pedagógicas. Refiro-me também às peças de Denis Diderot, nas quais se pode distinguir uma preocupação em preparar os indivíduos para uma vida ilustrada, civilizada.

mudanças, impregnando os homens, tanto no trato da política quanto no das outras esferas da cultura, com um estado elevado de autoconsciência e autocontrole, razão e razoabilidade.

Desde que venho refletindo sobre programa Filosofia para Crianças de Matthew Lipman, tenho atinado para a institucionalização de uma racionalidade, aspirante à produção de consenso, espécie de *boa educação* político-cultural da intelecção. E fixando um olhar de profundidade no programa de Lipman, penso ter visto lá, sub-reptício, um determinado mecanismo de impressão de uma racionalidade ansiosa por hegemonia, uma carapaça cultural, base dos julgamentos, entendimentos e visões de mundo.

Voltando minha atenção para o objeto: o programa de Lipman, vi a mim mesma: o sujeito, como produto [não passivo] de um outro projeto de normalização da racionalidade, o da Faculdade de Filosofia da Universidade de São Paulo.

Lipman quer disciplinar como a Faculdade de Filosofia da USP quis disciplinar: dois tipos diferentes de disciplinamentos. Bento Prado Jr. nos diz que o pensamento é sempre lido a partir das malhas da instituição que o filtrou, "e um 'vale' o que o outro 'vale', e nenhuma instituição é inocente."[25]

Referências

ARANTES, Paulo, E. *Um departamento francês de ultramar – Estudos sobre a formação da cultura filosófica uspiana (Uma experiência nos anos 60).* Rio de Janeiro: Paz e Terra, 1994.

ARENDT, Hannah. *Entre o passado e o futuro.* São Paulo: Perspectiva, 1968.

AZEVEDO, Fernando de. *As universidades no mundo do amanhã – Seu sentido, sua missão e suas perspectivas atuais.* São Paulo: Cia Editora Nacional, 1947.

BURKE, Peter. "Seitas e igrejas na história do conhecimento". In: *Suplemento Mais!* Folha de São Paulo, 27/Agosto/2000. (16-17).

CARDOSO, Irene R. *A universidade da Comunhão Paulista.* São Paulo: Cortez, 1982.

DELEUZE, Gilles. *Conversações.* Rio de Janeiro: Ed. 34, 1992.

ELIAS, Norbert. *A sociedade dos indivíduos.* Rio de Janeiro: Jorge Zahar, 1994.

---

[25] PRADO JR, Bento. "Profissão: Filósofo", p. 22.

GIANNOTTI, José Arthur. *Filosofia miúda e demais aventuras*. São Paulo: Brasiliense, 1985.

GOLDSCHMIDT, Victor. *A religião de Platão*. São Paulo: Difel, 1970.

LIPMAN, Matthew et alli. *A filosofia na sala de aula*. São Paulo: Nova Alexandria, 1994.

PEREIRA, Oswaldo Porchat, PRADO Jr., Bento, e FERRAZ Jr., Tércio S. *A filosofia e a visão comum do mundo*. São Paulo: Brasiliense, 1981.

PRADO Jr., Bento. "Profissão: Filósofo" in: *Cadernos PUC 1 Filosofia*. São Paulo: EDUC/Cortez, 1980.

SILVA, Franklin Leopoldo e. "A experiência universitária entre dois liberalismos". In: *Textos de Professores*. Publicação da FFLCH – USP. Fevereiro/2000.". In: *Textos de Professores*. Publicação da FFLCH – USP. Fevereiro/2000.

Filosofia, educação e história

Rodrigo Dantas

I

O que é isto, a filosofia?

Do que propriamente falamos quando falamos de filosofia e damos por entendido o que se quer dizer com isso? Estaríamos sempre falando da mesma coisa quando falamos, hoje, de filosofia?

O que somos e o que fazemos quando fazemos filosofia? Como você faz filosofia? Qual sua concepção, sua prática, seu método de filosofia?

Pensamos radicalmente o que significa reconhecer e assumir integralmente a historicidade, e portanto a responsabilidade, o cuidado e a liberdade de toda filosofia e de todo pensamento possível?

Pensamos filosoficamente, criticamente e radicalmente o mundo histórico em que vivemos, ou de modo geral tendemos a incorporar, reproduzir, reiterar e, assim, legitimar, até mesmo de modo inconsciente e irrefletido, o vocabulário e os conceitos, o sentido e significações, os valores e comportamentos, os usos, costumes e práticas de um mundo hegemonicamente determinado em seu regime de verdade pela tecnociência e pelas condições materiais de produção e reprodução da vida sob o modo de produção capitalista?

Pensamos o que significa fazer filosofia em uma civilização tecnocientífica, tecnocapitalista, em tudo e por tudo teleologicamente determinada pela potencialização constante de todos os seus meios de produção, consumo, dominação e destruição?

Pensamos o que realmente significa fazer filosofia em um mundo histórico cuja simples reprodução cotidiana implica na destruição sistemática da Natureza, ameaça o próprio futuro da vida no planeta, faz da competitividade, da produtividade e da lucratividade a medida de todas as coisas e condena a exclusão, a obsolescência e a morte grande parte da humanidade?

Pensamos o que realmente significa fazer filosofia em um mundo dominado pelo processo histórico de mercantilização progressiva de todos os âmbitos da vida social e pessoal?

Pensamos o que realmente significa fazer filosofia quando o que se impõe a homens e mulheres de todo o planeta como a imagem e o imaginário, como o conceito e a informação, como a significação, a comunicabilidade e a representação do mundo é encarnado cotidianamente, muito mais do que pela simples mentira, pela absoluta impostura de um mundo perversamente fabricado, encenado, simulado e difundido pelo império da informação e da imagem, ele mesmo fundado, pautado e orientado em todos os sentidos pelas condições de reprodução do império globalitário do dinheiro e da mercantilização progressiva de todos os âmbitos da vida?

Se a filosofia não é mesmo uma ciência, posto que nela nos assumimos, nos colocamos em questão e nos comprometemos existencialmente como sujeitos da História e de uma existência ela mesma histórica, o que ela é, o que ela pode, o que ela precisa vir a ser em uma civilização tecnocientífica?

Se a filosofia não pode ser tomada como mera fundamentação, análise ou esclarecimento dos métodos, conceitos e proposições das ciências naturais, nem como mera análise seja da linguagem, do conhecimento ou do processo cognitivo – como pretendem os tipos de filosofia (originárias sobretudo dos países anglo-saxões e, de resto, com forte influência "colonizante" no resto do planeta) que supõem considerar o mundo "cientificamente", como se fosse ele mundo de "não eus", sem sujeitos, sem homens nem mulheres, sem história, sem existência, composto apenas de processos naturais, mecânicos, de figuras ou entidades puramente lógicas – o que ela é, o que ela pode, o que ela precisa ainda vir a se tornar em uma civilização determinada pelo processo de dominação, exaustão e destruição da própria Terra, tal como ele ora se põe em marcha, entre nós, na potenciação mercado-logicamente e tecnologicamente determinada de todos os meios de produção, consumo, controle, dominação e destruição?

II

Todas estas questões nascem da experiência da historicidade da existência e da sociedade, do conhecimento e da própria filosofia, que, como marco fundante de todo pensamento moderno e contemporâneo, transforma radicalmente o horizonte em que hoje concebemos e fazemos filosofia.

Nascendo da consciência da historicidade, todas elas nascem da experiência essencial da impossibilidade constitutiva de se referir a uma realidade "em si", seja ela tomada como "transcendente" ou como "exterior", que independa do modo como homens e mulheres existem, se concebem e se realizam concretamente, e isto quer dizer, historicamente.

Nascendo da consciência da historicidade, todas elas nascem da experiência essencial de que todas as ideias, conceitos, verdades, princípios ou realidades que tomamos como fundamentais e com as quais pretendemos poder explicar tudo o mais têm sua origem, existencial e radicalmente histórica, em determinados modos de conceber-se, compreender-se e realizar-se da existência e da própria humanidade histórica.

Nascendo da experiência da historicidade, todas elas nascem da experiência essencial de que os "objetos", a "realidade" e o "mundo" de que sempre falamos, de que os conceitos, imagens, signos e experiências que constituem, determinam e representam em todos os sentidos o teor e o vigor da presença de todo "objeto", de todo "real" refletem, em última análise, a vigência de um determinado modo de ser, compreender-se e realizar-se da existência e da própria humanidade histórica.

Em todas elas a questão: "o que é o ser humano?", como horizonte concreto e como origem de todas as questões possíveis, é tomada, portanto, como a primeira, a principal e a mais concreta de todas as questões que nos são colocadas.

Como questões concretamente surgidas da própria experiência histórica que vivemos, elas definem em seus marcos mais fundamentais o próprio horizonte de que podemos e devemos partir quando nos colocamos hoje a questão pelo teor e pelo sentido da filosofia como atividade humana.

Em todas elas, antes de tudo se traduz o fato absolutamente fundamental de que a própria história, a própria tradição de pensamento a que pertencemos no mundo moderno e ocidental nos coloca hoje como herdeiros da questão pelo teor e pelo sentido da filosofia.

Dela aprendemos que a "origem da filosofia está no dia de hoje[1]"; dela herdamos a possibilidade e a necessidade ineclutável de se colocar e se assumir, em toda sua radicalidade e envergadura, a questão primária, primeira e fundamental pelo sentido do que somos e do que fazemos quando fazemos filosofia.

---

[1] LYOTARD, Jean-François. *Por qué filosofar?* Barcelona: Paidós, ICE/Uab, 1989.

III

Já em sua própria formulação as questões colocadas têm como seu horizonte, como seu ponto de partida a experiência fundamental de que a filosofia é antes de tudo uma prática, uma ocupação, uma experiência e uma atividade humana – e como toda e qualquer atividade humana, uma atividade historicamente enraizada e situada, historicamente comprometida e determinada, que se forma e se transforma, que se define e se redefine de acordo com o horizonte histórico de sua própria gênese, de sua própria existência, de sua própria realização.

Já o próprio modo como fazemos filosofia reflete uma determinada maneira de assumirmo-nos, compreendermo-nos e realizarmo-nos como seres históricos, abertos, inacabados e criadores, de existirmos, concebermo-nos e comprometermo-nos como seres livres, éticos, portanto concretamente responsáveis por nossa própria existência e pela construção cotidiana, em todos os nossos atos e atitudes, em todas as nossas decisões, palavras e comportamentos, de uma História que permanece aberta, indecidida, inconclusa – e não é por outra razão que, antes mesmo de toda possível discussão "técnica" em torno da verdade ou da validade desta ou daquela definição possível de filosofia, *o que verdadeiramente se põe em jogo na questão pela filosofia é a questão crítica, genealógica, hermenêutica, ao mesmo tempo filosófica, existencial, histórica, ética, política, estética, psicológica, afetiva, gnoseológica e pedagógica pelo sentido e pela verdade do que somos e do que fazemos quando fazemos filosofia.*

Com efeito, a consciência radical de nossa condição histórica e da própria historicidade de toda filosofia, de toda experiência e de todo conhecimento possível já não nos permite supor, segundo um velho e inveterado preconceito, que a filosofia possa ainda ser tomada como mera contemplação do mundo, ou mesmo como mera elucubração especulativa parida da genialidade individual do sujeito solipsista e monológico de um suposto saber meramente teórico, com todos os pressupostos, consequências e problemas que daí decorrem; muito pelo contrário, *sabemos que o que está em jogo em toda filosofia radicalmente consciente de sua historicidade, e respectivamente, de sua existencialidade, de sua eticidade e de sua responsabilidade, é na verdade o modo mesmo como compreendemos, experimentamos, significamos, interpretamos e comunicamos filosoficamente o mundo em que vivemos – e respectivamente, o modo como nele intervimos, o modo como sobre ele agimos na medida mesma em que o pensamos e dialogamos, em que criamos os conceitos que nos permitem pensá-lo, em que buscamos obviar e esclarecer, intervindo deste modo no âmbito de um universo de interlocução historicamente concreto e presente, os horizontes desde os quais o mundo pode e precisa se tornar pensável, para nós, em seus maiores e menores caminhos.*

IV

A questão pela filosofia é tão velha quanto a própria filosofia, voltando a impor-se, sempre mais uma vez, em momentos de crise, de risco e oportunidade, em que velhos hábitos, métodos e preconceitos já não são capazes de nos colocar à altura dos desafios com que nos interpelam nossa existência histórica – e não é mesmo por outra razão que nos dois últimos séculos a questão fundamental pelo teor e pelo sentido da filosofia foi colocada nos mais diversos contextos, tendo sido desenvolvida das mais variadas formas, chegando às mais distintas conclusões.

Ela se põe hoje para nós, mais uma vez, em uma época em que muitas práticas, em que muitas concepções distintas e até mesmo decididamente antagônicas disputam e pretendem, cada uma delas, ostentar o nome de filosofia, anunciando novos métodos, novos conceitos, em alguns casos chegando até mesmo a decretar, pelas mais diversas vias, o próprio fim da filosofia – o que já por si só se nos apresenta como sintoma rigorosamente inequívoco da necessidade e da oportunidade histórica, existencial e filosoficamente determinada de se repensar, mais uma vez, o sentido mesmo do que somos e fazemos quando fazemos filosofia. É neste sentido que a necessidade de se elaborar, ou ao menos se esboçar um programa, um prelúdio, ou até mesmo uma propedêutica para toda a filosofia futura comparece de fato na obra dos principais pensadores modernos e contemporâneos – desde Kant, passando por Marx, Nietzsche, Husserl, Heidegger, Peirce e Wittgenstein, todos os mais influentes pensadores modernos e contemporâneos colocaram e desenvolveram, cada um a seu modo, a questão pelo teor e pelo sentido da filosofia. Ao fim e ao cabo, todos eles coincidem, ainda que pelas mais diversas vias e resultando nos mais variados encaminhamentos, em diagnosticar criticamente o ocaso de toda uma época da filosofia, o fim de todo um modo de se conceber, se definir e se fazer filosofia, na mesma medida em que buscam, cada um a seu modo, delinear o horizonte geral em que doravante podemos e devemos repensar a própria filosofia.

O que se segue aqui certamente se inspira e tem seu ponto de partida em uma reflexão nutrida pelo que se dá a pensar no pensamento de todos estes pensadores. Se não há neste artigo espaço suficiente para entrarmos em uma discussão aprofundada com todas estas "críticas da filosofia", com a riqueza de caminhos e possibilidades que elas nos abrem, podemos fazer aqui alguns apontamentos fundamentais, que nos permitam definir ao menos o sentido e a direção geral em que, segundo o ponto de vista em que me situo, deve começar a ser tomada hoje em dia a questão pela filosofia e pelo sentido da filosofia.

Trata-se de pensar e colocar em questão, na brevidade deste artigo, o que propriamente definiria para nós, hoje, em seus marcos e princípios fundamentais, o sentido e o modo de ser de toda prática e de toda atividade, de todo ensino e de todo aprendizado, de toda fala e de todo texto, de toda questão e de toda discussão propriamente filosóficas, tendo em vista, em tudo isso, como fio condutor de tudo o que se segue, a consideração do que constitui, ou do que pode vir a constituir *a filosofia como prática essencialmente emancipatória de ensino e aprendizado, de fala e de escuta, de diálogo e de escritura, de percepção, experiência e conhecimento do mundo, de tudo que somos e não somos, de tudo o que podemos e não podemos ser em cada um dos maiores e menores caminhos de nossa existência histórica.*

V

Por sua própria natureza, a questão pela filosofia desde sempre nos coloca algumas dificuldades fundamentais...

Primeiramente, de modo distinto de todas as ciências, não há como pretender definir a filosofia por seu "objeto", quando na verdade a raiz, o vigor e a própria essência de toda filosofia, de toda atividade filosófica, de todo problema filosófico é justamente o que se põe em jogo no alcance, envergadura e radicalidade que pode e deve vir a assumir uma discussão propriamente filosófica em torno dos horizontes e condições, dos princípios e razões, dos termos e premissas fundamentais desde os quais tudo pode vir a ser percebido, concebido, construído, inteligido, representado e comunicado como "objeto" ou como "questão", como "mundo", como "realidade", como "fato" ou como "verdade". Muito antes de poder ser um conjunto coordenado, coerente e rigorosamente sistemático de proposições verdadeiras, muito antes de poder enunciar sua "verdade" ou definir seu "objeto", toda filosofia se constitui e se orienta, para nós, hoje, como atividade em que, no âmbito de um universo histórico de interlocução, se põe em jogo a questão crítica, hermenêutica e essencialmente genealógica pelo modo mesmo como os "objetos" e suas "representações", os saberes e discursos, as práticas e todos os modos de ser e compreender-se puderam vir a ser concebidos e constituídos deste ou daquele modo, neste ou naquele sentido, neste ou naquele contexto, desde este ou aquele regime de verdade.

Não há, portanto, como no caso das ciências particulares que se definem pelo alcance dos conceitos fundamentais que delimitam seu campo de "objetos", um "objeto" ou mesmo uma região ontológica cujo conceito possa servir de suporte para uma definição do que venha a ser a filosofia – assim como não há "verdade", "princípio", "método", "procedimento" ou "questão" intrinsecamente filosófica que preceda, circunscreva, prescreva ou determine de antemão, segundo a medida prévia de sua "verdade", o sentido, a radicalidade, a singularidade e a efetividade do ato de se pensar filosoficamente; o que há é sempre e apenas a possibilidade de que tudo se torne um "evento" filosófico, na medida em que a radicalidade, o rigor e a criticidade da discussão em torno de sua presença e de sua razão de ser, de seu sentido e de sua significação for mesmo capaz de nos levar, por suas próprias vias, às primeiras e últimas questões que nos são colocadas por nossa própria existência. Existindo ao mesmo tempo como atividade e como prática, como interesse, disposição, atitude, comportamento e modo de ser da vida humana, a filosofia não se define nem por seu "objeto", nem pela forma de sua discursividade, nem por seu regime ou por seus critérios de verdade; em última análise, podemos dizer que o que faz dela filosofia é o modo como ela é mais ou menos capaz de apresentar e elucidar conceitualmente o contexto e as relações, o sentido e as significações, as origens e princípios, as razões, articulações e a tessitura complexa do mundo, tal como ela está concretamente copresente na presença deste ou daquele evento, desta ou daquela questão, deste ou daquele "objeto", desta ou daquela prática ou discurso determinado.

Sua verdade não está no "objeto", no "conceito", nem na adequação do enunciado à coisa, mas, antes de tudo, na liberdade, na singularidade, na dialogicidade e na radicalidade do próprio ato de pensar, que por sua natureza essencialmente emancipatória se orienta efetivamente pela possibilidade e pela necessidade de vir a questionar e elucidar tudo desde seus primeiros princípios.

Seu método não pode preceder nem se antepor ou se sobrepor ao percurso próprio de todo questionamento; como método, ele se faz e se perfaz concretamente no próprio caminho do questionamento, como isto mesmo que, em cada caso, permite que o questionamento venha a ser conduzido de acordo com a natureza singularmente própria do que a cada vez se põe em questão.

Por outro lado, diante da questão pela filosofia também não há como recorrer a qualquer resposta que de um modo ou de outro pretenda definir cabalmente o que seja a própria filosofia.

Em verdade, toda e qualquer resposta que se pretenda poder dar a questão pela filosofia é já ela mesma um produto, um resultado, uma conclusão do próprio filosofar – e é justamente neste sentido que toda e qualquer definição do que seja a filosofia, longe de poder resolver a questão colocada, se constitui e se nos apresenta ela mesma como problema radicalmente filosófico, e portanto, como ponto de partida para um questionamento das próprias condições de possibilidade, do próprio sentido, do próprio regime de verdade que nela e por ela se estabelece.

Com efeito, a filosofia se constitui como atividade concreta justamente por sua maior ou menor capacidade de colocar em questão a proveniência, a envergadura, os limites, as possibilidades e o próprio sentido das respostas que podemos vir a dar às questões que nos são colocadas – e é precisamente neste sentido que podemos designar como radicalmente antifilosóficos todos os dispositivos de pensamento que, de um modo ou de outro, pretendam antepor ou sobrepor uma "verdade", ou até mesmo a categoria filosófica da "verdade", ao ato, a singularidade, a necessidade, a concretude e ao próprio vigor de todo questionamento efetivamente radical.

VI

"A filosofia não é uma doutrina, mas uma atividade" (Wittgenstein), *uma prática, um cultivo e uma "cultura", um modo de apreender e aprender, de conhecer e de pensar, que em sua autonomia, em sua radicalidade crítica constitui na verdade o vigor e a própria essência de todo aprender, de todo conhecer, de todo pensar.*

Como tal, ela não se deixa definir por suas proposições, por suas "verdades", seus sistemas, seus autores ou sua história. Antes de tudo, ela é a atividade singular e efetivamente concreta desde a qual tudo isto pôde ser produzido, desde a qual tudo isto pode existir de fato, para nós, como tema de uma leitura, de uma análise, de uma discussão, de uma crítica que pode, que deve, que precisa tornar-se capaz de acolher, em toda sua radicalidade, a provocação fundamental do que em todo texto filosófico nos instiga a pensar e a repensar, em tudo que ele diz e não diz, o teor, a realidade e o próprio sentido de tudo o que somos e não somos em todos os nossos modos de ser e realizar-se.

É neste sentido que a filosofia não pode ser tomada como mais uma "área do conhecimento", já que nela se cultiva o que, em todos os "campos do conhecimento", em todas as formas e gêneros do discurso, define em última análise a essência, o teor e o vigor, a radicalidade, o alcance, a envergadura, a veracidade e a própria natureza de todo conhecimento possível – ao menos na medida em que pensamos, entendemos e definimos o conhecimento não nos termos em que ele comumente se define hoje, como operação tecnocientífica, ou como ofício e domínio hiperespecializado de que se ocupam profissionalmente, de acordo com toda uma divisão em nichos de mercado do trabalho intelectual, os que reconhecemos como autoridades em cada assunto, mas antes de tudo isso, ou mesmo para além de tudo isso, como mundo, como universo aberto e plural de interlocução que homens e mulheres constroem, habitam, elucidam e compartilham dialogicamente à medida que, a propósito de tudo e de todas as coisas, chegam de fato a se colocar as primeiras e últimas questões que a cada vez lhe são postas e propostas pelo simples fato de existirem como homens e mulheres.

Em verdade, o que propriamente se põe em jogo em toda produção e difusão do conhecimento, antes mesmo e para além de seus conteúdos positivos, é na verdade o modo como homens e mulheres chegam a compreender e a colocar em questão tudo isso que os constitui como homens e mulheres, tudo isso que constitui o mundo em que eles existem como homens e mulheres. Em verdade, o que propriamente se põe em jogo em todo conhecimento, mais do que o domínio dos saberes e procedimentos "técnicos" ou "científicos" que venham a permitir o manejo, o trato desta ou daquela dimensão específica do mundo, mais do que a "verdade" relativa a este ou aquele "objeto ou domínio de 'objetos'", é antes de tudo o próprio modo como homens e mulheres, em existindo, se tornam efetivamente capazes de pensar e colocar em questão, por si mesmos e a propósito de todas as coisas, as próprias condições determinantes de sua existência concreta e histórica, tal como ela se põe em jogo a cada vez em todos os seus modos de ser, compreender-se e realizar-se.

É neste sentido que se pode afirmar que a filosofia não é apenas mais uma disciplina a ser ensinada e aprendida, mas que nela se define, se pratica e se põe em jogo a essência e a própria natureza de ensinar e aprender – ao menos na medida em que entendemos a natureza do processo educativo e a prática de ensinar e aprender, tal como a entendeu Paulo Freire[2], não como simples transferência de conteúdos, ou mera aquisição de habilidades específicas, sejam elas técnicas, comportamen-

---

[2] FREIRE, Paulo. *Pedagogia da Autonomia*. Rio de Janeiro: Ed. Paz e Terra, 1997.

tais ou cognitivas, mas na verdade como toda uma prática, todo um processo essencialmente emancipatório de educação, de formação de homens e mulheres efetivamente capazes de pensar, questionar e elucidar dialogicamente as condições de realização de suas vidas, de sua própria história, do próprio mundo em que existem.

VII

Ao elaborar uma concepção de mundo, ao se empenhar pelo esclarecimento de tudo o que se dá a pensar quando chegamos a nos colocar as primeiras e últimas questões que nos propõem nossa própria existência, *toda filosofia age sempre e necessariamente no sentido de transformar o modo como se percebe e se entende o mundo, e portanto, de transformar o próprio mundo histórico que nela se dá a pensar.*

Concebido em sua historicidade concreta, todo filosofar é um ato ao mesmo tempo ético, político, histórico e pedagógico, em que se põe em jogo um determinado modo de compreendermo-nos, situarmo-nos, existirmos, agirmos e realizarmo-nos como seres essencialmente históricos, éticos e políticos. Mediante o que se põe em jogo neste ato e assumindo, nele e por ele, as questões que a cada vez e a propósito de todas as coisas nos são colocadas por nossa própria existência histórica, assumimos e elaboramos, na forma de uma compreensão radical do que somos e do mundo em que vivemos, um determinado modo de intervir no mundo, de agir sobre ele, de elucidá-lo em todos os seus maiores e menores caminhos – o que na verdade tem como seu ponto de partida a possibilidade e a necessidade de uma consideração radicalmente crítica dos saberes e das significações, bem como de todos os processos objetivos e subjetivos, naturais e históricos que determinam, a cada vez e em todos os momentos, as condições concretas de nossa própria compreensão das coisas e, portanto, de nossa própria realização existencial e histórica como seres humanos.

Desde os seus primórdios, muito antes do que efetivamente decorre do processo de sua progressiva institucionalização, sistematização, profissionalização e especialização *a filosofia sempre existiu, sempre foi praticada e concebida como experiência total, concreta e diretiva, ao mesmo tempo existencial, ética, espiritual, estética, gnoseológica, política, afetiva e pedagógica; muito mais do que simples teoria, ela existe, desde o início e até hoje, como experiência em que se põe em jogo, pelas mais diversas vias, a emancipação da existência humana pelo questionamento, pelo conhecimento das condições determinantes de sua própria existência concreta; muito mais do que mera produção de conhecimento ou sistematização de verdades fundamentais, o que nela se põe em jogo é na verdade todo um processo, toda uma prática, todo um esforço histórico que, se desdobrando concretamente no mundo histórico da convivência, no universo dialógico da inteligibilidade, da interlocução e da comunicabilidade, no âmbito concreto da pólis, visa em última análise a seu esclarecimento, a sua emancipação, e consequentemente, a sua transformação.*

Do impacto e do sentido histórico desta transformação é que veio a nascer e amadurecer desde os gregos a ideia historicamente revolucionária, e na verdade mais do que a ideia, a própria realidade de todo um processo histórico de construção, de formação de todo um horizonte universal de compreensão, comunicação, interação e realização da humanidade histórica – que, se situando muito aquém, ou muito além da barbárie, das oposições e dos particularismos de toda ordem, foi fazendo com que possamos chegar em nossa época a nos reconhecermos, a nos assumirmos e a nos pensarmos, antes de todos os cortes, cisões e diferenças que nos separam, como seres humanos integralmente responsáveis pela construção de nossa própria História.

Do impacto, da efetividade e do sentido histórico desta transformação é que de fato pôde nascer, não apenas a ciência moderna, não apenas a identidade ocidental que se funda e se reconhece no espaço universal de interlocução de uma racionalidade dialógica, mas, antes de tudo, a própria experiência, a própria consciência existencial, espiritual, ética, política, estética e pedagógica que hoje nos constitui culturalmente, universalmente e identitariamente como humanidade histórica.

É neste sentido que, consciente de sua historicidade constitutiva, bem como de todos os perigos e desafios com que nos interpela um mundo histórico que se acha entregue ao puro automatismo de todos os processos determinados pela valorização do capital e pelo desenvolvimento tecnológico, toda filosofia existe e se dá a pensar, para nós, como o que pertence, se filia e na verdade se põe na própria base de todo um processo essencialmente educativo, essencialmente crítico, essencialmente ético-político, essencialmente emancipatório, essencialmente revolucionário, em que se põe em jogo todo um esforço histórico de formação de homens e mulheres capazes de construírem dialogicamente sua própria compreensão, seu próprio conhecimento do mundo, capazes, portanto, de se conceberem, se assumirem e se emanciparem como sujeitos históricos, inacabados, éticos, livres e responsáveis pelo conhecimento, pela construção e pela transformação de sua própria História.

É neste sentido que, plenamente consciente de tudo o que existencialmente, filosoficamente e gnoseologicamente decorre de sua historicidade, de sua eticidade e de sua responsabilidade fundamental, toda filosofia existe, se concebe e se realiza, para nós, como prática, como atividade essencialmente emancipatória, que vindo a assumir, de acordo com as potencialidades inerentes a sua natureza, a possibilidade e a necessidade de fundar, fecundar e orientar a educação de homens e mulheres, passa então a existir, a se conceber conscientemente e a se constituir historicamente como modo de ser e compreender-se, de aprender e ensinar, de assumir-se, comprometer-se e realizar-se integralmente como sujeito de uma presença que, como copresença no mundo e com os outros, longe de se definir como sujeito egoico e narcísico de sua própria existência privada, ou como sujeito monológico de um universo puramente teórico, se concebe e se realiza, em seus maiores e menores atos, no sentido de vir a assumir-se como sujeito histórico, ético, político, estético e pedagógico de sua própria existência, responsável a cada momento, por suas palavras, decisões, comportamentos e comprometimentos, pelo enorme esforço de construção histórica da vida e do próprio mundo, da História, da Humanidade e de sua própria consciência, de seu próprio conhecimento de si mesma.

É neste contexto que podemos e devemos escutar, acolher e compreender filosoficamente a décima primeira tese contra Feuerbach, de Marx, segundo a qual *"os filósofos se limitaram até aqui a interpretar o mundo diferentemente; trata-se agora de transformá-lo"*.

É a partir deste ponto de vista transcendental, de tudo o que nele se dá a pensar, de todas as instigações, apelos e provocações que ele contém, que podemos começar a repensar, do ponto de vista em que me situo, o que propriamente significa fazer filosofia a partir da experiência radicalmente e constitutivamente filosófica da historicidade da existência, do mundo e da própria filosofia.

VIII

Tudo isto aponta para uma concepção de filosofia, e nela, com ela e a partir dela para uma concepção e uma prática de ensino de filosofia, para uma concepção e uma prática de educação, para uma concepção e uma prática de criação e construção de conhecimento em que, antes da positividade de todos os saberes constituídos, de todos os conteúdos, de todas as respostas e certezas, de sua aquisição, sistematização, produção, reprodução ou transmissão, o que na verdade importa é o aprendizado e a prática, o cultivo e o exercício de uma atividade que, em sua radicalidade filosófica, existencial, ética, política e criadora, nasce e amadurece como capacidade dialógica de acolher, compreender, elucidar e assumir plenamente os problemas e questões, os impasses e desafios que, a cada momento e a propósito de todas as coisas, não cessam de nos interpelam em todos os caminhos e descaminhos de nossa existência histórica.

Tudo isto aponta para uma concepção da filosofia em que ela é tomada não propriamente ou primariamente como um saber, na verdade como um suposto saber, mas antes de tudo como assunção existencial da radicalidade de uma pergunta que funda e constitui a possibilidade de todas as respostas, de um aprendizado, de uma prática e de uma atividade em que as questões fundam, precedem e ultrapassam sempre todos os saberes, em que a própria capacidade de pensar, criar e produzir conhecimento depende ela mesma da fecundidade, do alcance e da radicalidade das questões que somos capazes de nos colocar.

De fato, toda filosofia nasce e vive da urgência, do vigor e da necessidade, da liberdade, radicalidade e envergadura das questões que ela é capaz de acolher, formular e desenvolver – e é neste sentido que aprender a filosofar é, antes de tudo, aprender a escutar, e portanto a perguntar e a acolher, em toda sua radicalidade, em toda sua envergadura, o caráter problemático e essencialmente enigmático de tudo o que nos interpela sempre que nos dispomos, sempre que nos abrimos à escuta de tudo o que se põe em jogo em todas as questões que nos coloca nossa própria existência, nossa própria experiência, nossa própria consciência do mundo em que vivemos e pensamos.

Em sua radicalidade própria, as perguntas filosóficas evidenciam os limites e a proveniência, o teor e a vigência, o sentido e a significação das certezas e saberes constituídos, das crenças e dos valores, das práticas e interesses, dos comportamentos e mentalidades, dos modos de ser e das próprias formas de vida em sociedade – e é precisamente neste sentido que elas são essencialmente críticas e emancipatórias. Não deixando que o fluxo do pensamento venha a se interromper em nenhuma parte, não permitindo que ele venha a repousar sobre a certeza dogmática e inquestionada de um "princípio", de um "valor" ou de uma "verdade" qualquer, a capacidade de perguntar instaura e sustém desde si mesma a vida e o vigor, a radicalidade e a criatividade, o alcance e a envergadura, a intensidade e a profundidade, a criticidade e a autonomia de todo pensamento, de todo conhecimento, de todo questionamento efetivamente capaz de conduzir tudo e todas as coisas as primeiras e últimas questões que nos propõe nossa própria existência.

A necessidade da pergunta, como necessidade do exame crítico das opiniões e crenças, das certezas e saberes, das significações e modos de ser, compreender-se e realizar-se, se impõe na verdade como necessidade existencialmente assumida de examinar o que constitui o horizonte, a posição de princípio, a origem e o próprio ponto de vista transcendental das "noções de mundo" (*Weltanschauungen*) desde as quais o mundo e tudo o que nele existe pode chegar a constituir-se e apresentar-se, pelas mais diversas vias, como "objeto" de percepção e entendimento, de experiência e significação, de discussão, interpretação e valoração, de lida, ocupação e realização. Como pergunta, como interrogação, como questão propriamente filosófica, ela parte da experiência fundamental de que todos os saberes historicamente construídos, como formas antropomorficamente constituídas de apresentação, de reconhecimento e de representação do mundo e de sua experiência, como produtos de uma formação efetivamente histórica, pertencem eles mesmos ao próprio mundo, a própria história que neles e por eles se pretende tornar compreensível.

Por essa via, somos levados a reconhecer e a assumir que a possibilidade, a necessidade, a radicalidade e a envergadura de toda pergunta, de todo problema, de toda questão propriamente filosófica provém, antes de tudo, do fato fundamental de que somos ao mesmo tempo o enigma, a pergunta e a própria resposta – o que, para todos os efeitos, faz com que nossa responsabilidade seja total.

Daí vem também a suspeita, plenamente justificada e generalizada, quanto a todas as respostas que pretendam, de algum modo, domesticar, dissolver ou mesmo suprimir a própria pergunta.

IX

A necessidade, a radicalidade e o primado da pergunta filosófica sobre todas as respostas provém, sobretudo, da consciência de que não há verdade, lei, modelo, sentido, valor ou finalidade que, em si e por si mesmas, possam vir a prevalecer como medida prévia da verdade ou da validade das proposições e juízos que se referem, de um modo ou de outro, a tudo o que nasce, se apresenta, se põe em jogo e se articula no seio de nossa própria existência histórica. Em outras palavras, ela provém do saber fundamental de que o já próprio modo como os eventos chegam a se constituir e se apresentar como "objetos" ou como "fenômenos" para nós, de que já o próprio modo como eles são de fato compreendidos e significados revelam antes de tudo a vigência de toda uma série de fantasias antropomórficas, que, operando como modos, como dispositivos, como agenciamentos de sujeição e captura, de subjetivação e objetivação, de significação e socialização, buscam na prática definir e se assegurar previamente da presença e do teor, da verdade e do sentido de tudo o que somos, de tudo o que vivemos, de tudo o que experimentamos e tomamos, de um modo ou de outro, como "verdadeiro". Daí vem a necessidade absolutamente fundamental para toda filosofia e todo conhecimento em geral, claramente formulada pela primeira vez por Nietzsche[3], de uma genealogia, de uma crítica, ou mesmo de uma hermenêutica capaz de colocar radicalmente em questão a própria gênese de tudo o que fala, ou pretende falar em nome da verdade, de todos os possíveis nomes da verdade, de todos os regimes de verdade – e ao fim e ao cabo, da própria "vontade de verdade" como afeto, como atitude, como *páthos*, como comportamento fundamental que define, na prática, e segundo é demonstrado por Nietzsche ao longo de sua obra, todo um horizonte, toda uma historialidade, todo um modo de ser, compreender-se e realizar-se da humanidade histórica.

Em tudo e por tudo isso, o que propriamente se põe em jogo na filosofia não é a produção de uma "verdade", traduzida, justificada, articulada e consubstanciada em um conjunto sistemático de proposições verdadeiras, mas sobretudo a liberdade, a autarquia, a autonomia de pensamento que se manifesta na possibilidade e na própria necessidade de colocar em questão tudo o que se põe, se impõe, se dispõe e se propõe como "verdade".

A veracidade, e isto quer dizer, a radicalidade, envergadura e fecundidade de um pensamento, de uma questão ou de uma proposição filosófica, está precisamente em sua liberdade, que se põe em jogo na capacidade de se manter livre do jugo de um suposto saber e de todas as certezas, interesses e condicionamentos posicionais que o orientam e o justificam previamente como a própria medida, como o próprio critério, como o próprio horizonte desde o qual todas as coisas são tomadas, compreendidas e comunicadas. Em outras palavras, o que verdadeiramente está em jogo na liberdade que funda, propulsiona e orienta todo filosofar é precisamente sua capacidade de se manter tão livre quanto possível do jugo do próprio "eu" e de todos os fantasmas que, em todos os sentidos, compõem identitariamente e asseguram imaginariamente nossa própria percepção do teor e do sentido de tudo o que somos e não somos, e com ela, nosso próprio modo de atender e entender tudo o que experimentamos. Só assim podemos nos manter abertos à escuta

---

[3] FOUCAULT, M.. *Nietzsche, a Genealogia e a História*, in: *Microfísica do Poder*. Ed. Graal, 1985.

e a experiência, ao diálogo e ao aprendizado em que nos abrimos e nos franqueamos ao mundo, aos outros e de modo geral a tudo o que em todos os sentidos nos solicita e nos desafia, nos apela e nos interpela em todos os nossos modos de ser, compreendermo-nos e realizarmo-nos – abertura que na verdade, designa em sua radicalidade, em sua veracidade em sua dialogicidade, a própria essência, ou se se quiser assim, o vigor, o sentido e a própria natureza de toda atitude, de todo modo de ser, de todo questionamento propriamente filosófico.

Em tudo e por tudo isso, a liberdade – e isto quer dizer, no contexto e no sentido próprio em que a compreendemos aqui, a historicidade, a responsabilidade, a eticidade, a criticidade, a criatividade, a autonomia e a dialogicidade de todo pensamento possível – se mostra como o que propriamente se exerce e se põe em jogo, como o que verdadeiramente se cultiva e se pratica como condição de toda experiência, de todo questionamento, de toda atividade propriamente filosófica.

X

Em um mundo histórico cada vez mais inteiramente dominado pela barbárie mercantilista, e que desde já ingressa em toda uma situação-limite do ponto de vista até mesmo da preservação, em um futuro próximo, das próprias condições naturais de existência da vida neste planeta, a filosofia, na medida em que é uma atividade integralmente histórica, política, ética e pedagógica, já não pode mais constituir-se de um ponto de vista puramente especulativo, que para todos os efeitos se põe de todo indiferente ao que efetivamente ocorre entre nós, como se tudo não passasse de mero espetáculo a ser refletido e ordenado pelo receptáculo solipsista do "gênio filosófico".

Assumindo-se do ponto de vista da consciência de sua historicidade radical, tomada, portanto, como experiência existencial, ética, estética, política, pedagógica, dialógica, afetiva e espiritual, como experiência total, concreta e diretiva em que se põe em jogo a assunção radical de nossa própria liberdade, portanto de nossa própria humanidade, *a filosofia se torna, antes de tudo, um ato de responsabilidade. Pensá-la e exercê-la cotidianamente como atividade essencialmente emancipatória, histórica, ética, política, educativa e, neste sentido, essencialmente revolucionária, é na verdade uma exigência que se impõe desde o momento em que compreendemos e assumimos, filosoficamente, que a própria filosofia, como quer que se a conceba, já não pode existir e pensar-se a si mesma senão como ato de responsabilidade.*

Filosofia na formação universitária

Roberto de Barros Freire

Minha exposição objetiva apontar uma reflexão a respeito da formação universitária e da função da filosofia nessa atividade. Em primeiro lugar, abordarei a Filosofia como uma disciplina de formação geral, possibilitando a aquisição de uma visão humanista para além dos aspectos profissionais nos cursos profissionalizantes. Em segundo lugar, farei uma proposta educacional e filosófica para a educação universitária em geral com o intuito de sanar alguns problemas que avisto na atual formação.

Trabalhar filosoficamente um tema educacional tem alguns riscos, pois não há uma preocupação pura e simples de descrição do fenômeno educativo, enunciando o que é, mas busca-se também o seu dever ser. Logo, pode-se sempre objetar que se descreve uma realidade inexistente, quando o objetivo não é meramente criticar a realidade. Além disso, muitas análises filosóficas, entre as quais incluo a minha, não são cabais e concludentes, mas indicativas de caminhos reflexivos, o que sempre soa estranho para mentes que esperam encontrar soluções e fins práticos imediatos. Tenho para mim que a educação é um processo que não se pode resolver por decretos, portanto, não ouso decretar um caminho, mas antes sugerir caminhos para uma trajetória que só pode ser realizada no decorrer de vários anos.

A Filosofia na Educação universitária

A Filosofia é considerada uma disciplina que possibilita uma formação humanística e crítica, a capacidade de se desprender – libertar – das questões imediatas do cotidiano, da função técnica e profissional decorrente da profissão abraçada, podendo assim avistar também as questões de longo prazo. Desde a Antiguidade, está colocada como uma "Arte Liberal", como uma contraposição ao que se denominava as "Artes Servis", disciplinas que tinham uma função prática e profissionalizante, que serviam a fins sociais imediatos e de curto prazo. Era considerada liberal porque buscava um saber desinteressado (desvinculado de fatores econômicos), libertando os homens da prática diária e direcionando-os para a reflexão dessa prática, visando um autoaperfeiçoamento individual, cuja finalidade não era apenas obtenção de um título ou uma profissão, mas uma cultura que permitia a independência e autonomia no pensar e agir, assim como um cultivo de capacidade reflexiva.

Guardadas as devidas diferenças e salientando a ressignificação que os termos sofreram nesses séculos todos que nos distanciam da Antiguidade, podemos dizer que essa função até certo ponto permanece inalterada. De uma forma geral, a filosofia é introduzida nos diversos currículos das graduações universitárias visando a uma formação humanística e interdisciplinar. Frisa-se principalmente a possibilidade dela favorecer a aquisição de um pensamento crítico sobre a realidade circundante.

Entretanto, entre o ideal e o real uma longa trajetória de desvios se faz presente. Por um lado, a simples introdução de uma disciplina num currículo fragmentado não é suficiente para contrabalançar a formação técnica e profissionalizante arraigada nas diversas graduações, e possibilitar o desenvolvimento de pensamentos críticos ou mesmo uma formação humanística. Por outro lado, da forma como a Filosofia está colocada na maioria dos currículos dos cursos de graduação, se torna apenas mais uma disciplina a ser traspassada pelos estudantes para a obtenção de sua titulação; mais do que uma interdisciplinaridade, observa-se a multidisciplinaridade. Acrescente-se também que essa disciplina está dissociada das demais, reduzindo-se de modo geral a uma ligeira e superficial história da filosofia, que a maioria dos estudantes não sabem o que está fazendo dentro da sua formação específica. Por fim, mas não menos importante, é preciso salientar a formação recebida nas graduações de filosofia, via de regra, voltada mais para a formação do pesquisador do que para o professor de filosofia, direcionando seus alunos para alguma das especialidades do seu interior, dando ao ensino de filosofia um caráter de inferioridade em comparação com a atividade de pesquisa. Ou seja, boa parte dos profissionais que sai das graduações de filosofias encontra-se mais preparada para ensinar história da filosofia do que a filosofar.

Enfim, ainda que a intenção seja salutar, o resultado prático tem sido na maior parte das vezes inócuo. Os diversos graduandos nem adquirem uma formação humanística, nem interdisciplinar, muito menos crítica, quando não criam ainda horror a uma disciplina que parece não ter qualquer finalidade prática ou necessidade. Não quero apontar culpados, quero antes colocar a questão que todos somos vítimas dessa situação.

Na verdade, avistamos uma serie de mal entendidos, a começar pela crença de que uma disciplina específica – a filosofia – pode ser responsável pelo desenvolvimento do pensamento crítico e da formação humanística. Ainda que seja verdadeiro que a filosofia tenha como preocupação o desenvolvimento do pensamento crítico e a formação humanística, o fato é que há várias outras disciplinas humanísticas (história, sociologia, antropologia, psicologia etc.) que igualmente podem ofertar formação humanística e crítica aos estudantes. Além disso, todas as áreas do conhecimento, seja das ciências humanas, naturais ou da matemática, fornecem pensamentos críticos. A crítica, felizmente, não é privilégio de uma única área ou disciplina. A defesa do ensino de filosofia nas diversas graduações universitárias deve estar relacionada ao fato de ser um patrimônio da humanidade, que não deve ser omitido na formação dos cidadãos e profissionais, sob pena de estar sonegando informações, e deixando-os sem um instrumento importante de análise da realidade, que favorece o enriquecimento da percepção do meio em que se está inserido.

A importância da filosofia na formação dos estudantes, fenômeno que vem desde a Antiguidade, advém do fato de que ela nasce de uma atitude peculiar, como fruto de uma atitude de liberdade frente à tradição, aos costumes e à toda crença aceita, estimulando a procura pelo saber, criando a necessidade de um tipo de investigação consciente e sistematizada, que busca desvendar os fenômenos do mundo a partir de sua compreensão racional; uma investigação que parte não apenas das verdades assentadas, mas que obterá novas verdades após a investigação. A filosofia não é apenas uma concepção de vida, ou uma sabedoria, mas é antes de tudo um instrumento para captar a realidade, uma pesquisa sobre o mundo através de suas ideias e conceitos, através de suas distintas compressões, que se alimenta do debate de ideias e que o provoca. Esse tipo de procedimento gera uma consciência da dificuldade que envolve distinguir o certo do errado, o verdadeiro do falso, o justo do injusto, percebendo-se a composição do jogo de interesses no interior das discussões e debates, onde cada um cria ou interpreta as leis e teorias de acordo com os seus interesses e conveniências pessoais, e não de acordo com a verdade ou a justiça. É uma ferramenta cognitiva que possibilita educar o pensamento.

Sendo a filosofia uma forma de abordar a realidade é mais um instrumento da razão humana, que contem e pode produzir valiosas informações sobre o mundo e sobre o homem. Sem dúvida favorece a compreensão que todo ato humano envolve racionalidade, mesmo que não se concorde com a racionalidade subjacente a muitos atos, e que a consciência dos homens se encontra sob o império dos seus sentidos e de suas paixões, sendo passional, individual e subjetiva em suas análises, e assim construindo sua racionalidade.

Nesse sentido, me parece que um dos equívocos que ocorre no ensino da filosofia, seja na graduação de filosofia propriamente dita, seja nas graduações onde é ministrada, é querer ensinar apenas filosofia (entenda-se história da filosofia), as teorias produzidas pelos diversos filósofos nos diferentes períodos históricos. Ora, aquilo que subjaz às filosofias e as transformam em Filosofia é o exercício do filosofar, um exercício da razão na busca dos sentidos não visíveis nos acontecimentos visíveis; um método de esclarecimentos de conceitos, categorias, significados e sentidos; uma forma de pesquisar um tema e demarcar um problema através das ideias; uma interpretação fundamentada em dados produzidos pela observação contemplativa e submetidos ao intelecto. A Filosofia também pode ser entendida como uma pedagogia para a cidadania e para o raciocínio, para a vida, tendo uma função basicamente educativa, e ensinando fundamentalmente a aprender. Ou seja, mais que ensinar o pensamento dos filósofos, deve se instrumentalizar dos mesmos para ensinar a pensar de forma mais eficiente e consistente.

O filosofar é produtor de conhecimento, apesar de não ser portador de verdades; sua virtude não vem pela produção de conhecimentos verdadeiros, vem da possibilidade de discutir verdades e os conhecimentos, visando a compreender simultaneamente o mundo e as diversas ideias que tentam apreendê-lo. Não tem preocupação em apresentar resultados prontos, mas discutir como foram obtidos os resultados; mais do que ensinar as ideias alheias, o ensino de filosofia deve transmitir uma atitude de indagação sobre os ditos e feitos humanos e o hábito do diálogo com as ideias.

Portanto, um equívoco na introdução da filosofia nas diferentes graduações onde está colocada é o fato de ela ser encarada como uma disciplina que vai ministrar uma especialidade como as demais, ensinar filosofia e não a filosofar. Deveria antes se colocar como um contrapeso à superespecialização dominante no sistema educacional, favorecendo a compreensão da dimensão filosófica das disciplinas, superando assim um dos maiores problemas atuais, que é a falta de unidade na experiência educacional, resultando que cada disciplina acaba se tornando autossuficiente, perdendo o rastro de sua relação com a totalidade do conhecimento. Sua função deveria ser conduzir os estudantes a romper o velho hábito de colocar os conhecimentos como algo acabado cuja única missão é assimilá-los, levando-os a participar da história da construção dos conhecimentos que serão necessários obter para se tornar um cidadão e um profissional consciente, e assim se perceba parte dessa construção. As informações não devem ser apenas um instrumento para resolver determinado tipo de problema, mas algo integrado dentro de um todo e que podem ser utilizadas como respostas a desafios diferentes, não previstos nem pelos seus inventores. Isso é fundamental para uma sociedade com infindáveis informações surgindo a todo momento, uma sociedade em permanente mudança que precisa de pessoas que não apenas dominem algumas informações, mas que estejam abertas e preparadas para o inesperado. Só assim estaremos preparando os estudantes para a nossa sociedade, onde mudanças ocorrem numa velocidade tal, que o conhecimento, o qual nos capacita para trabalhar hoje, será obsoleto daqui uma década ou menos. A forma como têm sido ensinado os conhecimentos só deixa os estudantes aptos para atuar sobre algo esperado e antecipado pelos próprios conhecimentos, mas inaptos para atuarem sobre coisas que escapam aos modelos estáticos de entendimento. O objetivo da educação deve ser a obtenção de uma compreensão crítica dos saberes, que leve em consideração os aspectos humanos além dos técnicos, desenvolvendo também a criatividade e não apenas a operacionalidade. E, nesse sentido, a filosofia parece ser uma ferramenta eficaz para ser introduzida na educação, sem a ilusão, é claro, que é a única para efetivar essa tarefa.

    O problema, portanto, não está apenas numa disciplina, ou no professor de filosofia, mas na educação de modo geral, que parece carecer de um alvo a ser atingido. O produto final após a passagem pelo processo educativo é sempre uma incógnita, dependendo o sucesso, ou o fracasso, mais das características psicossociais dos indivíduos particulares, que do aprendizado escolar. Há bons cidadãos que saem de escolas medíocres e cidadãos medíocres que saem de boas escolas. Nas atuais circunstâncias em que o ensino vem sendo realizado, cria-se apenas o bom aluno, o que quer dizer, aquele que tem êxito nas avaliações. Não exercita a racionalidade, não prepara o estudante para o exercício da cidadania, não fornece conhecimentos para que aumente sua compreensão ou autocompreensão. Cada ano escolar prepara-o para o seguinte, e assim sucessivamente até o término, até que adquire uma profissão. Todo conhecimento genérico, fornecido durante os vários anos de estudo, será esquecido, abandonado, restando apenas aqueles que utilizará na vida profissional. Sem uma formação humanística (ainda que, por vezes, possa apresentar disciplinas de humanidades), sem procedimentos lógicos de raciocínio, sem uma constituição ética, tal indivíduo atinge a maturidade e tem que exercer a cidadania, sem nenhum outro instrumento que não seja seu bom senso adquirido pela experiência da vida. Está apenas preparado para contar com a sorte, não com instrumentos cognitivos que lhe permitam traçar seu destino individual e social com sabedoria.

Os currículos parecem irracionais aos estudantes, pois atendem mais às necessidades das disciplinas, daquilo que é considerado fundamental aprender sobre determinado assunto, na visão de alguém que domina o conhecimento especializado, porém sem uma visão que ultrapassa a visão do especialista daquela disciplina. As disciplinas são pensadas como degraus para atingir a sabedoria sobre aquela área de que trata, não para se incorporar com outras disciplinas para permitir uma formação completa aos indivíduos, de tal modo que possam se utilizar das ciências para um entendimento melhor do mundo e da vida, superando a visão ingênua e simplista do senso comum. Grande parte dos estudantes vão ter acesso às diversas disciplinas que não estão diretamente relacionadas a profissionalização, e não pretendem seguir nem se profissionalizar nessas áreas. Porém, tais conhecimentos raramente são pensados como algo que irá fornecer uma formação geral e que devem atender as necessidades e expectativas dessa formação geral. Como todos os professores estão treinados para serem especialistas de uma determinada área e pensam sob suas perspectivas particulares, torna-se impossível obter uma interdisciplinaridade, já que cada professor está preocupado e selecionando os elementos necessários apenas para sua área profissional.

Desse modo, os estudantes se defrontam com uma total falta de unidade na sua experiência educacional, se defrontando com uma série de apresentações especializadas sem conexão aparente, não conseguindo estabelecer relações entre os distintos conteúdos. E, pior ainda, não conseguem construir pontes sobre os abismos existentes entre os conhecimentos ensinados e suas experiências particulares. Cada professor em sua área define um currículo específico para atender as necessidades particulares, selecionando o conteúdo mínimo necessário, e espera que os estudantes ao término da graduação realizem a união entre as disciplinas fragmentadas. Interessante notar, que nem os professores têm uma visão do conjunto, sendo que já passaram pelo processo educativo, como esperam que os estudantes obtenham tal capacidade, fornecendo o mesmo tipo de educação fragmentada a que foram submetidos? A filosofia jogada entre tantas outras especialidades transforma-se em apenas mais uma, também pensada e estruturada por um especialista em filosofia, que fará um plano de estudo voltado mais para o interesse e especificidade de um aluno de filosofia do que para um aluno de outra área, que deveria ter a filosofia como mais um instrumento para melhor entender sua realidade profissional, social e pessoal.

Como se pode observar pelo exposto, a introdução ou exclusão de uma disciplina, em particular a filosofia, não terá o poder redentor, ou prejudicial pela ausência, que por vezes é colocado nela, para ofertar uma educação crítica, humanística e interdisciplinar. Creio que nenhuma disciplina tem o poder de salvação da educação nacional e a filosofia com certeza não é essa heroína. Ela pode despertar, eventualmente, bons sentimentos e pensamentos nos estudantes, e pode também abrir alguns horizontes que, sem ela, não seriam avistados, mas isso depende muito do carisma do professor (qualidade nem sempre encontrada nesses profissionais) ou de predisposição dos estudantes (raramente disponível para disciplinas que não estão afeitas à profissionalização escolhida). Mas, isso não será uma decorrência necessária ou possível de sua introdução nas graduações, mas de um acaso, pois no fundo há um problema estrutural nas graduações que não se sana apenas introduzindo novos conteúdos; esse conteúdo cairá dentro de um amontoado de conteúdos desconectados, que não estão pensados para permitir uma visão integrada e totalizante dos conhecimentos.

Pode parecer, com isso, que estou sendo contrário à introdução da filosofia, ou que não considere importante ou fundamental sua participação, na formação universitária. Pelo contrário, sou um franco defensor da mesma, de suas qualidades e de sua necessidade, apenas não participo de uma ilusão muito difundida entre educadores e filósofos, segundo a qual ela pode redimir a educação nacional, retirando seu aspecto fragmentado, disciplinar, e transformar técnicos e profissionais em pensadores críticos ou humanistas. Não porque ela não possa favorecer tal acontecimento, mas porque a estrutura educativa está construída de modo que a simples introdução de uma disciplina, por melhor que sejam seus méritos, não pode alterar o resultado final da educação, pessoas com visões fragmentadas e técnicas. Sua introdução deve ser encarada como o primeiro passo para alterar o conhecimento fragmentado das graduações, como um sinal dos diversos profissionais que sua formação contém carências a serem supridas.

Por fim, quero colocar um último fator, não menos importante que os demais já esboçados acima, que justifica a necessidade de uma educação filosófica nas universidades. Refiro-me ao fato da filosofia ser também uma educação ética e política importante para o exercício da cidadania de qualquer profissional, talvez, a única disciplina a tratar dessa questão enquanto um objeto de estudo. De modo geral, as pessoas estão preparadas para acatar a ordem pública e obedecer as normas e as leis, porém isso está longe de ser um exercício de cidadania consciente, aproximando-as mais de um autômato servil do que de um homem livre. Com certeza, para uma vida pública ciente de sua cidadania, e mesmo para a vida privada, não basta conhecer a lei, é preciso saber participar e possuir o espírito democrático. A educação familiar e social garante apenas a aprendizagem das normas morais e políticas do grupo social, insuficiente para a formação do cidadão consciente de sua cidadania, ou seja, de sua corresponsabilidade pelos destinos da coletividade.

Não basta conhecer e acatar as normas sociais, é preciso refleti-las, seja para aperfeiçoá-las, quando possível e desejável, seja para substituí-las quando necessário, seja para conscientizar de sua necessidade e justiça. As normas não são justas de fato, mas de direito, porque determinado grupo social as compartilha e as conveniona. São criadas no jogo das paixões humanas, não de acordo com a razão consciente. Logo, um cidadão pleno não é aquele que simplesmente acata a lei, mas, sim, aquele que atua no sentido de procurar garantir a justiça, no sentido de melhorar as normas éticas e políticas, e as leis jurídicas.

Para atingir esse cidadão ciente de sua cidadania, de sua responsabilidade e de sua liberdade, é fundamental educar as pessoas para que vejam para além dos seus interesses imediatos, é preciso pessoas educadas no filosofar, pessoas educadas para refletir as normas. A filosofia assim como educa as pessoas para serem dedicadas ao conhecimento sobre o mundo e a forma (ou formas) de conhecê-lo, para que atuem no sentido de ampliar os horizontes do entendimento, deve educar também o cidadão que irá participar do cotidiano de uma sociedade e interferir no destino coletivo que compartilha com os outros, assim como para uma atuação profissional ética, ciente de que sua atividade cumpre uma função social que deve ser exercida com responsabilidade. Uma formação ética tem o intuito de criar um hábito reflexivo sobre normas e leis, ensinando a pensar as práticas humanas e como umas têm consequências sobre as outras, possibilitando uma formação humanitária, na qual as pessoas se vejam não apenas como membros de uma família, ou de uma comunidade municipal, ou de uma nação, mas do mundo.

A filosofia, enquanto cria da democracia grega, instrumentaliza os estudantes para a prática democrática, para a tolerância, para o diálogo, para vida política e social, não apenas oferecendo as diversas reflexões realizadas no seu interior sobre essas temáticas, mas principalmente sendo um local onde se debate tais questões. Para a formação ética, numa sociedade tão caracterizada pela sua ausência como a nossa, acredito que a filosofia tem uma grande contribuição a ser dada, fazendo os estudantes a aprender a pensar também segundo princípios e não apenas visando a finalidades imediatas e momentâneas. Se não por outros motivos, só esse justificaria sua introdução nos currículos das graduações universitárias.

Uma proposta filosófica para a educação universitária

Convém, enfim, colocar uma proposta decorrente das questões levantadas aqui. De forma alguma, é uma coisa acabada, muito menos algo que se possa operacionalizar da noite para o dia. Trata-se não apenas da introdução da filosofia nas graduações, ou de determinado conteúdo filosófico específico a ser ministrado, mas de uma necessária reestruturação acadêmica, onde a filosofia deixa de ser apenas uma disciplina nos currículos das graduações e passa a ter também uma função aglutinadora na formação universitária.

Ela parte do princípio que uma disciplina humanística – a filosofia – é insuficiente, seja para fornecer a formação humanística almejada, seja para possibilitar uma reflexão crítica ao estudantado. É necessário também ofertar outras disciplinas, e não só da área de humanidades, e integrá-las dentro de um todo que proporcione uma formação geral aos estudantes independentemente da profissão almejada. Ainda que a filosofia seja necessária ela não é suficiente para atender as demandas do mundo contemporâneo, precisando ser coadunada com as demais áreas de conhecimento para permitir uma formação humanística, além é claro, dos conhecimentos específicos da profissionalização.

A minha proposta consiste em introduzir nas universidades o que denomino **Ciclo de Estudos Gerais**. A proposta não é uma novidade absoluta, sendo adotada, em parte, após a reforma de 1968, por várias universidades federais até a década de 80, recebendo o nome de Ciclo Básico ou Primeiro Ciclo, o qual não se mostrou como solução na época, principalmente porque cometia os equívocos que se queriam sanar: disciplinas fragmentadas, distanciadas do contexto profissional dos estudantes, dadas à parte de um contexto maior de formação, e cumprindo apenas etapas burocráticas de um currículo, tomando o tempo das disciplinas de cunho profissionalizante. Não se aumentou a formação ou o tempo para a formação, diminui-se, antes, a parte profissionalizante. Nem fornecia cultura geral, nem melhorava os aspectos profissionalizantes, sendo praticamente extinto em meados da década de 80. A proposta, no entanto, não é a retomada desse sistema, é a revisão completa dele. Para começar, a existência desse Ciclo de Estudos Gerais não deve ser ofertada em diminuição das horas de profissionalização propriamente dita; não se pode suprimir dois anos de estudos profissionais e substitui-los por uma formação em cultura geral. Logo, além das disciplinas profissionalizantes já estabelecidas, é necessário acrescentar mais dois anos de estudos gerais. Trata-se de uma proposta para prolongar os anos de ensino universitário.

Esse Ciclo de Estudos Gerais não seria ofertado antes do ensino profissionalizante propriamente dito, como ocorria no ciclo básico, mas simultaneamente e durante os vários anos da profissionalização. As disciplinas desse ciclo são de caráter formativo, não informativo, visando alongar os horizontes e fornecer instrumentos teóricos para aprimorar a análise da realidade e contextualizar o estudante como pessoa e profissional no social e humano. As disciplinas, com o mínimo de 60 horas/semestre, estariam divididas em quatro blocos, a) ciências humanas; b) ciências naturais e matemática; c) artes e desportos; d) disciplinas gerais. Em ciências humanas, deve haver, pelo menos, introdução à antropologia, à filosofia, à história, à psicologia e à sociologia. Em ciências naturais e matemática, introdução à biologia, à física, à matemática, à química e uma história das ciências. Em artes e desportos, uma história da arte, uma história dos esportes e da educação física, uma prática de educação física, em qualquer modalidade, e uma prática artística qualquer. E nas disciplinas gerais, introdução à lógica, à epistemologia, à ética, à estatística, à metodologia da pesquisa científica, ao português, à uma língua estrangeira, à computação e à didática.

Essas disciplinas serão ofertadas a todos estudantes, independentemente da área de concentração de estudos escolhida, pensadas para aqueles que não são da área, ou seja, dentro de um caráter de vulgarização dessas ciências e conhecimentos, sem caráter de especialização, mas buscando que se aprenda a refletir filosoficamente, sociologicamente, matematicamente etc. Objetiva-se colocar os estudantes em contato com as diversas formas de conhecimento e estruturas de pensamento da humanidade, ampliando a visão e a reflexão, instrumentalizando-os com mais ferramentas do que aquelas fornecidas pela formação unilateral e específica. Os estudantes universitários devem possuir conhecimentos da história das ciências, das artes e das culturas, ultrapassando os unilateralismos do senso comum, ou da mera visão especializada, com ferramentas para a sua compreensão dentro de um contexto mais ampliado, e com cultura geral. Além da novidade de se prolongar os anos de estudos (e não diminui-los, como é o costume nacional), há a novidade de se introduzir a disciplina de didática para todos os estudantes, para colocar claramente o compromisso da Universidade com o ensino de modo geral, e tornar os acadêmicos pessoas mais didáticas, sabendo explicar aos não especializados suas ideias e suas técnicas. Não são poucas as dificuldades de comunicação entre especialistas e não especialistas, porque os profissionais são treinados para se comunicar entre seus pares e não com o restante das pessoas que não compartilham do linguajar específico. Com essa formação, espera-se romper o monólogo entre especialistas e não especialistas.

As disciplinas serão coordenadas por um colegiado multidepartamental, composto por professores de todos os departamentos envolvidos, estruturando a integração das disciplinas e acompanhando a formação do estudantado. Com isso os bairrismos dos departamentos são rompidos e consegue-se integrá-los numa formação geral, transcendendo as especificidades de cada área e dando origem à uma Comunidade de Investigação nas universidades, com professores superando os aspectos formativos de sua especialidade e pensando a formação do ser humano integral, não apenas o físico, o biólogo, o historiador etc. O Ciclo de Estudos Gerais não tem caráter propedêutico ao ensino profissionalizante, mas complementar e integracionista com as demais áreas do conhecimento e profissões, proporcionando aos estudantes e aos professores a vivência de suas especialidades em contato com as diversas áreas do conhecimento e profissões.

A criação desse ciclo de estudos para possibilitar uma formação humanista e de cultura geral ao estudantado, alongando horizontes e sensibilidades, é justificada desde a Antiguidade como forma de desenvolver autonomia e independência de pensamentos. Hoje se amplia a sua importância e a sua função, na medida em que cada vez mais se vive num mundo globalizado, obrigando todos a contatos interculturais constantes, mudanças de práticas produtivas e administrativas, além da necessidade de se estar preparado para mudanças profissionais. Uma formação meramente técnica, profissional ou especializada corre o risco de se tornar obsoleta em pouco tempo, exigindo conhecimentos e práticas que permitam a readaptação dos técnicos, profissionais e especialistas.

Daí a relevância e a importância estratégica desse ciclo de estudos na formação profissional e acadêmica.

Entretanto, é possível que soem estranhas algumas disciplinas elencadas acima. Em particular, quatro disciplinas destoam do que se está acostumado a ver nesse tipo de estudo: a didática, a ética, a lógica e a epistemologia. A didática é uma novidade. A ética, a lógica e a epistemologia acreditam que fazem parte da filosofia, e seriam "vistas" na disciplina de introdução à filosofia, logo, nunca se colocavam como disciplinas, acreditando-se que as mesmas são abordadas ou mesmo entendidas pelos estudantes. Um curso de introdução à filosofia é mais uma introdução ao filosofar e às suas subáreas, e um conhecimento superficial da história da filosofia, do que uma obtenção concreta de suas ferramentas de investigação; para tanto, são necessárias disciplinas específicas da filosofia, em particular as três acima enumeradas.

A ética já foi abordada na parte anterior, onde foi colocada a sua importância para a obtenção de uma formação para o exercício da cidadania e da profissionalização. Creio que uma maior justificativa seja desnecessária no momento. Apenas deve-se salientar que um curso de introdução à filosofia é insuficiente para extrair todas as virtudes pedagógicas da Ética, no processo de ensino-aprendizagem das graduações, tornando necessário um curso e uma abordagem específica dessa temática, principalmente num país como o nosso que não se caracteriza exatamente por práticas éticas.

A Lógica estuda as inferências válidas do raciocínio. Enquanto as demais partes da filosofia parecem ter suas preocupações voltadas para os conteúdos dos pensamentos, a Lógica preocupa-se com a forma como esses conteúdos estão estruturados, se as conclusões que apresentam decorrem das premissas que os formaram, ou se foram forjados falaciosamente. Como o conhecimento tem dois aspectos que o compõem, o formal, a maneira como está construído, e o material, o conteúdo sobre que versa, torna-se necessário analisar a substância que o sustenta, com as evidências que expõem sua clareza e correção, mas também analisar a forma como estão estruturadas as evidências, e se elas permitem ou não a aceitação dele: muitos argumentos persistem pela história como "válidos" ou "corretos" por estarem pautados sobre a concordância da grande maioria (não é a concordância de muitos, ou de uma maioria, que torna uma posição ou um argumento correto), ou sobre evidências falaciosamente forjadas através de retóricas e discursos sedutores. Ao se fornecer o instrumental lógico na formação dos estudantes, oferece-se a possibilidade deles adquirirem uma ferramenta eficaz para testar raciocínios e argumentos, facilitando a aprendizagem em diversas áreas do conhecimento, como matemática, física, geometria, interpretação de texto, metodologia de pesquisa etc.; atividades que exigem uma base lógica de raciocínio, mas que não ensinam como obtê-la. Como os raciocínios para serem considerados consistentes exigem o procedimento lógico, sem conhecê-lo, acaba-se seguindo supostos bons-sensos muitas vezes confundidos com procedimentos lógicos.

Além da lógica oferecer instrumentos para testar a consistência dos argumentos e dos raciocínios, para tirar decorrências válidas de hipóteses e teses, de auxiliar na fundamentação dos próprios raciocínios, de ser uma facilitadora na aprendizagem das demais disciplinas e no desenvolvimento científico, ela fornece elementos para julgar certas questões que à linguagem comum parecem indecidíveis. Na medida que é um estudo de linguagens, pois que raciocínios sempre se apresentam sobre alguma estrutura linguística, ela dá sensibilidade para perceber em que nível linguístico está se dando a discussão, e que tipos de valores de verdade são possíveis se obter nesse nível. Naturalmente, esboçar as distinções entre níveis linguísticos não resolve por si mesmo os problemas, nem faz desaparecer os desacordos, porém, aclara a discussão e revela o ponto nevrálgico do desentendimento, o primeiro passo para se buscar conjuntamente novas bases para o debate, impedindo grande parte dos conflitos de significados hoje existente.

Quanto à Epistemologia, subárea da Filosofia que estuda a produção dos conhecimentos, sejam ou não científicos, sua colocação no currículo do Ciclo de Estudos Gerais se faz necessária pelo fato de que recupera o pensamento subjacente às diversas formas de se conhecer, colocando em discussão sua fundamentação, suas evidências, seus critérios de valor, seus aspectos estéticos, políticos e éticos, seu estatuto de cientificidade. Mesmo sendo questões que dizem respeito de uma forma geral à ciência, esta relega para um segundo plano, expondo apenas os resultados prontos de suas pesquisas e investigações. Através da epistemologia podem ser clareados assuntos controversos e desordenados ou extremamente genéricos e científicos, com os quais nenhuma disciplina científica está equipada para lidar, e perceber as distinções de procedimentos científicos das diversas ciências (matemática, ciências naturais e ciências humanas) e do conhecimento comum, assim como desenvolver uma abordagem do conhecimento como um produto contextual, como um objeto em construção pela comunidade científica ou social. Ela é de fundamental importância para o desenvolvimento de práticas interdisciplinares, pois que ela mesma se propõe como um canal de comunicação entre os diversos saberes, ultrapassando suas barreiras e fronteiras arbitrárias: a epistemologia não apenas contextualiza a produção dos conhecimentos, historia a sua construção, busca também a integração deles, visando um entendimento interdisciplinar que, sem romper as especificidades de cada uma das áreas do conhecimento, possibilita uma integração dessas informações, para a aquisição de um conhecimento mais totalizante e holístico. Ela rompe com a multidisciplinaridade que fornece conhecimentos fragmentários sobre a realidade, tentando atingir a interdisciplinaridade ou transdisciplinaridade, fornecendo não apenas conhecimentos, mas habilidades de raciocínio que permitem integrar as informações das diversas áreas de conhecimento, realizando o papel de uma metaciência, que problematiza as diversas ciências como linguagens informativas do mundo, e servindo também como uma espécie de polo aglutinador das ciências, aproximando-os e facilitando sua aprendizagem.

A didática, a grande novidade dessa proposta de Ciclo de Estudos Gerais, tem como função facilitar a comunicação entre universitários e não universitários, ou mesmo entre os próprios universitários, para que as diversas especialidades não fiquem trancafiadas nos seus hermetismos linguísticos e se façam acessíveis a todos os demais. Não apenas professores precisam ser didáticos em suas exposições, todo profissional de área técnica ou científica que se comunica com o público leigo necessita de técnicas e teorias que possibilitem sua melhor comunicação. Essa didática não substitui a clássica disciplina lecionada aos licenciados, de caráter mais específico e direcionada para a profissionalização de professores; seria de caráter mais genérico, fornecendo elementos para que se aprenda a estruturar conteúdos a serem expostos a quem não tem o domínio desses conhecimentos que se pretende expor. Mesmo que nem todos os formandos universitários venham a se tornar professores, os mesmos precisam adquirir um certo tom professoral; não só as escolas e as faculdades devem ensinar, mas todos devem ter uma preocupação pedagógica ao ministrar seus ofícios, esclarecendo os leigos em suas dúvidas. Vive-se num mundo onde a comunicação é coisa prioritária; uma boa comunicação se torna fundamental. Mas, não uma espécie de *marketing*, em que se revela apenas as qualidades do produto, mas comunicados didáticos, que esclareçam o público e o ajude a tomar suas decisões. E mais, que se tenha sensibilidade para com o público ouvinte, formado por uma heterogeneidade infinda, que exige níveis de sínteses diferenciadas. Por exemplo, um médico precisa saber dizer as mesmas coisas para outro médico, para um biólogo, para um advogado, para um engenheiro, para um historiador, para profissionais sem cursos superiores, para profissionais sem cursos secundários, para pessoas analfabetas, e para cada um desses intermediários, deve elaborar sínteses diferenciadas; dúvidas que podem parecer tolas a um especialista são comuns ao não especialista. A didática deve preparar os diversos profissionais universitários para se comunicar ensinando o grande público não universitário. Não é ensinar o público a ser profissional ou dar aulas, mas ensinar as pessoas a entenderem porque os profissionais tomam determinadas atitudes.

Por fim, é preciso que as demais disciplinas sejam pensadas para um público leigo, não como pré-requisito para se cursar outras, ou, erro muito comum nas disciplinas introdutórias de forma geral, pensar um conteúdo para essas disciplinas como se fosse formar o profissional daquela área. Todas elas devem ser estruturadas de forma que possibilitem ao não especialista tomar ciência dos problemas que aborda, como aborda e porque aborda: não se pretende especializar, mas generalizar. Por exemplo, um curso de introdução à física pensada para alunos de física não pode ter a mesma estrutura de um curso de introdução à física para não físicos; no primeiro caso se trabalha com conceitos bastante específicos e com formulações matemáticas, no segundo caso se elimina o peso das mesmas, explicando mais o seu sentido do que a forma de sua resolução e procura-se salientar os aspectos práticos e teóricos dos conceitos; no primeiro caso, espera-se formar físicos, no segundo caso, espera-se que as pessoas conheçam e entendam física (naturalmente, não como os físicos, mas também não como o senso comum). O mesmo deve ser pensado para as demais disciplinas desse ciclo de estudos; nenhuma delas deve ser pensada para um curso específico; não devem servir nem de pré-requisito a outras disciplinas, nem substituir disciplinas já existentes que tenham caráter assemelhado. Naturalmente, alunos de uma área específica estarão dispensados de cursar no Ciclo de Estudos Gerais a introdução ou disciplina referente a sua área; por exemplo, o historiador não precisa cursar a introdução à história, o biólogo não precisa cursar introdução à biologia, assim como a didática aos futuros licenciados, e assim por diante. Não faz sentido ofertar uma disciplina de generalidades para aqueles que vão se aprofundar no tema, e necessitam no caso uma introdução mais aprofundada.

Quanto a computação e língua estrangeira sua necessidade no mundo atual é por demais evidente para que tenhamos de apresentar uma defesa. A arte e o esporte se justificam no sentido de ofertar uma cultura geral, aumentando a sensibilidade e o adestramento psicomotor. Enfim, como o objetivo desse ciclo de estudos gerais é que se obtenha um conhecimento das diversas áreas do saber, de tal modo que os estudantes não saiam apenas crítico na sua especialidade, mas tenham também condições de emitir opiniões que se diferenciem qualitativamente do senso comum, as disciplinas colocadas visam abarcar uma certa totalidade do saber humano.

Pelo exposto, creio ter ficado claro que mais que introduzir a filosofia ou defendê-la como disciplina útil e necessária na educação universitária, é preciso uma filosofia para a Universidade. Não se pode pensar que o fato de se ter uma disciplina humanística num currículo se poderá obter humanistas ou desenvolver o pensamento crítico nos estudantes. A formação hoje existente, fragmentada e disciplinar está direcionada para a obtenção de pessoas operacionais, não reflexivas, e as disciplinas estruturadas para o domínio de técnicas e conhecimentos práticos, não para a reflexão ou para uma educação para o pensar. Uma disciplina humanista num mar de técnicas parece mais um ruído do que a possibilidade de se ouvir um novo som. Portanto, mais do que defender o ensino de filosofia na educação universitária, defendo uma filosofia para a universidade, para ela assumir sua função histórica de produtora de conhecimentos e pessoas críticas, o que acredito ser possível ampliando-se os anos de estudos e ofertando uma formação geral, inclusive com várias disciplinas filosóficas além das outras acima elencadas, pois infelizmente nossos estudantes ainda que possam ter posições críticas sobre sua especialidade, de uma forma geral manifestam opinião de senso comum sobre tudo mais, sobre a vida, a arte, a cultura, a religião, a política etc.

III – Ensino de Filosofia

Antinomias no ensino de filosofia

Filipe Ceppas

Nos textos sobre o ensino de filosofia, e em especial naqueles voltados para o ensino de filosofia no nível médio, nos deparamos com um sem número de teses conflitantes sendo usualmente defendidas. Partindo do texto de Silvio Gallo e Walter Kohan, "Crítica de alguns lugares comuns ao se pensar a filosofia no ensino médio",[1] podemos destacar três matrizes mais importantes: a enciclopédica ("ensino baseado na história da filosofia"), a temática ("ensino baseado em problemas filosóficos") e a cognitiva ("ensino de habilidades cognitivas e/ou atitudes filosóficas"). Nas várias considerações sobre "o que deve ser" o ensino de filosofia, essas matrizes em geral se misturam, e podem ser adotadas segundo três posturas também comuns: doutrinária, eclética ou aberta. A doutrinária e a eclética falam por si mesmas, a aberta os autores caracterizam como aquela que "...não coloca histórias, problemas (e soluções) e habilidades em termos de sua verdade, mas dá ênfase a outras categorias, como sentido, interesse, possibilidades emancipatórias" (*idem*, p. 180). Como enfatizam ainda os autores, podem haver divergências nas posturas sobre quais os materiais (textos e recursos audiovisuais) a serem utilizados em sala de aula e sobre como utilizá-los. Some-se a isso os mais diversos posicionamentos com relação aos "fins" de uma formação filosófica e nós temos, então, um sem número de posições que se atraem e se repelem na literatura.

Não esquematizamos todos esses aspectos para delimitá-los e confrontá-los.[2] Ao contrário, a intenção dessa rápida esquematização é sugerir, antes, o caráter problemático de sua análise e aprofundamento. Esses

---

[1] In: GALLO, Sílvio e KOHAN, Walter (orgs.) – *Filosofia no ensino médio, Filosofia na Escola* v.VI, Petrópolis: Vozes, 2000, p. 174-196.

[2] Note-se que GALLO, Sílvio e KOHAN, Walter no texto citado, abriram o flanco que aqui se explora. Se em alguns momentos eles parecem ceder ao esquematismo que apresentam, isto apenas se dá, como o título mesmo do trabalho deixa claro, no intuito de criticá-lo.

esquemas usuais de delimitação do que "deve ser" o ensino de filosofia – que partem, via de regra, de uma visão do que seja uma *verdadeira* filosofia – não são problemáticos por serem circulares (ainda que o sejam quando seus autores não se dão conta disso, deixando escapar, muitas vezes, aquilo que eles têm de mais ousado e consequente), pois, entre outros fatores, há que se levar em consideração aquilo que se pode, pouco a pouco, fazer progredir a partir de críticas pontuais nos embates entre perspectivas diversas e conflitantes. Mas as repetições e dispersões, que ao mesmo tempo permitem e dificultam a própria delimitação dos esquemas, nos levam à desconfiança de que estes encontram-se sempre em uma situação de acusações e censuras mútuas e, em certa medida, ineficazes, uma vez que a combinatória de todos aqueles aspectos torna inviável uma confrontação mais radical. Não seria correto, por exemplo, dizer que uma concepção "cognitiva" atual apenas reedita, em nova roupagem e em outro contexto, ideias que já se encontram no texto clássico de Sylvio Romero, de 1884, "A filosofia e o ensino secundário".[3] Como explicar, porém, que não tenhamos, na reflexão sobre o ensino de filosofia, uma base mais sólida para se pensar mais crítica e aprofundadamente propostas "cognitivas"? Essa ausência de um horizonte mais claro para a análise e a crítica (apesar dos esforços importantíssimos e já substanciais de muitos de nossos colegas) faz parte do problema maior que estamos querendo apontar.

Como evitar que esses esquemas retrocedam, a torto e a direita, e em última instância, à defesa mais ou menos dogmática de uma ou outra perspectiva filosófica? A reflexão sobre o ensino de filosofia poderia ser reduzida, simplesmente, a uma reflexão sobre a filosofia? Admitamos que, para além de discussões mais estreitas, a reflexão sobre o ensino de filosofia, e em especial sobre o ensino de filosofia no nível médio, tem uma especificidade: a de ser um discurso originário da e voltado para a prática, sem que disto se deduza sequer uma distinção esquemática entre teoria e prática, quanto mais uma prioridade da prática sobre a teoria... Seja como for, neste sentido de uma urgência que advém da prática, muitas das posições que podemos identificar no esquematismo acima indicado perdem o seu sentido, ou se diluem em práticas que têm méritos e deméritos, mas que, mesmo se esgarçadas em toda as suas potencialidades teóricas, não desvelam os mecanismos fundamentais que operam na escola, ou que a escola opera nos processos atuais de

---

[3] ROMERO, Sylvio. *Obra Filosófica, Introd. e seleção de Luís Washington Vita*. Rio de Janeiro/ São Paulo: José Olympio/Ed. Universidade de São Paulo, 1969.

formação dos jovens, de tal modo que o lugar da filosofia possa ser pensado e ocupado de forma a superar problemas sempre recorrentes.

No que se segue, vou explorar um texto que desmonta, por assim dizer, muitas das disputas subjacentes ao esquematismo mencionado acima. Em "Lettre Préface",[4] Derrida desenvolve uma análise do famoso dito kantiano segundo o qual não é possível aprender filosofia, mas apenas a filosofar, compondo um texto de uma ironia admirável. O texto aparece no contexto de enfrentamento de diversos setores acadêmicos contra a reforma, anunciada pelo governo francês, no ensino universitário e nos cursos de formação de professores, na primeira metade dos anos 80. Vários aspectos desse confronto mereceriam uma análise minuciosa, em especial a questão que serviu de mote para o encontro em Nanterre: "*Les sciences de l'éducation: l'avenir d'une illusion?*", colocando em tela que a oposição dos filósofos à reforma que então se anunciava era, também, uma oposição a um saber educacional que a estaria animando. Nesse contexto, a análise, proposta por Derrida, das antinomias que marcam o ensino de filosofia, é de uma ironia magistral. Ele traz a lembrança da oposição, subjacente à "teoria do ensino de filosofia" de Kant, entre a liberdade da filosofia, enquanto uma "faculdade inferior", e as ciências subordinadas ao Estado, enquanto "faculdades superiores". Esta lembrança sugere uma crítica implícita de anacronismo, tanto por parte de certas disputas em torno do ensino de filosofia, como por parte da estrutura das relações entre instituições, saberes e Estado, de modo que a figura do "professor kantiano de filosofia", que pressupõe essa estrutura, continua, ainda hoje, a fazer sentido, carregando consigo as principais antinomias que podemos reconhecer na tarefa do ensino de filosofia de modo geral. Vejamos.

As antinomias que Derrida, sem pretensão de ser exaustivo, formula são 7. Exponho seis delas (*op. cit.*, p. 13-16):[5]

1. É preciso protestar contra a submissão do filosófico a toda finalidade exterior, mas não podemos renunciar à missão crítica, portanto, avaliadora e hierarquizante da filosofia: "É sempre em nome de um 'princípio de finalidade', como diria Kant, que nós pretendemos salvar a filosofia e sua disciplina de toda finalização tecnoeconômica ou sociopolítica."

---

[4] In: DERRIDA, Jacques et al., *La grève des philosophes, Ecole et philosophie*. Paris: Osiris, 1986. Este livro documenta os debates ocorridos em Paris-X Nanterre, em 20 e 21 de outubro de 1984, sob o nome "Les Rencontres Ecole et Philosophie".

[5] A sétima, que contrapõe uma heterodidática a uma autodidática, a meu ver, poderia bem ser pensada como um desdobramento da quinta.

2. É preciso protestar contra o fechamento da filosofia em uma classe, um curso, um tipo de objeto ou de lógica fixas, mas, de outro lado, nós devemos reivindicar a unidade própria e específica da disciplina: "Como conciliar esta identidade localizável e [aquela] ubiquidade transbordante?"

3. Nós exigimos que a pesquisa esteja sempre associada ao ensino, mas nós nos sentimos igualmente autorizados a dizer que algo da filosofia, talvez o essencial, não pode estar preso às estruturas institucionais, escolares, seja à disciplina ela mesma. "Como, na manutenção mesma da disciplina, manter o limite e o excesso? Como manter que é preciso ensinar ela própria e manter que ela não se ensina?"

4. Nós julgamos normal exigir instituições renovadas, mas postulamos que a norma filosófica não se reduza a suas aparências institucionais, que a ela é lícito romper todos os compromissos institucionais: "Como conciliar o respeito e a transgressão ao limite institucional?"

5. Nós demandamos a presença de um mestre de filosofia, mas, ao mesmo tempo, esperamos que esta presença não prejudique a autonomia, seja mesmo a estrutura essencialmente democrática da comunidade filosófica: "Como esta pode conciliar nela mesma esta heteronomia e esta autonomia?"

6. A disciplina filosófica, a transmissão do saber, requer um longo tempo, que não pode ser circunscrito em um número de meses, mas sua estrutura requer também uma organização do tempo, para evitar o desdobramento desordenado, a dissolução: "Como conciliar esta duração e esta contração quase instantânea, este ilimitar (*illimitation*) e este limite?"

Pois bem, Derrida irá se perguntar em que medida estas antinomias resultam de um desenvolvimento histórico da própria filosofia, ou em que medida elas são constitutivas do discurso filosófico, vale dizer, que elas são, de certo modo, a-históricas. Sem pretender responder a essa questão, Derrida explora-a a partir da análise de uma figura recorrente no debate sobre o ensino de filosofia, na França, a figura do "mestre da razão" de Kant.

No Brasil também se faz referência, frequentemente, a Kant quando a questão é o ensino de filosofia. Antes de nos voltarmos para o comentário de Derrida, façamos uma revisão desta referência. Sua passagem mais famosa é, muitas vezes, citada em um contexto de exortação à liberdade de conteúdos e métodos, o que parece ser relativamente problemático, se a lemos no contexto do último capítulo da "Doutrina Transcendental do Método", e mais ainda se lida no contexto da doutrina como um todo.[6] Em parte, Kant está sim afirmando uma certa liberdade de conteúdos e métodos, mas haveria que qualificar melhor essa afirmação. Eis a passagem muitas vezes citada:

> ...não é possível aprender qualquer filosofia; pois onde esta se encontra, quem a possui e segundo quais características se pode reconhecê-la? Só é possível aprender a filosofar... (*KrV* 866, *op. cit.*, p. 237)

Já a continuação, muitas vezes omitida, desta passagem, serve para qualificar um pouco aquilo que Kant pensa sobre este "filosofar":

> ...ou seja, exercitar o talento da razão, fazendo-a seguir os seus princípios universais em certas tentativas filosóficas já existentes, mas sempre reservando à razão o direito de investigar aqueles princípios até mesmo em suas fontes, confirmando-os ou rejeitando-os (*Idem*, p. 237-8)

É explícita, aqui, a preocupação em seguir os "princípios universais" da razão, "em certas tentativas já existentes", embora a sequência da passagem continue dando margem a mais de uma interpretação. De todo modo, a liberdade de conteúdos e métodos se torna mais complexa se nos voltamos para as frases iniciais do parágrafo:

> A *Filosofia* é, pois, o sistema de todo o conhecimento filosófico. É necessário tomá-la objetivamente caso se compreenda por Filosofia o arquétipo para se julgar todas as tentativas de filosofar; este arquétipo deve servir para julgar toda a filosofia subjetiva, cujo edifício é frequentemente tão diversificado e tão mutável. Deste modo, a filosofia é uma simples ideia de uma ciência possível que não é dada em parte alguma; seguindo diversos caminhos, procuramos avizinhar-nos desta ideia até descobrirmos a única senda, bastante obstruída pela sensibilidade, e conseguirmos no arquétipo igualar, tanto quanto seja dado a seres humanos, a cópia até então defeituosa. Até então não é possível aprender qualquer filosofia... etc. (*Idem*, p. 237)

---

[6] KANT, Immanuel. *Crítica da Razão Pura*, trad. Valerio Rohden e Udo Baldur Moosburger, 3a. ed., São Paulo: Nova Cultural, 1987-88.

Note-se que, contraposto ao que é dito em todo o parágrafo, o filosofar tantas vezes valorizado parece ser, entretanto, para Kant, uma atividade menor, provisória, até que se descubra a única senda... etc. Até então, Kant poderia estar querendo dizer que não é possível aprender (e ele parece querer dizer: *verdadeiramente...*) *qualquer filosofia*. As primeiras frases indicam elementos importantes para o entendimento mais preciso da afirmação de Kant. Os qualificativos "subjetivo", "objetivo" e "ideia de uma ciência possível" remetem a uma longa discussão que Kant vem fazendo nesta parte da *Crítica*, e que tem a ver com os perigos, alcances e limites de uma exploração teórica da própria arquitetônica da razão pura. Não nos é possível, aqui, sequer ensaiar um resumo das questões aí envolvidas, mas apenas explorar algumas ideias que acreditamos importantes para esclarecer a questão. Kant, nesta parte que encerra a *Crítica*, o tempo todo destaca extratos de camadas conceituais já por diversas vezes exploradas ao longo do livro. Ele diz, por exemplo:

> Se abstraio de todo o conteúdo do conhecimento considerado objetivamente, então subjetivamente todo o conhecimento é ou histórico ou racional. O conhecimento histórico consiste em *cognitio ex datis*, o racional em *cognitio ex principiis*. (*KrV* 864, *idem*, p. 236)

O conhecimento histórico, *ex datis*, significa conhecer tão somente "...na medida em que lhe foi dado de fora, seja mediante uma experiência imediata ou uma narração, seja mediante uma instrução (de conhecimentos gerais)". Ex *principiis*, como a própria expressão o diz, é um conhecimento que parte de seus próprios princípios internos. Kant tira, então, como que de passagem,[7] conclusões interessantes para se pensar o ensino de filosofia:

> ...um conhecimento pode ser objetivamente filosófico e ainda assim subjetivamente histórico, tal como ocorre com a maioria dos discípulos e com todos aqueles que não veem adiante de sua própria escola, permanecendo neófitos por toda a vida. (*KrV* 865, p. 237)

Mais adiante, Kant chega então à primeira formulação de sua tese sobre o ensino de filosofia:

> Dentre todas as ciências racionais (a priori) [...] só é possível aprender Matemática, mas jamais a Filosofia (a não ser historicamente); no que tange à razão, o máximo que se pode é aprender a *filosofar*. (Idem, ibidem).

---

[7] Na verdade, o lugar da aprendizagem do saber aparece como decorrência das questões mesmas que Kant se coloca nesse capítulo. Ver DERRIDA, *op.cit.*, p. 27.

Ora, está claro aqui que Kant aceita ser possível aprender filosofia historicamente. Vale dizer, o "filosofar", que parece permanecer indeterminado na letra kantiana, pelo contexto em que se insere, está claramente formulado como contraposição a uma perspectiva insuficiente, a perspectiva subjetiva e histórica. Como enfatiza Derrida, "se pode, é certo, aprender filosofia, mas de maneira não filosófica, somente de maneira histórica" (op. cit., p. 22). Assim, e o que é fundamental, o filosofar que Kant contrapõe ao ensino "histórico" tem uma especificidade (contraposição, que, note-se de passagem, não tem necessariamente nada a ver com uma crítica a um professor que adote a história da filosofia como perspectiva pedagógica!). Como diz Derrida:

> Trata-se de um ensino, o ensino da razão pura. Kant demonstra que a razão se ensina, e isso não é evidente. [...] O mestre kantiano, mesmo se ele ensina a maneira de pensar, mais do que o seu conteúdo, continua sendo um mestre (*Lehrer*) e não um artista (*Künstler*), contrariamente àquilo que se poderia fazer crer. (*Idem*, p. 22 e p. 23)

Antes de seguirmos as consequências dessa afirmação, voltemos um pouco mais no texto de Kant, para a Seção segunda do capítulo primeiro: "A disciplina da razão pura com respeito ao seu uso polêmico". Aí, vemos Kant tanto se indispondo contra uma perspectiva que defenda, dogmaticamente, a contenção do filosofar na defesa de ideias como a existência de Deus ou a imortalidade da alma (por assim dizer, o "dogmatismo dominante" de seu tempo); quanto se colocando em favor de uma exploração radical, por parte dos estudantes, do confronto entre perspectivas as mais diversas, inclusive dogmáticas. O "dogmático dominante", na época de Kant, temia que se levassem os jovens a uma crítica radical dos dogmas, sem que se lhes acompanhasse um discernimento suficiente para que evitassem tirar conclusões precipitadas e, pior, consequências práticas desastrosas. Contra esta precaução, Kant afirma:

> ...nada mais vão e infrutífero, tendo em vista *um longo prazo de tempo*, do que tutelar por algum tempo a razão da juventude e assim resguardá-la pelo menos temporariamente contra a perversão. [...] Exatamente o contrário do que aquilo que se aconselha aqui é o que tem que ocorrer no ensino acadêmico, é claro que pressupondo uma instrução pormenorizada a respeito da crítica da razão pura. Com efeito, para levar os princípios desta razão a se exercitarem tão cedo quanto possível e mostrar a sua suficiência mesmo frente à maior ilusão dialética, torna-se absolutamente necessário dirigir os ataques, que parecem tão terríveis ao

> dogmático, contra a razão ainda débil do neófito, mas já esclarecida pela crítica e permitir que ancorado naqueles princípios tente testar cada uma das afirmações infundadas do oponente. (*KrV* 782-3, *idem*, p. 200-201)

Kant nota que não é necessário preocupar-se com qualquer excesso do jovem perdido entre teses que se destroem mutuamente, "...visto que diante dele ainda se descortina a perspectiva do campo prático, onde [este jovem] pode fundamentadamente esperar encontrar um terreno mais sólido sobre o qual erguer o seu sistema racional e salutar" (*Idem, ibidem*). Como se vê, Kant não estava a pensar num "filosofar" qualquer, em sua tão citada passagem sobre o ensino de filosofia. Há indicações, ao menos, de que este filosofar deve se colocar numa perspectiva que evite o "dogmatismo dominante", sendo um ensino da razão pura, seja no sentido de pressupor uma "instrução pormenorizada a respeito da crítica da razão pura", seja no sentido de ser um exercício de pensamento que sobre ela (que nela, que ela mesma) se faz.

Depois de retermos esse aporte crítico que necessariamente qualifica o ensino/aprendizagem do filosofar, resta, ainda, seguir Derrida, quando este enfatiza o peso da diferença entre as duas formulações kantianas da impossibilidade de ensinar/aprender filosofia:

> O mestre da razão pura é o mestre do filosofar, não da filosofia. Aqui se dá a entender a segunda ocorrência do *"man kann nur philosophieren lernen"*. O acento cai desta vez sobre o aprender (*lernen*). Na primeira ocorrência, ele cai sobre o filosofar (*philosophieren*): 1. Não se pode aprender a filosofia, não se pode aprender senão a filosofar, *somente a filosofar*. 2. Não se pode senão aprender a filosofar, *somente aprender*, pois a filosofia ela mesma é inacessível. (*op.cit*, p. 29)

Nada seria mais inusitado do que identificar tal aprendizagem constante com uma possível entrega ao ecletismo, ou com um tatear às cegas, ao que parecem resumir-se, muitas vezes, concepções ingênuas da "arte" e do ensino enquanto tal (o que seria uma dupla injustiça, para com artistas e professores). Lembremos que o capítulo terceiro da "Doutrina" começa afirmando:

> Sob o governo da razão, de modo algum é admissível que os nossos conhecimentos perfaçam uma rapsódia; ao contrário, têm que constituir um sistema unicamente no qual é possível sustentar e promover os fins essenciais da razão. (*KrV* 860, p. 235)

Vale considerar, por fim, que, como dissemos inicialmente, a liberdade conferida por Kant ao (aprender a) filosofar é indissociável de outros momentos de sua obra, como apontou Derrida, momentos que remetem ao conflito das faculdades, e cujo contexto histórico deve ser levado em conta.[8] A defesa do "filosofar" em contraposição ao "ensinar filosofia" pode resultar simplória (a defesa do professor-artista que explora tateantemente o espírito livre e questionador de seus alunos...) e muito longe do espírito de Kant, como já vimos. O texto de Derrida explora, de modo pertinente, as questões que levam Kant a afirmar aquela "inacessibilidade" da filosofia, o "não lugar" do ensino do filosofar. Ao contrário do Direito, da Medicina e da Teologia (como Kant o afirma em textos como *A religião dentro dos limites da pura razão* e *O conflito das faculdades*), a filosofia é uma faculdade inferior que, por sua própria impotência, por não poder e não dever se imiscuir nas determinações de fato das ciências, enquanto assunto do Estado (ao qual o jurista, o médico e o teólogo estão subordinados), retém, por sua própria natureza, o direito legal de se contrapor às outras faculdades, no que diz respeito à verdade.[9]

Derrida explora, de modo original, o caráter de "censura" associado à função legisladora da razão kantiana e, após passar todo o artigo dissociando o mestre kantiano da figura do artista, termina polemicamente seu ensaio com uma possível identificação das duas figuras:

> Censura contra a censura, censura *da* razão, ao serviço e não ao encontro da razão. [...] Por ser um ser ou um mestre finito, nunca há para ele uma censura definitiva, apenas um cálculo estratégico: censura contra censura. O estrategista, é ele enfim um artista? (*idem*, p. 31)

Trata-se de uma tensão, de uma antinomia a qual o autor, no melhor estilo irônico, aponta ao final de seu artigo. Derrida assume, provocativamente, o referencial kantiano, sua função de censor diante das outras faculdades, para, apelando ao caráter finito do mestre empírico, indicar o jogo de tensão que o atravessa: o mestre de uma razão censora, porém "sem lugar" – pois que não encontra seu saber determinado pelas necessidades do Estado, como um funcionário público, nem pelos fenômenos, como o cientista –, precisa, o tempo todo, se defender das censuras que estes lhe fazem. Nesse sentido, e apenas nesse sentido, ele (o professor de filosofia) pode ser visto como um artista, um estrategista...

---

[8] Ver, por exemplo, o último capítulo de CASSIRER, Ernst *Kant, vida y doctrina,* México: Fondo de Cultura Economica, 1993.

[9] Ver: CASSIRER, *op.cit.*, p. 466 e seguintes.

* * *

Derrida ilustra, com essa imagem antinômica do mestre kantiano da razão, a questão sobre o caráter histórico ou a-histórico das antinomias levantadas inicialmente. Não se trata de uma resposta. Ainda que ele indique que um tal mestre não poderia ser exemplificado pelos filósofos que vieram antes de Kant, pois este confronto com a subordinação estatal não se colocava com o caráter preciso que apenas a arquitetônica do sistema kantiano deixa entrever; para responder a esta questão seria necessário mostrar que outras figuras antinômicas equivalentes poderiam ou não ser identificáveis em outras configurações históricas envolvendo o lugar do filósofo na sociedade. Derrida está indicando, somente, que essa antinomia kantiana é, sem sombra de dúvida, uma certa herança que nos atravessa, uma vez que nela podemos reconhecer todas as antinomias antes formuladas, independente daqueles lugares mais comuns que defendemos quando o assunto é ensino de filosofia. Vale dizer, é toda uma relação entre regimes de saberes e seus entrelaçamentos institucionais, sociais e políticos o que está em jogo quando falamos acerca do ensino da filosofia, mesmo quando nos centramos em considerações sobre fins e métodos pedagógico-filosóficos. Desvendar esses entrelaçamentos não é uma tarefa trivial, mas é necessário se queremos evitar ficarmos presos em um ponto qualquer dessas antinomias.

Filosofia e crime: uma experiência de investigação filosófica a partir de Sherlock Holmes

Diego Antonio Pineda R.

Os amigos de Sherlock Holmes alegraram-se por saber que ele vive ainda e que, fora alguns ataques de reumatismo que de quando em quando o deixam alquebrado, goza de boa saúde. Está há muitos anos vivendo em uma pequena granja das Terras Baixas, a dez quilômetros de Eastbourne, e ali distribui suas horas entre a Filosofia e a Agricultura.

(Watson, no começo de *Sua última reverência no cenário*)

O estilo faz exigências, expressa seu próprio sentido sobre o que importa. A forma literária não é separável do conteúdo filosófico, mas é em si parte do conteúdo; uma parte integral da busca e da afirmação da verdade.

Mas isso indica também que pode haver algumas visões do mundo e de como viver nele – especialmente aquelas visões que ressaltam a surpreendente variedade do mundo, sua complexidade e seu mistério, sua beleza imperfeita – que não podem se expressar total e adequadamente na linguagem da prosa filosófica convencional, um estilo notoriamente plano e carente de assombro, mas numa linguagem e em formas que sejam por sua vez mais complexas, mais alusivas, mais atentas aos particulares. Quiçá tampouco seja possível fazê-lo utilizando a estrutura expositiva que se usa convencionalmente em filosofia, a qual se propõe a partir de um princípio estabelecer algo e o faz sem surpresa, sem incidentes; ter-se-ia que fazê-lo mais em uma forma que implicasse ela mesma que a vida contém surpresas significativas, que nossa tarefa, como agentes, é viver como bons personagens em um bom relato, preocupando-nos pelo que acontece, pondo nossos recursos para operar quando confrontamos algo novo. Se se pode ter em conta essas noções na conformação da verdade, se são noções que a busca da verdade há de ter em conta em seu caminho, então esta linguagem e estas formas teriam que ser incluídas dentro da filosofia.

(Martha Nussbaum)

I

La aventura del fabricante de colores retirado, um dos 56 contos que fazem parte dos diversos relatos escritos por Sir Arthur Conan Doyle sobre seu imortal detetive, começa com estas palavras:

> Sherlock Holmes estava naquela manhã de humor melancólico e filosófico. Sua natureza, sempre desperta e prática, achava-se sujeita a esse tipo de reações.
> – Você viu esse homem? – perguntou-me.
> – Refere-se ao ancião que acaba de sair?
> – A esse mesmo.
> – Sim, cruzei com ele na porta.
> – Que impressão lhe produziu?
> – A de um homem patético, fútil, vencido.
> – Exatamente, Watson. Patético e fútil. Mas, a vida não é uma coisa patética e fútil? Sua história não é um microcosmo de toda a história? Conseguimos. Apressamos. O que resta ao final em nossas mãos? Uma sombra. Ou, pior que uma sombra: a dor.[1]

O leitor desprevenido de uma história policial, aquele que só busca no relato uma forma de "matar o tempo", o que só se interessa nesses relatos pela aventura ou pela resolução rápida do mistério que se passa neles, seguramente não encontrará em passagens como essa (de que, por outro lado, encontram-se contaminadas as histórias policiais de Conan Doyle) mais que uma interrupção do relato ou, talvez, uma intromissão

---

[1] Cito os textos de Conan Doyle da edição de *Obras completas* de Sherlock Holmes publicadas em espanhol (fevereiro de 2000) pela Editorial Óptima de Barcelona em quatro tomos. Como os tomos não estão numerados nem a ordem em que eles estão publicados se atêm a um critério suficientemente explícito, doravante citarei esses textos colocando em primeiro lugar o nome do relato, seguido do nome da coleção de relatos de que faz parte e do número de página de onde se cita. Assim, por exemplo, a citação anterior é do relato *La aventura del fabricante de colores retirado*, pertencente à coleção publicada sob o título *El archivo de Sherlock Holmes* e o texto citado é da página 363.

desnecessária de "arrebatos metafísicos" de um detetive que deveria dedicar-se de modo exclusivo à solução de problemas práticos; e seguramente, também, sentir-se-ia tentado a eliminar passagens como essas[2].

Para quem, pelo contrário, aproxima-se dessas histórias com interesses intelectuais mais amplos e é capaz de ver nelas o acesso a problemas de mais profundo conteúdo, para aquele que é capaz de olhar as coisas com "olhos filosóficos", textos como o que acabamos de citar lhe parecerão sumamente inspiradores como uma forma valiosa de se colocar problemas filosóficos de diversa índole. Que quererá dizer, por exemplo, estar "com humor melancólico e filosófico"? Que sentido tem utilizar o qualificativo "filosófico" para descrever um estado de ânimo? Que concepção da filosofia e do trabalho filosófico há por trás de frases como essa? Como pode alguém explicar que em um temperamento inclinado para a solução de questões práticas se deem essas flutuações, tão frequentes em Holmes, essas reações que o levam no dizer de Watson, "de uma languidez extrema a uma energia devoradora"[3]? Por que afirmar, como o faz Holmes, que a vida é coisa "patética e fútil", que cada vida, e cada história particular, é um microcosmo de toda a história, ou que a única coisa que resta em nossas mãos, ao final de todas as nossas preocupações, é a dor?

Quem se aproxima de Holmes com interesses filosóficos encontrará nele não só um gosto filosófico, mas muitas coisas mais: uma complexa filosofia da vida, onde tem lugar tanto o sentimento trágico da existência como um lugar para a esperança; uma série de reflexões muito instigantes sobre os procedimentos e as estratégias da investigação, sobre o trabalho do artista e a dimensão estética do trabalho científico, sobre questões de ética pessoal ou profissional; e, sobretudo, uma muito afinada reflexão epistemológica.

Não pretendo com isso dizer, contudo, que Holmes seja um filósofo. Não o é, certamente, pelo menos no sentido em que costumamos compreender essa palavra. Não se trata, por exemplo, de alguém que construa teorias sobre o mundo, Deus, o homem, a sociedade, o conhecimento ou as formas válidas de raciocínio ou de ação reta. Tampouco alguém que se dedique, como tarefa fundamental, a elaborar conceitos ou a

---

[2] A tal tentação, por exemplo, sucumbiram os editores da Editorial Porrúa, que, em sua edição de *Las aventuras de Sherlock Holmes*, suprimiram grande quantidade de passagens dos relatos originais, e inclusive mudaram arbitrariamente os nomes de vários dos contos e romances de Conan Doyle.

[3] A expressão é de *La liga de los pelirrojos*, em *Aventuras de Sherlock Holmes*, p. 46.

discutir as ideias filosóficas dos grandes pensadores do Ocidente. Nem sequer uma pessoa que se ocupe em refinadíssimas análises acerca do uso ou do significado de um termo ou da forma como certas conclusões podem ser derivadas legitimamente de certas premissas. Não é, pois, um filósofo ao estilo de Platão, Aristóteles, Descartes, Kant, Heidegger ou Wittgenstein. Chamá-lo de "o detetive-filósofo", como o têm feito alguns autores[4], não deixa de ser, pois, um exagero.

Sherlock Holmes é, sobretudo, um homem prático. E sua tarefa é uma tarefa eminentemente prática: a investigação do crime, um assunto que, pelo menos a princípio, parece completamente alheio ao trabalho do filósofo. Contudo, quando alguém se dedica a observar com atenção quaisquer dos casos criminais que são submetidos a seu exame, não pode menos que surpreender-se pelo menos com duas coisas que redundam valiosas para o filósofo: em primeiro lugar, a forma como, a partir de um caso de crime, vai se elevando a considerações teóricas cada vez mais gerais, dando aos procedimentos e conclusões um tom filosófico que inicialmente o leitor desprevenido não tinha conseguido captar; em segundo lugar, a multidão de teses filosóficas de todo tipo e a propósito de problemas de diversa índole (epistemológica, metafísica, lógica, ética, estética etc.) que vão se elaborando no curso da investigação de um caso de crime ou como resultado da multiplicidade de interesses intelectuais que se entretecem e combinam em sua peculiar personalidade.

O que pretendo afirmar não é, então, que Holmes seja um detetive que, ocasionalmente e sob certas circunstâncias, ocupa-se de assuntos filosóficos, mas que seu modo particular de abordar os problemas que submete à investigação vai conduzindo-o pouco a pouco a interrogações semelhantes às que abordamos, os que nos ocupamos no trabalho profissional da filosofia. O modo como nosso detetive chega à colocação de problemas filosóficos surge, então, como uma consequência natural de sua forma de abordar os casos que investiga. Não é por isso estranho que, em seus primeiros casos, ainda que insista em que não lhe interessa mais que adquirir conhecimentos úteis, defenda ao mesmo tempo com muita força o valor do raciocínio lógico[5]; e que, com o tempo, consagre sua vida ao estudo da filosofia, depois de seu retiro em uma pequena granja a dez quilômetros de Eastbourne, como se indica na epígrafe deste texto.

---

[4] Ver a respeito o artigo de REHDER, Wulf, "Sherlock Holmes, detective filósofo", no livro de ECO, Umberto e SEBEOK, Thomas (comps.): *El signo de los tres: Dupin, Holmes, Peirce*, Barcelona: Lumen, 1989, capítulo XI, p. 295-312.

[5] Sobre este assunto, ver especialmente o capítulo 2 de *Estudo en escarlata*.

O fato de que suas investigações tomem um caráter cada vez mais filosófico obedece pelo menos a duas razões básicas. A primeira delas é que seu labor, eminentemente prático, de investigador do crime, o conduz permanentemente à elaboração de teorias em termos das quais possa dar razão do conjunto de fatos que conformam um caso criminoso. A possibilidade de elaborar teorias coerentes e suficientemente compreensíveis, que deem conta de modo suficiente dos fatos do caso, é uma condição de êxito para sua investigação. Para ele, de pouco ou nada servem os fatos conhecidos se, sobre a base deles, não podemos construir uma teoria correta que os coloque em relação e os explique satisfatoriamente. O que torna uma investigação policial bem sucedida é precisamente a capacidade de construção teórica de quem a empreende; e, por isso, quando ele critica os detetives da Scotland Yard, o que mais sublinha é sua pouca capacidade teórica, seu apego às compreensões de sentido comum, pois elas costumam conduzi-los a lugares comuns e a que se enganem com frequência pela aparente evidência dos fatos cujo sentido pretendem descobrir[6].

A segunda razão está mais vinculada a seu temperamento filosófico, a uma tendência própria de seu caráter, que o inclina para a meditação, a introspecção e inclusive a reflexão em torno do significado de certos conceitos. Assim, por exemplo, no começo de *La aventura del Pabellón Wisteria*, e depois de haver recebido uma mensagem de alguém que quer consultá-lo, pois lhe aconteceu "um incidente incrível e grotesco", dirige-se a Watson para que o ajude a compreender melhor o significado desse último termo:

> – Escute, Watson: creio que podemos considerar você como homem de letras. Que definição você daria para a palavra "grotesco"?
>
> – A de coisa rara, fora do normal – eu apontei.
>
> Ao ouvir essa definição moveu negativamente a cabeça.
>
> – Seguramente abarca algo mais que isso; algo que leva dentro de si uma sugestão de coisa trágica e terrível. Se você repassa mentalmente algum desses relatos com os quais martirizou um público por demais paciente, dar-se-á conta de que o grotesco se converteu com frequência em criminoso quando se aprofundou o assunto[7].

---

[6] Essa crítica à pouca capacidade teórica dos detetives da Scotland Yard pode ser vista em muitas partes, mas é especialmente clara no capítulo 6 de *El signo de los cuatro*.

[7] *La aventura del Pabellón Wisteria*, in: *El último saludo de Sherlock Holmes*, p. 11.

Neste, como em muitos outros casos, Holmes aborda o problema que lhe corresponde investigar como um assunto através do qual crê poder esclarecer para si mesmo o que certos conceitos significam ou o uso que fazemos de certos termos. De fato, nesse relato, que começa com o texto que acabamos de citar, o desenvolvimento dos acontecimentos leva Holmes a confirmar sua hipótese segundo a qual "do grotesco ao horrível há somente um único passo."[8] Além disso, os relatos subsequentes, que conformam a coleção de escritos conhecida como *Su última reverencia en el escenario*, dedica-se a explorar interrogações similares às da passagem em menção e contêm poderosas reflexões em torno do sentido da tragédia, do destino do homem ou dos limites da razão quando pretende compreender mistérios que não parecem estar a seu alcance.

Um leitor habitual de Sherlock Holmes se surpreenderá cada vez menos ante o fato de que, em meio à rotina da vida, e da imensa tensão que implica mover-se no escuro mundo do crime, Holmes reserve espaços para a introspecção, a contemplação estética, a verificação de suas hipóteses, a deliberação moral, o exame de conceitos abstratos, o trabalho de conectar mentalmente os fatos que foi recolhendo e as ideias que permitem articulá-los; e até a meditação sobre os grandes enigmas do homem e sua existência neste mundo. Quem se detenha nisso encontrará nas muito belamente elaboradas crônicas de Watson uma fonte inesgotável de problemas filosóficos de diversa ordem: lógicos, epistemológicos, éticos, estéticos e até metafísicos.

Não deixa, contudo, de surpreender-se, ainda que seja o leitor mais atento, com o fato de que, cada vez com maior frequência, e na medida mesma em que aperfeiçoa seus métodos de investigação, entrega-se, em meio à indagação dos crimes mais horríveis e grotescos, à elucidação de problemas de indubitável conteúdo filosófico, como, por exemplo, o destino do universo e o poder da razão para compreendê-lo[9], a religião como assunto de deduções precisas[10], o valor do sofrimento e a opção moral por conservar a vida[11], o amor como um motivo de ação que pode ser inclusive superior à justiça[12], ou o sentido e a função do raciocínio analítico[13].

---

[8] *Ibidem*, p. 41. Essas são precisamente as últimas palavras desse relato.

[9] Cf. *La aventura de la caja de cartón*, in: *El último saludo de Sherlock Holmes*, p. 63.

[10] Cf. *El tratado naval*, in: *Memorias de Sherlock Holmes*, p. 463.

[11] Cf. *La aventura de la inquilina del velo*, in: *El archivo de Sherlock Holmes*, p. 343.

[12] Cf. *La aventura del pie del diablo*, in: *El último saludo de Sherlock Holmes*, p. 176.

[13] Cf. *Estudo en escarlata*, p. 138.

No presente ensaio me proponho a mostrar duas coisas ao mesmo tempo. Por um lado, proponho-me a mostrar a dimensão filosófica dos relatos que Conan Doyle escreveu sobre Sherlock Holmes. Para isso, ainda que possa abordar muitos assuntos filosóficos para os quais a leitura dos relatos de Holmes constitui um ponto de partida interessante, centrarei sobretudo em mostrar alguns dos aportes que a reflexão ética pode fazer, ponto em que poucas vezes se toma cuidado. Isso será a segunda parte de meu trabalho, de que me ocuparei a seguir. Por outro lado, quero mostrar como tal indagação faz parte de um projeto mais amplo de pedagogia filosófica, no qual, no sentido de se buscar novos caminhos de acesso à reflexão filosófica, recorre-se a certo tipo de textos literários que, simultaneamente, contêm uma estrutura de indagação e suscitam a possibilidade de colocar problemas filosóficos numa linguagem que parece mais apropriada inclusive que a que nos oferecem os tradicionais recursos da prosa filosófica. Tal projeto, guardadas as proporções, parece semelhante ao que a filósofa norte-americana Martha Nussbaum desenvolveu para a reflexão ética a partir de textos literários como as tragédias gregas ou os contos e romances de Charles Dickens e Henry James[14]. Trata-se, pois, de mostrar o modo como a leitura de relatos policiais como os que têm Sherlock Holmes como protagonista pode ser de suma utilidade na formação de uma mente e um esforço filosóficos, assim como de apresentar, em geral, uma experiência de trabalho realizada pela literatura holmesiana com alunos universitários de filosofia e com profissionais de áreas diversas. Dessas experiências e de seus resultados deverei ocupar-me na última parte de meu ensaio.

II

Sherlock Holmes é uma pessoa sensível. Isso se torna evidente em sua capacidade para captar certos detalhes significativos nas coisas a partir dos quais é capaz de construir poderosas hipóteses ordenadas à explicação dos fatos misteriosos que são submetidos a seu escrutínio. A sensibilidade de Holmes é, contudo, mais ampla, não só por seu empenho poético e contemplativo ou por sua capacidade para situar-se na perspectiva dos outros e compreender seus motivos e suas intenções, mas pela forma como se sensibiliza diante a tragédia humana.

---

[14] A este respeito, podem ser vistos diversos textos dessa autora, mas especialmente seu livro *Justiça poética* e seu ensaio "Forma e conteúdo: filosofia e literatura". As referências completas desses textos se encontram nas duas últimas notas de rodapé deste ensaio.

Em alguns de seus casos, e especialmente em um, *La inquilina del velo*, atua, mais que como investigador, como um confidente ou conselheiro, como alguém em quem uma pessoa (uma mulher que, por causa de um "acidente", que em realidade é fruto de uma ação premeditada, é vítima de um leão enfurecido que come parte de seu rosto) deposita sua confiança e o faz partícipe de sua tragédia. Aqui o que se destaca não é a investigação que Holmes realiza (ainda que, efetivamente, recolha algumas informações que já possuía e as completa com o relato que lhe fará a senhora Ronder), mas sua atitude ante a tragédia humana. Quando chega diante da senhora mencionada, que tem seu rosto coberto por um grande véu, ocorre o seguinte diálogo:

– Mister Holmes, você já conhece meu nome – explicou. Pensei que isso bastaria para que viesse.

– Assim é, senhora, ainda que não posso compreender como você sabe que eu estive interessado em seu caso.

– Eu o soube, quando, já recobrada a minha saúde, fui interrogada pelo detetive do condado, mister Edmunds. Mas eu menti para ele. Quiçá teria sido mais prudente dizer-lhe a verdade.

– Em geral, dizer a verdade costuma ser o mais prudente. E por que mentiu?

– Porque disso dependia a sorte de outra pessoa. É um ser por demais indigno. Eu sabia disso, mas não quis que sua destruição recaísse sobre minha consciência. Tínhamos vivido tão próximo, tão próximo!

– Já desapareceu esse impedimento?

– Sim, senhor. A pessoa a que aludo morreu.

– Por que, então, você agora não conta à polícia tudo o que sabe?

– Porque tenho que pensar também em outra pessoa. Essa outra pessoa sou eu. Seria incapaz de aguentar o escândalo e a publicidade que acarretaria que a polícia tomasse em suas mãos o assunto. Não é muito o que me resta de vida, mas desejo morrer sem ser molestada. Contudo, desejava encontrar uma pessoa de bom critério à qual pudesse confiar minha terrível história, de modo que, quando eu morrer, possa ser compreendida quanto ao que ocorreu.

– Isso é um elogio que você me faz, senhora. Mas sou, além disso, uma pessoa que tem o sentimento de sua responsabilidade. Não lhe prometo que, depois que você tenha falado, não me creia no dever de levar seu caso ao conhecimento da polícia.

– Creio que você não fará isso, mister Holmes. Conheço demasiado bem seu caráter e seus métodos, porque venho seguindo seu trabalho faz vários anos[15].

Creio que essa passagem e todo o relato de que faz parte, seja uma das mais claras mostras da sabedoria ética de Holmes. Gostaria, pois, de destacar nela alguns aspectos que me parecem fundamentais. Em primeiro lugar, e ainda que pareça ser um homem prático, que não se dedica a fazer considerações morais onde não sejam relevantes, nessa situação Holmes se apresenta como um homem que simultaneamente é uma pessoa de bom critério e um sujeito responsável, alguém que, ainda que pretenda compreender a situação moral em seu conjunto e que leva em conta as diversas facetas que a situação contém (circunstâncias, motivos, consequências, intenções, razões que justificam a ação), não deixa de levar em conta princípios e máximas gerais de ação, às quais um homem de bom juízo, como ele pretende ser, não pode renunciar em nenhuma ocasião. É assim como, ainda que tenha presente a máxima geral de que "em geral o mais prudente é dizer a verdade", indaga pelos motivos que pudessem justificar que, numa determinada circunstância, alguém haja pensado ser conveniente dizer uma mentira. Não julga e não condena sem escutar previamente motivos e razões, mas tampouco simplesmente justifica as ações de uma pessoa em termos de uma ética relativista.

Ainda que, ao final do caso, e depois de escutar o conjunto de sua história, Holmes não põe seu caso nas mãos da polícia, não deixa, contudo, de advertir que se reserva o direito de julgar. Compreende a situação que a pessoa vive nesse momento e as razões que a levaram a empreender uma ação criminosa, mas tem claro que a ele não lhe cabe condená-la ou absolvê-la. Isso não o impede, contudo, como pessoa que tem um sentimento de responsabilidade, que adquire quando alguém confia nele, de ser simplesmente o encobridor de um crime. A tragédia que acompanha, por outro lado, o caso da senhora Ronder não deixa de comovê-lo, e quando escutou o final de sua história não pode mais que exclamar: "Pobre moça! Pobre moça! As manobras do destino são, na verdade, difíceis de compreender. Se não existe alguma compensação no mais além, então o mundo não é senão uma brincadeira cruel"[16].

A imensa sensibilidade de Holmes diante do drama da senhora Ronder não o impede, entretanto, de entrar em considerações morais do mais alto conteúdo sobre o sentido do destino e sobre o possível valor de nossa

---

[15] *La aventura de la inquilina del velo*, in: *El archivo de Sherlock Holmes*, p. 339-340.

[16] *Ibidem*, p. 342-343.

existência no mundo, e inclusive sobre o sentido do sofrimento e sobre o direito que cada pessoa tem, como sujeito individual, de dispor de sua própria vida. Quando já vai se retirar do apartamento da senhora Ronder consegue perceber, por algum pequeno detalhe que a Watson passou despercebido, que ela já tinha tomado a decisão firme de acabar com sua vida:

> Tínhamos ficado de pé para nos retirarmos, quando Holmes observou algo na voz da mulher que atraiu sua atenção. Voltou-se rapidamente para ela.
> – Sua vida não lhe pertence – disse-lhe. Não atente contra ela.
> – Que utilidade ela tem para alguém?
> – O que você sabe sobre isso? O sofrer com paciência constitui por si mesmo a mais preciosa das lições que se pode dar a um mundo impaciente[17].

Diante da resposta de Holmes, a senhora Ronder levantou o véu que cobria seu rosto e lhe mostrou a monstruosa cara que atrás dele se ocultava. Conta-nos Watson que, quando isso aconteceu, Holmes levantou as mãos em sinal, simultaneamente, de compaixão e de protesto. A senhora Ronder, alguns dias depois, enviou a Holmes pelo correio a garrafa de ácido prússico com que pensava se suicidar, com uma anotação que dizia: "Envio a você minha tentação. Seguirei seu conselho".

Essa passagem me fascina, posto que oferece uma dimensão de Holmes que nem sempre é fácil de se ver em outros relatos de nosso detetive: sua capacidade para trabalhar guiado por princípios e máximas morais que podem pretender ter um valor universal, e porque inclusive me recorda um exemplo semelhante, citado por Kant em sua *Fundamentación de la metafísica de las costumbres*[18], com o fim de mostrar que o valor moral de uma ação depende, sobretudo, não da utilidade que dela mas das máximas morais que a inspiram. Holmes comporta-se aqui como um sujeito moral que sabe que cada ato de nossa vida torna-se exemplar,

---

[17] *Ibidem*, p. 343.

[18] Cf. KANT, Immanuel. *Fundamentação da metafísica dos costumes*, Madrid: Espasa-Calpe, 1983, p. 34. O texto de Kant diz assim: "[...] conservar cada qual sua vida é um dever, e além disso todos temos uma imediata inclinação a fazê-lo assim. Mas, por isso mesmo, o cuidado angustioso que a maior parte dos homens põe nisso não tem um valor interior, e a máxima que rege esse cuidado carece de um conteúdo moral. Conservam sua vida *conformemente ao dever*, sim; mas não *por dever*. Em troca, quando as adversidades e uma pena sem consolo arrebatam de um homem todo o gosto pela vida, se esse infeliz, com ânimo inteiro e sentindo mais indignação que apoucamento ou desalento, e ainda desejando a morte, conserva sua vida, sem amá-la, só por dever e não por inclinação ou medo, então sua máxima tem um conteúdo moral".

que o valor moral das ações não necessariamente depende de seu valor instrumental e que a respeito de sua possível utilidade nada sabemos. O sofrimento humano talvez não seja tão inútil, talvez possa ter algum sentido, talvez possa tornar-se inclusive exemplar em um mundo que não só é impaciente mas que, em nome de evitar a todo custo o sofrimento, acaba por viver uma vida despojada de sentido.

Contrasta, por outro lado, o modo como uma atitude moral tão firme como essa se combina em Holmes com certa tendência a resolver os muitos dilemas que se lhe apresentam com um sentido fundamentalmente prático, pragmático inclusive. Quase sempre Holmes julga o valor de uma possível ação em termos de suas consequências. Não deixa, contudo, aqui de remeter a um princípio universal, e inclusive a uma convicção sobre o caráter sagrado e inviolável da vida: "Sua vida não lhe pertence – diz à senhora Ronder. Não atente contra ela". Tanto o contraste como a forma como poderiam ser harmonizadas uma ética de princípios e máximas universalizáveis, como a de Kant, com uma ética centrada no juízo das situações morais à luz de critérios válidos e relevantes, como a aristotélica ou a utilitarista, encontraria no modo como aborda Sherlock Holmes seus próprios dilemas morais um modelo interessante que seria justo examinar com maior profundidade.

O apelo, por parte de Holmes, à ideia de que a vida constitui um valor em si mesma, e que é algo que não nos pertence, pode soar de certo modo como uma convicção abstrata idealizada por parte de uma pessoa que desconhece a tendência existente à seleção natural e inclusive à discriminação e à imposição do mais forte, na natureza. Não é assim, contudo. Holmes conhece os limites da natureza humana e os limites que a própria natureza impõe à nossa condição mortal. "Que pequenos nos sentimos – diz a Watson em *El signo de los cuatro* –, com nossas minúsculas ambições e empenhos, em presença das grandes forças elementares da Natureza! (...) a prova maior da autêntica grandeza do homem está em sua capacidade de perceber sua própria pequenez."[19] A ética sherlockiana parte, então, do reconhecimento primigênio de nossa própria finitude. O homem que desconhece os limites de sua ação, e que não é capaz de aceitar com grandeza moral seus próprios limites naturais, é quase sempre aquele que arruína sua vida pretendendo vencer os limites infranqueáveis.

O caso de *El homem que reptaba* oferece-nos, por outro lado, uma ilustração interessante dessas convicções. Ali, o professor Presbure, um ancião emérito que está de casamento acertado com uma jovenzinha, foi a um país do Leste buscar "o elixir da eterna juventude". A droga que

---

[19] *El signo de los cuatro*, p. 253-254.

consumiu, contudo, produz nele uma série de efeitos colaterais, causando-lhe reações semelhantes às de um primata do Himalaia. O dantesco espetáculo de um homem que se arrasta pelo solo em busca da juventude eterna leva Holmes a refletir sobre os funestos resultados que são gerados quando queremos ultrapassar os limites que a natureza nos impõe e sobre a importância de cultivar valores espirituais que estejam acima dos valores mundanos que com frequência os homens preferem cultivar. Diz Holmes:

> Quando se pretende sobrepor-se à natureza, corre-se o risco de cair debaixo dela. O mais elevado tipo de homem pode retroceder até o puro animal se se aparta da senda reta de seu destino. [...]. Pense, Watson, em que os homens materialistas, os sensuais, os mundanos, quereriam todos prolongar suas vidas indignas. Os espirituais, em troca, não se esquivariam do chamado a algo mais elevado. Seria a sobrevivência dos menos aptos. Em que tipo de poço negro se converteria nosso mundo?[20]

O destino do mundo, e não só o destino de cada existência pessoal, é objeto da preocupação de Holmes. Em seus juízos não se limita, pois, a considerar em termos de vantagens imediatas o que uma pessoa faz ou deveria fazer, mas considera o conjunto da ação e o tipo de mundo que com tais ações são construídos.

Apresentei até aqui dois relatos nos quais é possível apreciar com certa força a capacidade de juízo ético que Holmes tem. Isso, é claro, pode ser apreciado ao longo de todos os demais relatos policiais de Conan Doyle. Em muitos deles, Holmes não duvida em fazer certos juízos morais de desqualificação categórica de atitudes humanas que considera repudiáveis, como a chantagem (em *Charles Augustus Milverton*), a arrogância que a possessão de bens materiais produz nos homens (em *El problema del puente de Thor*) ou a tendência a manipular os sentimentos de outras pessoas e brincar com eles em busca de nosso próprio benefício (em *Un caso de identidad*). Em outros relatos, pelo contrário, ele se mostra condescendente com a tragédia humana e até faz um esforço para compreender os motivos que inspiram, e em alguns casos até justificam, a execução de um delito; ali Holmes não só deixa escapar o criminoso a quem lhe custou grande esforço capturar, mas inclusive se apieda dele e reconhece que em suas circunstâncias, e movido por sentimentos semelhantes aos seus, teria atuado de uma forma parecida[21].

---

[20] *La aventura del homem que reptaba*, in: *El archivo de Sherlock Holmes*, p. 310.

[21] O que acabo de assinalar pode ser visto muito claramente ao final de dois casos que recomendo ao leitor examinar: *El carbunclo azul* e *La aventura del pie del diablo*.

Muito mais interessantes, sob um ponto de vista ético, são os casos nos quais Holmes se vê obrigado a realizar um processo explícito de deliberação moral e inclusive decide empreender ações que se encontram não só à margem da lei, mas em aberta oposição a ela. Nosso detetive comete delitos. Não só um, mas muitos (favorecimento, receptação, tentativa de delito, violação de domicílio, furto simples, furto qualificado etc.; e alguns de tais delitos vêm acompanhados, além disso, de circunstâncias de agravamento punitivo, como o uso de disfarces, a simulação, a cumplicidade ou a premeditação.[22]). O paradoxal é que todos esses delitos têm para Holmes uma evidente justificativa moral.

Sei que, para muitos, propor como modelo de ação moral alguém que, em repetidas ocasiões, viola a lei pode parecer absolutamente contraditório. Contudo, são precisamente os homens de maior envergadura moral os que se atrevem a tanto, as pessoas que estão dispostas a rebelar-se inclusive contra a lei de seu tempo são as que encarnam os ideais mais altos de humanidade. A desobediência civil, isto é, o questionamento e a violação da lei por motivos morais que estão acima dela, tem distinguido precisamente homens de elevada moral, como Jesus de Nazaré, Mahatma Gandhi ou Martin Luther King, para citar só alguns exemplos. Essa primazia do moralmente correto sobre o legalmente instituído, por outro lado, é algo com que filósofos de todas as épocas têm concordado.

Essa violação da lei por razões morais pode ser vista especialmente no caso do chantagista *Charles Augustus Milverton*. Esse homem, o ser mais depreciável do mundo para Holmes, dedica-se a extorquir as pessoas da alta sociedade londrina sob a ameaça de que publicará documentos que as comprometem, e só entregará as provas testemunhais em troca de gordas somas de dinheiro. Quando Holmes tenta negociar com o chantagista, ele resiste a toda possibilidade de entendimento. Diante da impossibilidade de convencê-lo, Holmes decide começar a roubar em sua casa. Quando comunica isso a Watson, este o convida a meditar um pouco mais a fundo:

> – Meu querido companheiro, tenho meditado sob todos os pontos de vista. Eu não me precipito nunca em meus atos nem adotaria um método tão enérgico, e ao mesmo tempo tão perigoso, se

---

[22] Refiro-me aqui só a alguns dos delitos de Holmes, pois certamente há mais nos relatos de Conan Doyle. Dou a tais delitos o nome que têm no Código Penal Colombiano. Na identificação desses delitos contei com a ajuda de Camilo Martínes, aluno da Licenciatura em Filosofia da Universidade Javeriana e que realizou também estudos de Direito. Segundo seu cálculo, os delitos cometidos por Holmes, se fossem julgados em um tribunal de nosso país, dariam a ele pelo menos 60 anos de cadeia.

houvesse outro possível. Examinemos o assunto com clareza e sem paixão. Creio que você reconhecerá que se trata de uma ação que se justifica moralmente, ainda que seja tecnicamente um delito [...].

Pensei mentalmente a questão, e disse:

– De fato, justifica-se moralmente enquanto não nos proponhamos outra coisa que apoderar-nos de elementos que ele emprega com finalidades delituosas.

– De fato, assim é. E, posto que se torna moralmente justificável, só me resta agora levar em conta a questão do perigo pessoal. [...] Watson, trata-se de um duelo desportivo entre esse Milverton e eu. Você viu que no primeiro encontro ele levou vantagem; mas meu amor próprio e minha reputação me obrigam a lutar até o fim[23].

Os motivos morais que inspiram Holmes, nessa ocasião, a tomar uma decisão tão arriscada e tão complexa são, pelo menos, de dois tipos. Por um lado, trata-se de salvar da desonra e da chantagem uma mulher que confiou nele. Por outro lado, sente que nesse caso está em jogo sua reputação profissional, e inclusive sua dignidade pessoal. Alguém poderia dizer que se trata de motivos egoístas. Creio que não é assim. Quando alguém defende outra pessoa com razões justas, e inclusive quando se defende a si mesmo e o que lhe parece mais precioso, torna-se difícil falar de egoísmo. Quem luta por sua própria dignidade não o faz de forma egoísta necessariamente, pois lhe assiste o direito e o dever que, em primeiro lugar, tem consigo mesmo de proteger o que construiu e considera valioso. Um sentido da justiça intrínseca ao ato que vai empreender e um sentido da dignidade pessoal são motivos morais fortes que, sob certas circunstâncias, podem levar um homem a colocar-se fora da lei, e mesmo contra ela.

Poderíamos, sem dúvida, continuar examinando aqui muitos temas e problemas éticos a partir da inspiração que para isso nos oferecem a personalidade e as ações de Sherlock Holmes. Sobre o que aqui chamei de "a ética sherlockiana" há ainda muitos pontos a examinar. Posto que não posso fazê-lo aqui, limitar-me-ei finalmente a oferecer só uma linha de indagação do problema.

A partir dos relatos sobre Sherlock Holmes, poderíamos examinar pelo menos uma tripla dimensão da ética. Há implícita nesses

---

[23] *Charles Augustus Milverton*, in: *Sherlock Holmes no ha muerto*, p. 335-336.

textos uma ética da investigação, uma ética profissional e uma ética pessoal. Por *ética da investigação* entendo toda uma série de máximas e regras, assim como de compromissos éticos, que se deduzem da natureza mesma do ato investigativo; assuntos como a confidencialidade na investigação ou os limites éticos de experimentações com seres vivos poderiam ser examinados na prática investigativa de Holmes. Com o termo *ética profissional* me refiro aos compromissos éticos e aos códigos de conduta que podem e devem reger uma relação profissional, como a que Holmes estabelece com as pessoas que acodem à sua consulta; Holmes respeita e protege a intimidade de seu cliente, evita sempre comprometer-se afetivamente com ele e busca tratá-lo a todo momento com toda a consideração que merece enquanto pessoa; creio que aqui há elementos valiosos que podem ser objeto de reflexão ética em certas práticas profissionais, especialmente naquelas que têm práticas de consultoria ou assessoria. Ao referir-me à *ética pessoal* me interessa mostrar como, em muitos de seus atos, e, em geral, na forma como enfrenta a vida, Holmes é um modelo de pessoa digna de se imitar, que, além de ter uma filosofia de vida, de aprofundar no significado de sua existência e de ter um profundo sentido de justiça e de dignidade pessoal, pratica uma série de virtudes (como a veracidade, a generosidade, a valentia, a moderação ou a amabilidade) que sempre deveriam formar parte de uma pessoa eticamente formada; a reflexão sobre o sentido e o conteúdo das virtudes, tão importante para a educação moral contemporânea, poderia encontrar aqui luzes que em nenhum caso convém desprezar.

Holmes viveu na chamada Inglaterra vitoriana, uma época tremendamente marcada pela figura moral da rainha que lhe deu seu nome e, por isso mesmo, de um marcado moralismo que influía sobre todos os aspectos da vida cotidiana. Tratava-se de uma época cheia de convencionalismos, como pode ser visto também ao longo das diversas crônicas de Watson. Holmes, sendo um vitoriano, no sentido pleno da palavra, não se deixou encerrar em tais convencionalismos, e ainda que, como homem de seu tempo, ateve-se aos costumes da época, nunca deixou, em questões morais, de refletir por si mesmo, de colocar em questão, e inclusive de criticar, a moralidade instituída quando essa não se ajustava aos princípios de uma vida razoável. Sua atitude em questões éticas, assim como seu modo de indagar os mistérios submetidos à sua consideração poderão ser, hoje e sempre, uma fonte de luz para os que aspiramos a alcançar a sabedoria filosófica.

III

As reflexões que apresentei na segunda parte do presente ensaio são apenas uma mostra de alguns dos problemas filosóficos que podem ajudar-nos a colocar melhor a leitura dos relatos policiais de Conan Doyle. Ainda que me tenha ocupado somente de alguns dos temas éticos que ali podem ser descobertos, contudo há muitas coisas mais, que poderiam ser examinadas a partir de tais textos. O exame que fiz com anterioridade, por outro lado, não é tampouco exaustivo como poderia e deveria sê-lo. Cada um dos pontos assinalados poderia ser objeto de um ensaio próprio.

O que quero mostrar, contudo, é muito mais que o anteriormente assinalado. Não só pretendo afirmar que nos relatos que têm Sherlock Holmes por protagonista podemos encontrar uma fonte importante de problemas filosóficos. Quero insistir em algo mais: no fato de que a leitura da literatura policial (e, dela, sem dúvida, o modelo mais acabado é precisamente esse, de Holmes) torna-se essencial na formação filosófica de uma pessoa, seja um menino, um adolescente ou inclusive um profissional adulto, pois desenvolve uma série de habilidades e atitudes que são um excelente complemento de uma formação rigorosa do pensamento, já que enfatiza estratégias mentais (como a observação, as diversas formas de raciocínio, a intuição etc.) que amiúde estão ausentes da formação filosófica.

Por outro lado, há o problema do estilo, que não é um problema menor em filosofia, como o destaca a filósofa norte-americana Martha Nussbaum em uma das epígrafes do presente ensaio. Segundo ela, e nisso estou plenamente de acordo, ao texto filosófico tradicional, ao ensaio, ao tratado, costumam faltar surpresa, aventura; só na medida em que aprendamos também a verter a filosofia em moldes narrativos, dramáticos, estaremos em condições de oferecê-la às crianças e jovens como uma autêntica aventura intelectual e afetiva com a qual convém comprometer-se. Quando aprendermos a tratar os textos filosóficos como textos em que nossa vida está em jogo e como guias para a interpretação de nossa existência estaremos com capacidade de fazer da filosofia o que esta sempre quis ser desde seu nascimento na antiga Grécia: um modo de vida, mais que uma ocupação profissional. Essa é uma aventura, por certo, com a qual os meninos e os jovens também poderão comprometer-se. A filosofia, posta em moldes narrativos e dramáticos, poderá chegar a ser então fator decisivo na formação de uma pessoa.

O que digo, contudo, não está baseado exclusivamente em conjecturas, mas é resultado de uma série de experiências realizadas, tanto com crianças como com jovens e adultos, a partir da leitura dos relatos sobre Sherlock Holmes. Tive a ocasião de ler Holmes com meu próprio filho desde aproximadamente seus cinco anos, e, além do gozo que significa sua leitura, da aventura intelectual de que participamos, pude ver o modo como a leitura desses relatos ajudou em seu desenvolvimento intelectual. Posto que se trata de uma experiência mais informal, e não concebida em termos de uma experiência de pedagogia filosófica, não me dedicarei a descrevê-la com maior precisão. Ainda que tenha tido ocasião de conhecer experiências similares com outros meninos, já que se trata de algo que foi feito mais pelo gozo intrínseco que a leitura de Holmes tem, e posto que isso não obedece a nenhum plano sistemático, prefiro por ora não entrar a fundo no assunto da importância de ler esses relatos policiais com os meninos.

Recentemente tive também ocasião de ler e discutir esses textos com adultos profissionais de diversas áreas (médicos, psicólogos, engenheiros, educadores, jornalistas, biólogos, advogados etc.). Foi uma experiência interessante, na medida em que, a partir do ponto de vista de práticas profissionais diversas, a leitura das crônicas de Watson adquire uma nova perspectiva. Posto que esse trabalho se realizou tendo em conta distintos interesses e diversos conhecimentos profissionais, tivemos ocasião de examinar assuntos que se tornam instigantes nos textos de Conan Doyle: o modo como os métodos de Holmes estão inspirados nas práticas de observação e diagnóstico em medicina, a relação complexa que Homes mantém com a lei e a relação legalidade-moralidade, a relação pedagógica que Holmes estabelece com Watson, com seus clientes ou inclusive com os outros detetives, o vínculo que os métodos de Holmes têm com os das ciências naturais etc. Essa, contudo, é uma experiência subsidiária de outra, muito mais sistemática, que tive ocasião de desenvolver com estudantes do último semestre do curso de Filosofia da Universidade Javeriana. Centrarei, pois, nessa última, por ser a mais organizada e produtiva.

Refiro-me a um seminário que tem por título "Sherlock Holmes: a pedagogia da investigação", e que tinha como fim básico buscar nos textos de Conan Doyle um modo de acesso a problemas filosóficos de diversa índole. Tratava-se de ver, sobretudo, o modo como o proceder investigativo de Holmes nos oferece um modelo complexo e altamente instigante para abordar problemas de diversa índole. O texto do seminário eram os relatos escritos por Conan Doyle, acompanhados pela leitura de outros textos complementares de cientistas e filósofos, entre os quais se destacavam a autobiografia de Charles Darwin e os ensaios que compõem o livro *El signo de los tres*, compilado por Thomas Sebeok e Umberto Eco.

A noção articuladora de todo esse trabalho foi precisamente a de investigação. O que se buscava por meio da leitura desses relatos era justamente convidar os estudantes dos últimos semestres de filosofia a recolocar, a partir si mesmos e com a ajuda dos relatos, sua própria maneira de compreender o sentido e o processo da investigação, assim como os fundamentos teóricos em que se fundavam tais concepções. Com o fim de facilitar uma leitura ordenada dos relatos de Holmes, organizei-os com base em cinco núcleos principais, selecionando para cada um de tais núcleos alguns relatos que ajudariam a repensar os problemas sugeridos para a discussão crítica. O esquema completo dos textos trabalhados ao longo de 16 sessões de três horas semanais de seminário está apresentado no quadro a seguir.

SEMINÁRIO: PEDAGOGIA DA INVESTIGAÇÃO
(SHERLOCK HOLMES)
RELATOS CORRESPONDENTES AOS CINCO MÓDULOS

Exercício introdutório: Como trabalhar com os relatos sobre Sherlock Holmes?

- Estudo em escarlate (capítulos 1 e 2).
- O signo dos quatro (capítulo 1).

Módulo 1: Que é investigar?

- O "Glória Scott".
- O ritual dos Musgrave.
- Estudo em escarlate (do capítulo 3 em diante).
- O diadema de berilos.
- O problema da ponte de Thor.
- Os planos do Bruce-Partington.

Módulo 2: A investigação: sentido e processo

- O signo dos quatro (do capítulo 2 em diante).
- O rancho de Copper Beeches.
- O fabricante de cores retirado.
- O detetive agonizante.
- Os bailarinos.
- O construtor de Norwood.
- O carbúnculo azul.

Módulo 3: A lógica da investigação
- A liga dos pele-vermelhas.
- Um escândalo em Bohemia.
- O paciente residente.
- O homem do lábio retorcido.
- O intérprete grego.
- As lentes de ouro.
- Um caso de identidade.
- O solteirão aristocrático.
- Shoscombe Old Place.
- O mistério do vale de Boscombe.

Módulo 4: As ferramentas da investigação
- A caixa de papelão.
- O círculo vermelho.
- As cinco sementes de laranja.
- Os fazendeiros de Reigate.
- O tratado naval.
- Os seis napoleões.
- O pé do diabo.

Módulo 5: A ética da investigação
- A segunda mancha.
- Os três estudantes.
- Charles Augustus Milverton.
- A inquilina do véu.
- O problema final.
- A casa vazia.
- Sua última reverência no cenário.

    Esse seminário foi realizado ao longo de um semestre universitário. Só direi, para terminar, algumas coisas muito gerais sobre seu método e sobre os resultados obtidos.

    A chave do trabalho realizado esteve, creio eu, em dois aspectos básicos: a leitura sistemática e orientada por um interesse teórico explícito dos relatos de Conan Doyle e a prática permanente da escritura por minha parte e por parte dos alunos das reflexões suscitadas pela leitura dos textos.

Os relatos escolhidos foram sendo lidos na ordem prevista no quadro da página anterior. A seleção foi realizada tendo-se em conta ao mesmo tempo o desenvolvimento interno da problemática a colocar e a elaboração de uma estrutura pedagógica adequada que facilitaria ao mesmo tempo aprofundar o sentido filosófico dos relatos e aperfeiçoar o método de trabalho.

Para isso contamos com duas estratégias básicas, que foram o segredo do êxito da experiência. Em primeiro lugar, a elaboração de minha parte de uns *guias de leitura e reflexão*, que continham, para cada um dos relatos lidos, algumas pautas de exploração dos problemas filosóficos contidos neles; tais guias tinham uma estrutura muito simples: a identificação de um problema no relato, um pequeno comentário sobre alguma passagem do relato, onde se buscava mostrar a relevância filosófica do problema colocado e o modo como isso aparecia nas aventuras de Holmes e Watson, e uma série de perguntas que buscavam ajudar a recolocar pessoalmente cada um dos problemas identificados (em alguns casos se acrescentavam também algumas atividades e exercícios de diversos gêneros para ajudar a complementar a exploração do problema).

O outro elemento central do método foi *a prática continuada da escritura por parte dos alunos*. Diferentemente dos habituais protocolos dos seminários filosóficos, cada aluno se comprometeu a escrever semanalmente um pequeno ensaio (de 2 ou 3 páginas) no qual desenvolvia um tema de seu interesse, quase sempre a partir das sugestões oferecidas nos guias de leitura e reflexão. Em alguns casos os alunos selecionam, à medida que o seminário ia se desenvolvendo, alguns problemas filosóficos de seu interesse e os foram perseguindo ao longo dos relatos que examinávamos e discutíamos em cada sessão de três horas de seminário, às segundas-feiras pela manhã.

Em termos de resultados, são múltiplos os exemplos que podemos apresentar. Em primeiro lugar, o tremendo interesse suscitado pelo personagem e pela experiência de uma leitura que se tornou um complemento ideal da formação filosófica profissional dos alunos. Em segundo lugar, os trabalhos mesmo, realizados pelos estudantes; aqui convém destacar que, à parte os ensaios apresentados semanalmente, todos os alunos apresentaram um trabalho final, que em alguns casos foi um ensaio sobre algum tema filosófico a partir de Holmes, e, em outros, foi um conto, cujo personagem central era nosso detetive, no qual reconstruíam imaginativamente circunstâncias de nossa realidade nacional dando-lhes a estrutura narrativa de um relato policial no melhor estilo de Conan Doyle. Em terceiro lugar, estão todos os guias de leitura e reflexão escritos para o desenvolvimento do seminário (mais de 300 páginas) com indicações de grande ajuda para quem quiser encontrar em Holmes um ponto de partida, concreto e profundo simultaneamente, para enfrentar problemas filosóficos.

Una lição, sobretudo, creio que me resta clara como mestre de filosofia: o discurso racional, a argumentação coerente, o rigor filosófico em nada perdem e, mais ainda, se veem altamente beneficiados quando se complementam com as lições sempre sábias da narrativa e da imaginação literária. Os textos literários nunca foram nem poderão ser, para o filósofo, mero ornamento. Já disse Aristóteles em sua *Poética*[24] que a arte literária é "mais filosófica" que a história, pois, enquanto essa última tende só a mostrar-nos o que aconteceu, as obras literárias nos fazem ver o mundo e a vida tal como poderiam ser; e isso é o que interessa ao filósofo por sobre todas as coisas. O que observamos em uma obra literária, quando nos aproximamos dela com "olhos filosóficos" – sugere Martha Nussbaum[25] – não é só seu conteúdo como história, mas os sentidos da vida que estão encarnados em suas formas, isto é, no modo como os personagens sentem e imaginam, assim como a textura de suas frases, a qualidade de suas reflexões ou as estratégias mentais mediante as quais enfrentam um problema ou contam uma história. Tais são precisamente as coisas que juntos podemos aprender com Holmes e com essas magníficas narrações que Conan Doyle soube colocar em seu cronista por excelência: o doutor Watson.

Creio que não posso terminar de melhor forma o presente ensaio que recordando uma passagem em que a filósofa que acabo de mencionar se refere ao imenso valor que a aproximação dos textos literários tem, para a construção de nossas vidas:

> [...] certas verdades sobre a vida humana só podem afirmar-se sob forma justa e com precisão na linguagem e nas formas que são próprias do artista narrador. Com respeito a certos elementos da vida humana, os termos da arte do romancista são criaturas aladas alertas, capazes de perceber onde os rudes termos da fala diária ou do discurso teórico abstrato são cegos, com agudeza onde os outros são obtusos, alados onde os outros são tediosos e pesados.[26]

---

[24] Cf. ARISTÓTELES. *Poética*, 1451a, 36 e seguintes.

[25] Cf. NUSSBAUM, Martha: *Justicia poética. La imaginación literaria y la vida pública*, Barcelona: Andrés Bello, 1997, p. 28.

[26] NUSSBAUM, Martha: "Introducción: forma e conteúdo, filosofia e literatura", in: *Estudios de Filosofia* n. 11, Medellín: Instituto de Filosofia Universidad de Antioquia, Febrero de 1995, p. 45.

Filosofia e teatro: as estratégias de teatralização como contribuição à transmissão de conteúdos filosóficos

Ricardo Sassone

Introdução

Este texto pretende gerar uma reflexão ao redor de três eixos temáticos. Em primeiro lugar, delinear uma adequada caracterização do *fato teatral* que nos permita, sob o ponto de vista conceitual, projetar-nos frutiferamente no campo de ação pedagógico. Essa caracterização deverá ser compreendida a partir de duas linhas de análise:

A- Seguindo Tavira[1], afirmaremos que o fato teatral é **"um pensar que é um fazer"**, e **"um fazer que quis ser o que antes se pensou"**. É precisamente esse *pensar em movimento*, dialetizado, que se converte em marca constituinte da atividade desse ser arrojado no espaço de representação: ser encarnado no corpo do ator, um *ego* posto entre parênteses, para assumir-se como um *alter ego* devolvido como imagem transposta, através do espelho da ficcionalidade. Essa última, instituída a partir do **critério de denegação**, implica um *des-locar-se* de toda referência ao movimento do *mundo da vida*, para a-*locar-se* no artifício constituído no *mundo da obra*;

B- Consideraremos, seguindo Badiou[2], que o teatro produz, em e por si, um efeito de verdade singular, que denominaremos **"verdade-teatro"**. Tal verdade se gera e se desloca no espaço de representação em relação a uma **"ideia- teatro"**. O teatro é, então, o âmbito no

---

[1] TAVIRA, Luis de, *El espectaculo invisible*, Madrid: ADE, 1999. Escrito n. 178.

[2] BADIOU, Alain. "O que pensa o teatro?". In: *Conferências de Alain Badiou no Brasil*. Belo Horizonte: Autêntica, 1999, p. 111 e seguintes.

qual a virtualidade da ideia desce à atualidade do espaço cênico. Ele deve sua condição de existência a esse momento e apenas a esse momento. O teatro considerado como ato da ideia remete a uma "verdade-teatral" que em si mesma é um **acontecimento,** a partir do qual o espaço de representação torna-se ponto de encontro entre a eternidade da **figura**/forma e o **instante,** em e durante o **tempo** da representação, no qual adquire status existencial o personagem/corpo-ausente, encarnado no ator/corpo-presente. Possibilidade do encontro entre o "instante da atuação e a eternidade da figura". O corpo do ator e sua voz, que também forma parte do corpo, detêm a materialidade da composição. Esse artifício, produto do encontro do instante da eternidade, conforma a **dimensão da experiência** de "verdade-teatral".

Em segundo lugar, consideraremos o fato teatral como duplo processo: endógeno (aspecto implosivo) e exógeno (aspecto explosivo). O primeiro aspecto remete-nos a um fazer compreendido a partir de uma matriz formadora de caráter essencialmente social. A marca do grupal é uma condição de possibilidade de que esse fazer possa plasmar-se em produção, cuja apropriação pertence também ao coletivo. Se a prática da filosofia exige amizade, a prática do teatro a exige duplamente, já que as relações entre os iguais que definem a tarefa demandam relações entre iguais ao transvasar desse primeiro aspecto ao segundo, ao exógeno, onde novamente um outro é requerido para configurar a partir de seu olhar a textualidade espetacular. A partir do expresso, entendemos que a prática teatral nos instala em referências próximas a certos aspectos que fazem a constituição de uma comunidade de indagação.

Em terceiro lugar, vemos na prática teatral uma possibilidade de transmissão de conteúdos de tipo filosófico que nos aproxima das estratégias comunicacionais presentes nos momentos fundacionais da prática filosófica, isto é: o diálogo entre personagens que muitas vezes eram passíveis de serem lidos na chave da ficcionalidade. É então que o discurso estruturado em código teatral poderia representar uma interessante alternativa ao peso com que muitas vezes se assinala a narrativa como estratégia que permite acessar a indagação de problemas filosóficos.

Em torno do conceito do "teatral"

A identidade entre pensar e fazer teatro é constitutiva dessa atividade. Afastamo-nos aqui de todo enfoque semiológico-semântico onde o centro de atenção está colocado na produção sígnica atendendo ao signo em si mesmo, para centrar-nos no "fazer" como forma de acessar a estrutura de um pensamento que responde, por um lado, à lógica da ação e, por outro, ao *logos* estético.

Para pensar o teatro, a partir de sua finalidade, devemos recorrer a certo **contexto discursivo,** adentrando-nos na dimensão poética e recuperando, com relação à mesma, o sentido aristotélico[3] do termo *poietiké*, isto é: arte ou faculdade que tem a ver com o **fazer** ou o **produzir.** Corresponde à visão do filósofo, colocada nesta obra fundadora que é a *Poética,* a focalização das condições a partir das quais se pode pensar a obra de arte como autônoma, característica que para nós se encontra na base do que hoje introduzimos como **critério de denegação.** A separação conceitual de *praxis* e *póiesis* apresenta-nos a arte como realização de uma *póiesis* através de uma certa *téchne* (um fazer com conhecimento de causa). A obra (matéria e forma), resultado da realização (*téchne/ póiesis*), produzir-se-á por *mímesis* de uma forma (*eîdos*). Na arte trágica, tal **forma** é a **ação** (*prâxis*). Do dito se depreende, então, a conhecida fórmula construtiva aristotélica: a tragédia é, sobretudo, uma *mímesis* de uma *prâxis* (*mímesis praxéos*)[4]. A função do poeta será criativa, supondo-se um trabalho pessoal de reelaboração que tem como resultado a trama (*mýthos*). Seguindo Ricoeur[5], interpretaremos a definição de

---

[3] ARISTÓTELES, *Poética*. Ed. trilíngue grego, latim, castelhano, Madrid: Gredos, 1974.

[4] Na *Ética Nicomaquea*, VI 1140 a 1 ss., Aristóteles oferece uma caracterização das noções de *prâxis* e *poìesis:* "Das coisas que admitem ser de outra maneira, umas são algo que se produz (*poietòn*); outras, algo que se faz (*practòn*). Por certo, a produção e a ação são coisas diferentes... Assim, o hábito prático acompanhado de razão é distinto do hábito produtivo acompanhado de razão. Por isso, não se contêm reciprocamente, pois nem a ação é produção nem a produção é ação." É por isso que a arte se refere sempre, segundo o filósofo, à produção e não à ação, do que se deduz que "A arte é certo hábito produtivo acompanhado de razão verdadeira". Cf. *Ética...*, *op. cit.*, 1140 a 21-22. Enquanto que a *prâxis* é um fazer que consiste no "fazer mesmo", a *poìesis* é fazer um determinado produto. Do aqui expresso, não se deve inferir que a diferença entre os termos assinalados reside exclusivamente no fato de que a *poìesis* tenha como fim a produção de uma obra exterior ao artífice e a *prâxis* tenha como fim o cumprimento da ação mesma, mas que a diferença se centra em dois tipos distintos de fazer: "...são de distinto gênero ações e produções: e o são porque a produção tem um fim distinto quanto à mesma operação, enquanto que l ação não o tem, já que o bom cumprimento da própria ação é seu fim."Cf. *Ética...*, 1140 b 4-6. Aristóteles especifica ainda mais a questão: "O princípio da ação é a eleição – por princípio entendo a causa eficiente de que procede o movimento, não a final –, e o princípio da eleição é a tendência e a razão (*lógos*) em vista de um fim. Cf. *Ética....* 1139 a 31. Dito de outro modo, toda práxis tende para um fim premeditado; por essa razão a escolha sempre é voluntária e própria do ser racional, o qual, em seu proceder leva em conta os limites de sua capacidade humana. Toda escolha é resultado de uma deliberação prévia, na qual se seleciona um curso na ordem do possível, isso é sob o domínio do ator social.

[5] RICOEUR, Paul, *Tiempo y Narración, Configuración del Tiempo en el Relato Histórico*. Cristiandad, 1987.

mýthos, "disposição dos fatos em sistema" (*he tôn pragmatôn sýstasis*), entendendo *sýstasis* ou seu equivalente *sýnthesis* como disposição, se se quer em sistema, dos fatos. Trata-se, então, de imitação ou representação no sentido dinâmico de colocação em cena, de transposição em obras de representação.

Se "mundo" pode ser entendido no sentido de "mundo para alguém", o "fazer" do qual falamos se plasma em construir uma dimensão que implica uma certa coordenação da realidade – assim como as categorias de vida, natureza ou história são articulações da realidade, podemos considerar outro tipo de articulação que pode "habitar a realidade". É a essa dimensão que chamaremos, no sentido amplo, de **ficção** ou dimensão ficcional. O destino do teatro consiste em ser o outro, situando-se na convenção do não real, assumindo na representação a possibilidade de ressignificar a realidade. Desse modo, a **ficção**, ao constituir-se como **verossímil**, pode tornar-se "mais verdadeira que a realidade", ao dar conta de uma "verdade" dessa realidade que a realidade não tem. Tal é a "verdade teatro"[6]. A partir de uma adequada releitura da *Poética*, encontramos no "fazer mimético" uma via de conhecimento, fora do acidente exegético que nos levou a entender *mímesis* como mera imitação, e portanto entender o "realismo" como mera cópia da realidade em grau máximo – o qual nos impede de apreciar o que a realidade nos revela em função do que nós desvelamos, a palavra *mímesis*, em seu sentido primitivo, está ligada à representação da ordem do divino a partir de uma concepção formal antropomórfica, operando uma diferença de escala – um antecedente do expresso se materializa em construções tais como o colosso. Por outro lado, a palavra *mímesis* no contexto do culto dionisíaco, remete-nos ao processo que o iniciado experimenta ao ser possuído pelo herói. Ambos os sentidos estão presentes em Aristóteles, tendo a mímesis o valor de poder representar a realidade como horizonte dentro do qual estão compreendidas as coisas. Esse proceder nos remete literariamente à expressão metafórica entendida como proceder analógico a partir do qual a relação significante – significado permanece deslocada ao considerar o sentido *plus* que a metáfora gera. A *mímesis* atua da mesma forma quando faz presente o ausente, mediando um processo de transformação. Assim, o maior dos "realismos" seria o que mais

---

[6] Por trás do expresso ressoam as palavras de Cervantes ao aludir à "razão da sem-razão que a minha razão se torna". Cf.: CERVANTES SAAVEDRA, Miguel de. *El quijote de la Mancha*. Madrid: Aguilar, 1975. Parte I, cap. 1, p. 309.

transforma a realidade e não o que mais a "respeita"⁷. Compreender isso implica compreender a revolução conceitual que Aristóteles introduz, em contraposição ao ponto de vista platônico[8], ao gerar a condição de possibilidade da autonomia da obra de arte, produto de um processo criativo que envolve a decisão do artista/poeta.

Em nosso conceito, o verossímil não deve ser entendido em referência a um sistema de crenças, ao crível, já que isso precisamente depende de uma leitura estreita de *mímesis* como imitação. *"Vero-símil"* mostra que o símil *(o representante e não o que representa)* contem a verdade da coisa que a coisa não tem, dado que as coisas não têm verdade ou falsidade enquanto não têm significado. O ser da coisa radica no fato de se poder nomeá-la. Seguindo Tavira[9], consideraremos que a arte é "produção morfológica de símiles", sendo o ator uma pessoa capaz de conter em si mesmo a verdade

---

[7] Cf. o dito por DANTO Arthur, *História y narración. Ensayos de filosofía analítica de la historia.* Barcelona: Paidós, 1989, p. 56. No contexto da crítica realizada pelo autor em relação à "história-como-registro", realiza uma interessante crítica a respeito de uma leitura trivial do realismo referindo-se à arte pictórica:

"Imaginem um artista que aderisse à Teoria Imitativa da Arte, e se obcecasse tanto pela imitação da realidade, que nunca conseguisse reproduzir o objeto mesmo, e que decidisse que somente a própria coisa pode ser uma imitação de si mesma. Como é lógico, ele tentaria ser consequente, duplicando a paisagem, com suas árvores reais, sua água real, seus pássaros reais. O êxito perfeito equivaleria, é claro, ao próprio fracasso, porque teria produzido como resultado de seus trabalhos não uma obra de arte, mas o tema de uma e continuaria existindo a tarefa de pintá-la. Não ser o objeto de uma pintura não é um defeito da pintura, mas uma condição necessária de algo que seja uma pintura. E é um erro supor que qualquer coisa no objeto há de ser reproduzida na pintura como quando resulta suficiente que qualquer coisa que esteja na pintura esteja também no objeto, ou corresponda a algo nele. Por sua própria natureza, as pinturas deixam coisas fora."

[8] À estética da Ilusão atribuída a Górgias, Platão opõe a estética da Imitação, concebendo o conceito de "mimética" em duas instâncias: por um lado, se nos apresenta como arte da cópia (*eikastén*); por outro, como arte fantasmagórica (*phantastikén*) inscrita em uma necessária degradação ontológica. O processo de geração da obra nos distancia da "verdadeira realidade" ao produzir-se uma dupla mímesis. Se o objeto modelo é imitação, em primeira instância, da Ideia, a obra de arte o é em segunda instância. Talvez a atitude crítica de Platão seja reflexo do debate que em sua época ocorria, em relação à reformulação de certos conceitos estéticos, assimilando-se tal crítica a uma propedêutica, à maneira da dialética do amor exposta no *Banquete*. Não obstante, interessa-nos recuperar o conceito de *Eîdos* – estrutura ordenada que constitui a excelência e a beleza dos seres e das coisas em conexão com a capacidade do artista para criar mundo. A diferença de enfoques entre Aristóteles e Platão plasma-se no valor que ambos atribuem aos sentidos como órgãos de conhecimento. Na *República* livro X, Platão retoma sua crítica à poesia imitativa e à atividade dos poetas compreendida nos livros I e VIII, Cf. em especial *República* X 598 b; 605 c e 605 a.

[9] TAVIRA, Luis de, *El espectáculo...*, op. cit.

de outra pessoa que simultaneamente é um símile: o dramaturgo. Este último ao mesmo tempo é capaz de conter a verdade de outro símile, que é o espectador, cuja atividade principal radica em *spectare*, isto é, introduzir em seu próprio horizonte de expectativas, a ação ressignificada no mundo da obra, cuja entidade depende de seu olhar configurador. A verossimilhança instala-se ao correlacionar, por parte do espectador, duas séries: a correspondente às ações prefiguradas e a correspondente à ação atualizada. Essa correlação é lida na chave de verossimilhança quando a ação responde a certa razão estética reguladora da lógica da ação. A ficcionalidade introduz o nexo entre ações e consequência das ações, que graças ao verossímil integram-se em um todo, passível de ser lido a partir de uma nova textualidade: o **texto espetacular**. Essa articulação entre a dimensão ficcional e a da realidade é compreendida obviamente sob um ponto de vista fenomenológico hermenêutico. Embora atuar seja colocar-se em situação, a primeira atividade configuradora do espetáculo – o olhar do diretor – conduz os atores até uma situação que será atual em virtude de uma eleição entre várias situações possíveis. Essa atualização está associada, a uma probabilidade de ocorrência do fenômeno. Obviamente a melhor situação será a que consiga abrir passagem até sua instância efetiva: partindo-se de qualquer instância textual, é factível proceder à desmontagem do texto em um movimento para o contexto, chegando ao interlocutor da obra sem apelo ao significado do autor. A estratégia hermenêutica permite-nos afirmar que *estou lendo a obra de outro, mas sou eu quem se apropria da mesma*. A atuação implica um processo de transformação energética; esse processo, lido em termos de ação, faz corresponder as noções de unicidade e equilíbrio, expressas mediante o que Aristóteles considerava "ação decisiva" capaz de conter todas as demais. Tal é a estrutura do drama. Produzir ficção é coordenar uma dimensão de modo tal que se estabeleça uma dialética entre o que se vê, o dado aos sentidos e os respectivos conteúdos subjacentes. O espaço ficcional representa e relaciona os horizontes possíveis nos quais se inscreve todo o processo de compreensão. A marca dramática plasma-se numa alteração no estado de coisas que é o mundo, para projetar-se nesse outro mundo, que é o mundo da obra, ao produzir-se o movimento ficcional. Ao desmontar o texto, pretende-se percorrer, no sentido contrário, o processo a partir do qual tal textualidade surgiu, reconstruir o horizonte de estímulos do autor, descobrindo as articulações da razão estética que leva a estruturar a obra. Nesse processo se descobrirão articulações e marcas ficcionais, relacionadas com o que chamaremos núcleos de ficcionalidade, que afetam os possíveis enunciados que conformam o discurso do personagem.

É possível então seguir o encadeamento de imagens em quantidade, qualidade e articulações. O texto depositário do critério de unidade do qual fala Aristóteles ao dar conta do contexto espaço-temporal no qual o tempo da obra se materializa é tomado como referente. Pondo o olhar na unicidade, podemos detectar os aspectos dinâmicos que permitem saltar desde a estrutura textual até o plano da ação. É esse o motor que impulsiona as situações em um esquema que, no caso do drama e de acordo com certa linha de análise, responde à unidade de opostos. Tal é o jogo de soma zero que o teatro coloca. Todo ganho fica estipulado em relação a uma perda, e vice-versa. Uma leitura energética do texto deve avaliar a qualidade das ações, em relação à qualidade da energia máxima ou mínima, forte ou débil, constituídas em instâncias que respondem a uma verdadeira taxonomia da ação. Reconhecer essa energia nos permite correlacionar a estrutura textual com os planos da realidade que marcam o texto. O personagem, como mencionamos mais acima, encarna no ator corpo presente quando ele realiza certas e determinadas operações mentais que lhe permitem configurar a ação em um tempo passado do presente para projetá-la no futuro do presente. O presente, instante em fuga, acontecimento, fica aprisionado no hiato marcado por Santo Agostinho nas *Confissões*[10]. Sob o ponto de vista da ação, a continuidade nessas séries disjuntas se produz no plano dos conteúdos da memória: a dos atores-personagens, a dos espectadores-pessoas e a memória coletiva que dá conta de uma experiência compartilhada. É este, o *ser do ser-outro* que é o ser do ator. O pensamento do ator passa por aquilo que deve ser pensado para que o personagem exista. O pensamento do espectador passa por aquilo que deve ser pensado para que o texto espetacular exista.

Entendemos então que nos encontramos num processo submetido às leis do acaso, no qual o "objeto poético", no sentido de Rosset[11], libera-se de toda referência a uma natureza, aparecendo como inteiramente artificial. Isso cria o pertencimento da obra de arte ao "reino do fortuito". A instauração do **"critério de denegação"** é, em nossa opinião, condição necessária para considerar o desdobramento do fato teatral em suas distintas **dimensões**, as quais consideraremos à luz do desenvolvimento de Badiou[12].

Consideraremos que o teatro produz, em e por si, um efeito de verdade singular que denominaremos **"verdade-teatro"**. Tal verdade

---

[10] AGUSTÍN, San. *Confesiones,* Madrid: B.A.C. Cf. cap. X.

[11] ROSSET, Clément. *La anti-naturaleza.* Madrid: Taurus, 1974.

[12] BADIOU, Alain. "O que pensa o teatro?". In: *Conferências de Alain Badiou no Brasil.* Belo Horizonte: Autêntica, 1999, p. 111 e seguintes.

é gerada e desdobrada no espaço de representação em relação a uma "**ideia-teatro**". O teatro é então o âmbito no qual a virtualidade da ideia desce à atualidade do espaço cênico, devendo sua condição de existência a esse momento e somente a esse momento. O teatro considerado como ato da ideia remete a uma "verdade-teatral" que em si mesma é um **acontecimento** em virtude do qual essa "verdade" chega e existe como instância desse momento. Observamos aqui uma situação paradoxal, já que a imediaticidade dessa "verdade" apresenta-se no contexto em que se reapresenta.

Por outro lado, o espaço de representação chega a ser um ponto de encontro entre a eternidade da **figura**/forma e o **instante**, em e durante o tempo da representação. Assim um personagem, em-carnado no ator/corpo-presente, existe somente no momento da atuação, "instante em que se produz o encontro com a eternidade da figura" ou **tipo ideal**. Tal é o **tempo** próprio do teatro, **artifício**, condição de possibilidade do encontro entre o "instante da atuação e a eternidade da figura". Do mesmo modo, o texto teatral, virtual e aberto – por definição – à interpretação, resulta num texto teatral efetivo, a instâncias dessa e somente dessa reapresentação. Texto espetacular, atualizado e configurado, como já o temos dito, sob o olhar do receptor. Nesse texto, insiste assim mesmo o **verossímil**, livre de todo ressábio do primitivo estado mimético. O corpo do ator e sua voz, que também forma parte do corpo, detêm a materialidade da composição. Esse exercício, produto do encontro do instante e da eternidade, projeta-se em uma nova dimensão: a **dimensão da experiência** na qual se desdobra o que temos denominado "verdade-teatral".

O **fato teatral** como presença e a **verdade teatral** dão conta da presentificação da "ideia". Esse "estar aí" da "ideia" é o que se opõe frontalmente a "lugar" da "ideia" no contexto filosófico, no qual a "verdade" aparece com as notações de eternidade, singularidade e universalidade. Suprimido algum desses atributos, derruba-se o conceito, caindo-se no ceticismo, no dogmatismo abstrato ou no relativismo.

O teatro organiza então a presença coletiva da figura, nesse encontro entre instante e eternidade, implicando experiência e atividade pública. Aparece aqui plasmada **a dimensão política** da "verdade-teatral". Assim como colocamos mais acima, a condição configuradora do olhar do receptor, em relação à sua condição de ser parte de uma operação passível de ser lida na chave da **razão estética**[13] – o público tem a função de completar a "ideia". Contudo, não se trata aqui de um coletivo social

---

[13] Sobre esse assunto, é de sumo interesse confrontar: MAILLARD, Chantal. *La razón estética*. Barcelona: Laertes, 1998. Cap. 2, 3 e 5.

homogêneo, mas depositário da diversidade. Isso nos permite introduzir-nos no âmbito do genérico, e da **universalidade** em contraposição à **singularidade** própria da dimensão da experiência.

Podemos também considerar a existência de uma **dimensão histórica** da "verdade-teatral", dado que o teatro nos permite "ver" amplamente, na dimensão do tempo histórico, aspectos inerentes à condição humana, plasmados em "tipos exemplares". Tal experiência, recuperada em chave política, permite-nos esclarecer nossa própria situação sociocultural em nosso tempo histórico.

A partir das dimensões em que se projeta o fato teatral, compreende-se agora a razão pela qual o espaço teatral se configura como *espaço de elucidação da verdade*: da "verdade-teatral"; uma verdade que, lembrando Brook[14], estará "sempre em movimento".

Ação pedagógica através de/mediante a arte dramática

Aproximar-nos-emos desse tema dentro do marco geral do que denominamos educação pela arte[15], colocando-nos a hipótese de que a formação de crianças e jovens, através da arte dramática, é uma das possibilidades mais efetivas para contribuir para o desenvolvimento de ambos e para a constituição de um espaço de reflexão intersubjetivamente válido. Devemos precisar que com relação ao duplo aspecto no qual pode ser entendida a arte dramática – espetáculo para jovens e espetáculo feito por jovens – centraremos nosso enfoque no segundo deles. A incorporação do teatro como atividade formativa tem por certo longa data, os preconizadores da *escola ativa* da década de 50 sustentaram e transmitiram suas valiosas experiências nesse campo.[16]

---

[14] BROOK, Peter, *El espacio vacío*, Barcelona: Península, 1973, p. 199. Declara o autor: "Na vida cotidiana, 'se' é uma ficção; no teatro 'se' é um experimento. Na vida cotidiana, 'se' é uma evasão; no teatro 'se' é a verdade. Quando nos induzem a crer nessa verdade, então o teatro e a vida são um." BROOK, Peter, *El espacio vacío*, Barcelona: Península, 1973, p. 199.

[15] Remetemos ao marco geral proposto por H. Read. Cf.: READ, Herbert. *Educación por el arte*. Barcelona: Paidós, 1986.

[16] Podemos mencionar L. Chancerel, M. Dienesch, P. Slade, E. Langdom, F. Lucas e outros. Do mesmo modo reconhecemos os aportes a partir da Psicologia cognitiva, da filosofia e da pedagogia orientada para a ação, no marco dos trabalhos de Piaget, Vygotsky, Brunner, Freire e Dewey. A partir do campo psicoanalítico, ressaltamos os trabalhos de F. Doltó quanto à sua especial compreensão do universo no qual se inscreve o contínuo infância-adolescência. A título de exemplo, transcreveremos as palavras de Marie Dienesch ("Jeu dramatique et théâtre scolaire", *em: Le théâtre dans le monde*, v. II, n. 3, p. 30):

Enfocada essa atividade a partir do conceito de prática social, introduzimo-nos em estratégias de participação ativa a partir da estruturação de grupos de trabalho em geral heterogêneos, que unificam sua linguagem criativa ao projetá-la como ação teatralmente contextualizada.

Esse caminho formativo pode ser percorrido em correlação com as mudanças produzidas no contínuo *infância-adolescência-juventude* (doravante, "IAJ"), cujo desenvolvimento é passível de ser lido diacrônica e sincronicamente.

Desde o início da atividade e no ponto inferior da série (IAJ), devem ser instaladas as condições para que a expressão dramática se instale em um clima de liberdade expressiva, mental e corporal. Em tal clima se revelarão as inclinações e o potencial criativo que todo ser humano traz em si mesmo, apoiado em sua linguagem natural e em seu corpo, assim como será possível elaborar e superar as próprias inibições. Não se trata de transformar alunos em atores ou atrizes, mas sim que o esforço do coordenador docente tenda a transformar o simples desejo de fazer teatro em uma necessidade de educação através do teatro.

A essa educação se chega entendendo-se claramente que essa prática tem uma estrutura de jogo, jogo teatral. Tal como o expressa Brook[17]:

> Interpretar requer muito esforço. Mas enquanto o consideramos como jogo, deixa de ser trabalho. Uma obra de teatro é jogo.

Se a obra é um campo de jogo, a interpretação da mesma implicará o fato de se "entrar em jogo", ou seja, de se refazer as experiências básicas que definem sua trama. Essa prática põe a descoberto a intuição que leva Schiller a afirmar que "o homem somente joga[18] quando é homem no pleno sentido da palavra, e somente é plenamente humano quando joga" Essa vinculação entre jogo e desenvolvimento humano tem sentido

---

"...já não basta comunicar à criança os conhecimentos que deve receber, de una maneira passiva, mas trata-se de fazê-la participar de um modo ativo e pessoal no ensino que se lhe ofereceu, e levá-la a exercitar suas faculdades criadoras nos diferentes campos que lhe são abertos. De modo que, na arte dramática, já não é mais um espetáculo ao qual assistem as crianças, mas a atividade que elas mesmas praticam."

[17] BROOK, Peter, *El espacio...*, op. cit., p. 200, *ad finem*.

[18] SCHILLER, J. *La educación estética del hombre*. Madrid: Espasa-Calpe, 1968, p. 73. Continuando o já dito, apresenta seu ponto de vista estético:
"Essa afirmação, que talvez no momento possa parecer paradoxal, receberá significação grande e profunda quando tenhamos chegado a ponto de aplicá-la à dupla seriedade do dever e do destino; servirá de cimento, prometo-lhes, para todo o edifício da arte estético e da, mais difícil ainda, arte da vida.."

pleno, concedendo à atividade lúdica todo o seu caráter criador. Jogo é toda atividade que permite acessar a geração de um fato com produção significante valiosa, realizado sob certas normas. Nesse contexto vinculam-se, então, **liberdade** e **normatividade**, conceitos que estão na base de qualquer concepção ética do mundo.

A educação mediante o teatro educa *prima facie* a criança, partindo das instâncias nas quais naturalmente desenvolve seu potencial lúdico, para logo passar à dramatização de seus jogos, até chegar finalmente ao plano da interpretação cênica de situações referidas tanto à sua própria produção, partindo de alguma das múltiplas linhas de improvisação, a partir de textos de autor, chegando por essa via até o umbral da colocação em cena, ao momento de iluminação do fato teatral. Essa metaforização tem, por certo, ressonâncias com a exposta por Pavis[19] ao caracterizar a colocação em cena:

> O parto do texto à cena é dos mais difíceis: quando o espectador assiste à criação do espetáculo, já é muito tarde para conhecer o trabalho preparatório do diretor; o resultado está aí [...] um espetáculo mais ou menos obtido [...] no qual o texto não é mais que um dos sistemas cênicos, junto com os atores, o espaço, o ritmo temporal [...] a colocação em visão sincrônica de todos os sistemas significantes cuja interação é produtora de sentido para o público.

Entre os distintos parâmetros que dão conta da qualidade de energia colocada em jogo, é importante considerar o correspondente ao **ritmo** como organizador do fenômeno sonoro temporal e espacialmente projetado. Os distintos ritmos correspondentes a cada sistema significante (iluminação, cenografia, vestuário, dicção, gestualidade etc.) integram-se no sistema (colocação em cena) "unificando os distintos materiais da representação, dispondo-os no tempo, sob a forma de ações cênicas, organizando os corpos, com emissão de voz, que se deslocam pelo espaço temporalizado no qual se desenvolve a cena".

Voltando à instância do jogo, para além de constituir-se no espaço de descobrimento e exploração do mundo, ele permite pôr em perspectiva um importante elemento no desenvolvimento da atividade, isto é: o impulso. Para além dos correlatos que se estabelecem com a vida psíquica interna, ele é um meio para se trabalhar em importantes áreas de estruturação da personalidade tais como as relacionadas ao desejo, ao temor ou à fantasia. Quase sempre o jogo se torna ação dramática, na

---

[19] PAVIS, Patrice, "Del texto a la puesta en escena: un parto difícil". In: *Théâtre Public*, n. 79, enero-febrero, 1988.

qual o *ator social* é simultaneamente ator e espectador[20]. Duas vertentes do jogo, a pessoal e a projetiva, o sujeito da ação indagará em seu próprio comportamento diante do olhar e ponto de observação do coordenador. O impulso coloca-se aqui como motor da ação desencadeante de linhas de desenvolvimento de materiais codificados e configurados pelo mencionado olhar, excêntrico e ativo, do coordenador docente transformado em: **modulador** do fluxo actancial, selecionador de **núcleos de teatralidade** emergentes, **fator desencadeante**, administrador da **energia grupal** e última **instância de contenção**.

O jogo dramático tem também o objetivo de treinar o olhar dos atores-alunos para dentro, registrando seus movimentos, dinamizando seu pensamento ao prefigurar a ação, pensamento também em movimento em estreita conexão com o *logos* corporal, e com a razão estética que rege a lógica da ação criativa e da dramática em especial. A partir dessa lógica colocada na base da constituição do verossímil, o ator deverá encarregar-se das consequências e subconsequências de sua ação que, ao desdobrar-se, gerará mundo: o mundo da obra atualizado a partir de sua intervenção estético-prática. O corpo, ponto zero de toda referencialidade espaço-temporal, constituído em território cênico[21], há de ser explorado ludicamente e, tal como ocorre com o conhecimento de qualquer território, será representado em mapa corporal que deverá ser confeccionado e modificado em infinitas instâncias de relevo. Talvez seja factível ler esse mapa como um "mapa fantasmático" no qual se articula um "todo" e suas partes. Distintos conceitos colocam-se em jogo: limite, fronteira, alvo, escala, distância, referência, próximo, distante etc. Esses conceitos podem ser frutiferamente interpretados e remetidos a uma estrutura passível de ser abordada a partir dos opostos, dramatizada em antagonismos: falamos de zonas passivas e ativas; lentas e ágeis, tensas e relaxadas, secas e úmidas, frias e quentes, duras e moles, internas e externas etc. Esses opostos permitem abordar a fragmentação, equilibrando-a em um jogo de contraposições. Afirmarmos, com Nietzsche, que "o corpo é um fenômeno múltiplo, por estar composto por uma pluralidade de forças irredutíveis, sua unidade é a de um fenômeno múltiplo", podemos pensar que essa irredutibilidade de que fala o filósofo é gerada a partir da tensão produzida entre forças antagônicas. Tomando o anteriormente dito em consideração, é factível pensar que as ações valorizadas a partir dessa tensão se ligam estreitamente ao mapa erógeno, ao recorrido pulsional e

---

[20] VOLPICELLI, Luigi, *Il fanciullo segreto*, Brescia: La Scuola, 1951.

[21] Cf.: MATOSO, Elina, *El cuerpo territorio escénico*, Técnicas y lenguaje corporales. Bs. As.: Piadós, 1992. Cap. 4.

fantasmático acentuado nessa pluralidade de forças e nesse antagonismo. Busca-se, então, um equilíbrio sempre dinâmico, já que é impossível planejar o equilíbrio da totalidade, dado que a resultante de forças seria nula. Entender esse equilíbrio dinâmico é entender esse princípio da unidade de opostos que rege o princípio do drama bem construído. Apontando a estrutura do grupo, o território cênico amplia-se, de modo que cada um dos corpos individuais, poderíamos pensar, tem o status de uma estrutura fractal, considerando somente o sentido intuitivo desse termo, e não o que corresponde ao ponto de vista matemático do conceito. Isto é: o fato de existir uma forma irregular interrompida ou fragmentada e que apesar disso continua sendo tal, qualquer que seja a escala na qual se produza o exame.[22]

Mais acima expressamos a relação entre o fazer e o pensar, na caracterização do fato teatral, para logo descrever o pensamento como **pensamento em ação**. Essa é, pois, uma marca constituinte do sujeito da ação no contexto da teatralização e da possibilidade de que tal sujeito possa assumir-se como sujeito de enunciação de um certo discurso que dá conta de um encadeamento de "mentiras verdadeiras". Essa última frase somente pode tornar-se inteligível ao introduzir a interpretação e sua valorização no contexto ficcional, já que no mesmo não predicamos valor de verdade no sentido analítico, mas enquanto "verossimilhança". A expressão "pensamento em ação" poderia ser analisada pelo menos em dois planos: o primeiro remete-nos ao pensamento em movimento, e esse, ao *lógos* corporal. *Lógos* que, seguindo Merleau Ponty,[23] seria o responsável pela compreensão da categoria espaço-temporal sob o ponto de vista fenomenológico, já que é o corpo o que "segrega espaço", enquanto que esse "segrega tempo". Sob o ponto de vista do movimento,

---

[22] MANDELBROT, Benoît, *Los objetos fractales,* Barcelona: Tusquets, 1996. Cf.: p. 168. Não deixa de ser significativo, para além de seu campo de aplicação, que entre o domínio do caos incontrolado e a ordem quase obsessiva da geometria euclidiana, extremos aparentemente irreconciliáveis, intercale-se uma nova e produtiva zona que permite a interpretação mais ajustada dos objetos da natureza. Essa nova zona é de ordem fractal, e a dimensão dessa ordem é a dimensão fractal. Muitos dos objetos naturais são passíveis de serem descritos sistematicamente, no sentido de que estão formados por muitas partes distintas, articuladas entre si. A dimensão fractal descreve precisamente um aspecto dessa regra de articulação: essa mesma definição é igualmente aplicável aos "artefatos", sendo a diferença essencial entre os sistemas naturais e os artificiais que para conhecer os primeiros se deve apelar à observação e à experiência, enquanto que para os segundos caberia interrogar o artífice.

[23] MERLEAU-PONTY, Maurice. *Fenomenología de la percepción.* Barcelona: Peninsula, 1955.

concordamos com os conceitos colocados por Máxime Sheets-Johnston, em sua consideração sobre a improvisação no campo da dança.[24]

Todo processo de improvisação, como o que temos mencionado como estratégia de acesso à teatralização, é concebido assumindo a criatividade como processo aberto: em virtude desse futuro aberto (*open future*), o processo se instala em um estar sendo sempre, ou seja, em devir.[25]

O pensamento em movimento remete-nos a uma forma de ser-no-mundo, é o corpo existencialmente ressoante o que cria um mundo dinâmico particular não midiatizado. E é a inteligência *kinética* a que permite a projeção criativa do corpo em movimento, de acordo com os padrões criativos fundados no *logos kinético corporal. (kinetic bodily logos)*. O mesmo Merleau, em relação a como se compreender o pensamento em movimento, esclarece: "o movimento deve, de alguma maneira, cessar para ser uma maneira de designação de coisas ou pensamentos, e converter-se na presença desse pensamento no mundo fenomenológico". Na segunda vertente, o pensamento em ação remete-nos a uma atividade ubíqua e constante do sujeito portador da ação, que demanda uma reflexão necessária antes, durante e *a posteriori* da ação. Seria demais dizer que essa característica coincide com a caracterização da atividade docente na situação de aula. Sob este ponto de vista, a *performance*[26] do docente poderia ser analisada no código de colocação em cena.

---

[24] SHEETS-JOHNSTON Máxime. "Dance Improvisation: a Paradigm of Thinking in movement", in: *Thinking The Journal of Philosophe for Children*, v. 15, n. 3, Montclair State University, p. 2 e seguintes.

[25] *Ibidem*, p. 3. "Sua improvisação é um processo que flui sem cessar, uma forma que vive e que respira no fluxo dos movimentos, fluxo de sua criação, um fluxo experimentado como um presente contínuo, um agora ininterrupto que é algo afim ao que Gertrude Stein chamava um "presente prolongado".

[26] Remetemo-nos ao trabalho de SCHECHNER, Richard. *Performance, teoría & prácticas interculturales*, Buenos Aires: Libros del Rojas, 2000. Cf. cap. 1 "que são os estudos de performance e por que há que conhecê-los?" Na p. 12, lemos: "Um modo de compreender a cena desse mundo, confuso, contraditório, e extremamente dinâmico, é examiná-lo 'como performance.' [...] Os estudos de performance utilizam um método de 'amplo espectro'. O objeto dessa disciplina inclui os gêneros estéticos do teatro, da dança e da música, mas não se limita a eles, compreende também ritos cerimoniais humanos e animais, seculares e sagrados; representação e jogos; performances da vida cotidiana; papéis da vida familiar, social e profissional; ação política, demonstrações, campanhas eleitorais e modos de governo; esportes e outros treinamentos populares; psicoterapias dialógicas e orientadas para o corpo, junto com outras formas de cura (como o xamanismo); os meios de comunicação. O chefe não tem limites fixos."

Como toda obra de arte, o jogo dramático permite instaurar um "mundo" no próprio mundo: mundo no que temos denominado "mundo da vida". O mundo instaurado é um artifício, produto de interpretações e reconstruções, que jogam sua produção significante no contexto ficcional, transversalizado pelas categorias de espaço e tempo, mas, nesse caso, metaforizadas, ou seja, condensadas nos estreitos limites da encenação. Se, como diz Ortega, "viver é estar fazendo continuamente novas experiências", o teatro, que não é a vida, permite-nos precisamente refletir acerca dessas experiências, forçando nossa excentricidade de modo que possamos ver o *ethos* em uma perspectiva adequada: é necessário negar o mundo para poder falar do mundo. Disso mesmo falava Aristóteles, quando nos diz, na *Poética*,[27] que "a distinção entre o historiador e o poeta [...] reside em que um relata o que aconteceu, e o outro o que poderia ter acontecido." Ou, mais adiante[28]:

> o poeta, por ser um imitador, justamente como o pintor ou outro artífice das aparências, deve, em todas as instâncias, por necessidade representar as coisas em um ou outro destes três aspectos: como eram ou são, como se diz que se pensa que são ou parecem ter sido, ou como elas devem ser [...] Quanto ao aspecto poético, é preferível uma impossibilidade convincente a uma possibilidade inaceitável.

É precisamente o artifício de jogar com o deslocamento de objetos, o que nos permite materializar a aspiração de Merleau Ponty: "O sacrifício da vida será filosoficamente impossível; somente tratar-se-á de 'pôr em jogo sua vida', o que é uma maneira mais profunda de viver"[29].

Pedagogia: entre filo-sofia, filo-teatro e teatro-sofia

O título deste tópico sugere um ponto de encontro colocado em um certo espaço, cujas dimensões devemos explorar. A marca da relação "entre" nos indica possíveis díades ou tríades lidas sob distintas aproximações entre os termos relacionados. "Entre" nos remete também a um cruzamento de caminhos a partir dos quais se chega e se parte para

---

[27] *Op. cit.*, 1451b.

[28] *Ibidem*, 1461b.

[29] MERLEAU-PONTY, Maurice, *La estrutura del comportamiento*, Buenos Aires: Hachette, 1976, p. 307.

nosso objetivo comunicacional. Podemos colocar-nos várias abordagens dimensionais como ser: a dimensão *filosófica* e *teatral* da *pedagogia*, ou a dimensão *pedagógica* e *filosófica* do *teatro*, ou a dimensão *teatral* e *pedagógica* da *filosofia*.

Poderíamos pensar que a pedagogia, em relação ao anteriormente dito, projeta-se em dois níveis de análise: como marco conceitual no qual se desenvolve a ação pedagógica e dentro do qual se gera a produção significante das sendas filo-sófica, filo-teatral e teatro-sófica; ou como o mencionado ponto de cruzamento dessas sendas. É muito possível também que, depois do cruzamento, essas sendas sigam trajetórias divergentes. Acreditamos, na realidade, que seria essencial que assim fosse. Dessa forma, asseguraríamos que o ponto de cruzamento nos remeteria à unidade na diversidade a qual provê certa riqueza a um enfoque dialético desse encontro, por um lado, e permite gozar dos benefícios de um possível ponto de vista hermenêutico, por outro lado. Dado que todo ponto de encontro participa, por um lado, do acaso, lido em chave de condições de possibilidade e, por outro, das condições ontológicas que rodeiam a existência de um objeto em fuga, tudo isso instanciado no que chamamos mais acima de "acontecimento", no qual se plasma a produção artística, isso nos impulsiona a situar-nos em certas coordenadas do espaço criativo, associadas à instância do ato em contraposição à ordem do conceito. Nesse ponto de encontro, resolve-se sempre, provisoriamente, a tensão entre a "realidade" e a ordem do "real"; mas como já dissemos, e apoiando-nos na visão hermenêutica, isso não enclausura nem a compreensão da realidade nem o acesso ao real, mas nos permite retornar ao conceito ao instalar-nos frente à epistemologia do efêmero, compreendida a partir de nossas próprias vivências primordiais, que dão conta de nosso ser-no-mundo, o "ser-aí".

Trataremos de refletir brevemente sobre as três dimensões que nos ocupam. Concordamos com Lipman em que a filosofia se evidencia como dimensão insubstituível da educação, e vice-versa[30], pensamento que reflete a posição kantiana, quando o filósofo dá conta de que, sem sua projeção educativa, a filosofia torna-se vazia, enquanto que, sem sua

---

[30] Isso é recuperável claramente por KOHAN, WALTER e WAKSMAN, VERA. Cf. "Los desafíos actuales en la práctica de la filosofía con niños" En: Kohan, Walter y Waksman Vera, *Filosofía con niños. Aportes para el trabajo en clase*. Bs. As.: Novedades Educativas, 2000, p. 32 e seguintes.

Entre os muitos trabalhos de Lipman seguimos aqui: *Thinking in education*, Cambridge University Press, 1991; trad. cast. *Pensamiento Complejo y Educación*, Madrid: de la Torre, 1997.

dimensão filosófica, a educação torna-se cega. A questão radica em não despojar a ação educativa de sua inscrição dentro de práticas sociais, da problematização das próprias práticas, e da necessidade de entender que toda prática se associa necessariamente a uma dimensão política, dimensão na qual o "poder" circula contextualizando, como bem o assinalou Foucault, toda a produção significante[31]. Em relação a essa produção é que a filosofia pode comprometer-se com certos conteúdos que apontem para a transformação social propendendo a estabelecer correlação entre os conteúdos do discurso ético, enquanto teoria da ação (*praxis*), e as instâncias nas quais se inscreve a ação no mundo.

Dimensão filosófica da pedagogia

É impossível ignorar todas as referências ao paradigma socrático, já que a ação filosófico-pedagógica tem nele seu momento fundacional. Recordemos que, para Sócrates, o filósofo está constituído no lugar do "mestre". Apontamos aqui o recalque dos aspectos propedêuticos que marcam a filosofia, ao propor que a educação deva aceitar o caráter dialógico da pessoa, constituindo essa prática num real intercâmbio de

---

[31] Em relação à tematização do "poder", cabe resumir, seguindo Deleuze, as principais regras sobre análise foucaultiana do poder:
1. Não investigá-lo meramente em sua localização central (como poder do Estado em sentido restrito);
2. Não se contentar em assinalar quem detém o poder, mas sobretudo como ele se exerce;
3. O poder não é possuído, como um bem (não se trata de adotar o "modelo mercadoria" no contexto de um "economicismo" da teoria do poder);
4. O poder coloca uma relação desigual que se exerce: circula, funciona em cadeia, reticular e transversalmente;
5. A análise do poder deve seguir suas próprias vias de constituição, de baixo para cima. O poder global não é mais que o efeito terminal de todos os enfrentamentos, minúsculos e mantidos continuamente;
6. Em torno desses poderes não são formadas ideologias, mas sim saberes;
7. O poder não atua apenas repressiva e ideologicamente, mas também produzindo o real;
8. As relações de poder não são exteriores aos processos econômicos, às relações de conhecimento etc. mas são imanentes a elas. Não são uma "superestrutura" mas uma materialidade diretamente produtora;
9. As relações de poder são, ao mesmo tempo, intencionais e não subjetivas;
10. A análise em relação a questões de poder deve centrar-se nos operadores materiais da dominação e nas formas locais de submissão, e não no edifício jurídico ou nos chamados aparelhos de estado e nas ideologias correspondentes às quais se associam;
11. Onde há poder devemos entender que há resistência.

Cf. DELEUZE Gilles, "Ecribain non: un nouveau cartographe", in: *Critique,* Paris, n. 343, Dic. 1975, p. 1215.

ideias e experiências realizadas no contexto dos atos de fala. O diálogo converte-se, assim, em sustento epistemológico do processo educativo e em uma exigência existencial, em um estado de abertura, de confiança e cuidado em relação ao outro, envolvendo pensamento crítico, criatividade, autonomia e respeito.[32]

Entendemos que a revolução colocada por Lipman preconizando que a criança tem atitude para praticar a filosofia tão logo começa sua educação no sistema institucional, no contexto de um verdadeiro programa de investigação implementado comunitariamente, coloca-nos um novo desafio quanto a compreender realmente a interação entre filosofia e pedagogia.

Dimensão teatral da pedagogia

Há de se compreender, sob esse ponto de vista, o que já esboçamos: a situação de aula pode ser lida frutiferamente como cena na qual o docente ocupa, como ator social, o lugar da enunciação, em correlação com o ator em uma encenação. Enquanto isso, o aluno espectador participa do ato, dado que seu olhar é sempre ativo configurador e participante na produção de sentido. O lugar do docente-ator é também um lugar de reflexão, como dissemos, antes, durante e depois da ação, ação que se relaciona com certa textualidade discursiva da qual não se excluem marcas de improvisação *ad-hoc* produzidas na situação de aula. Aceitar isso implica, para o docente, dispor de uma nova "caixa de ferramentas", no sentido de Lipman, para realizar sua tarefa, apoiando-se em seus impulsos e intuições – *pars construens* – e elaborando suas inibições e limitações – *pars destruens*.

Dimensão filosófica do teatro

Entre outras coisas, assinalamos aqui os aspectos temáticos de profundo enraizamento filosófico incorporados ou ex-postos em distintas estruturas dramáticas, em especial os que fazem uma reflexão no campo da ética, a tal ponto que algumas obras teatrais poderiam ser enquadradas como verdadeiras obras didáticas nesse campo. Por outro lado, as considerações ao redor da teoria da "tragédia" são entendidas, desde a exposição fundacional de Aristóteles na *Poética*, sob e desde categorias filosóficas constitutivas de uma teoria da ação. A partir do

---

[32] Essas ideias são comuns à posição de Lipman e à de Paulo Freire. Sobre o assunto cf. KOHAN, Walter e WAKSMAN, Vera, *op. cit.*, p. 25.

marco da mesma, cabe mencionar que conceitos como o de falha (*hamartía*) reconhecimento (*anagnóresis*) ou catarse (*catársis*), tiveram uma profunda transcendência no âmbito da análise psicossocial.

Dimensão pedagógica do teatro

Para introduzir-nos na relação teatro e pedagogia, fazemos nosso o lema de J. Callejas[33], sucinto e contundente, "**o teatro educa**". Todo teatro auxilia a moldagem didática quando tem como objetivo centrar-se no convite a refletir sobre um determinado problema envolvendo diretamente a compreensão do espectador.

Num sentido geral podemos também dizer, seguindo Pavis[34], que o elemento didático acompanha necessariamente todo trabalho teatral, dado que dificilmente a ação dramática não pretende instaurar um sentido. Nesse contexto pretende-se subordinar a produção artística a uma certa visão ética e política do mundo[35].

Dimensão teatral da filosofia

Referimo-nos aqui ao fato de que muitas obras filosóficas estão plasmadas em estruturas filo-teatrais: distintas instâncias dos relatos platônicos, por exemplo, o relato da alegoria da caverna ou o marco representacional no qual se desenvolve *O banquete*, são passíveis de serem traduzidos para uma linguagem expressiva teatral, com muito pouco esforço de adaptação. O próprio signo de teatralidade pode ser também verificado no desenvolvimento textual, por exemplo, das meditações cartesianas, ou no estilo introspectivo de Merleau-Ponty (v. gr. *Fenomenologia da percepção*.) Advertimos também rasgos do que, para nós, é a tensão dramática em certos estilos expositivos de alguns filósofos, tais como o desenvolvido por Hegel em *Fenomenologia do espírito*. Não obstante o exposto, concordamos com Badiou em que a relação teatro e filosofia

---

[33] CALLEJAS, José. *El teatro educa. Experiencias didácticas en filosofía*. Madrid: Narcea, 1988.

[34] PAVIS, Patrice. *Diccionario de Teatro. Dramaturgia, estética, semiología*. Barcelona: Paidós, 1983. S. v.: "Teatro".

[35] O trajeto histórico que aborda essa característica é muito vasto, desde os antecedentes medievais ao redor da encenação de autos sacramentais (teatro moralizante); ou da produção do *Agit-prop* (teatro de agitação, apoiado em formas expressivas da comédia da arte), teatro de rua ou de guerrilha, *happening*, *Lehrstücke* de Brecht, (teatro político); o teatro de tese e o de parábolas (teatro pedagógico), passando pela produção de teatro popular latino-americano – referimo-nos especialmente ao teatro de Augusto Boal (teatro do oprimido), que por exemplo em concomitância com a posição de Paulo Freire, utilizou instrumentalmente a prática teatral para realizar campanhas de alfabetização.

esteve assinalada por uma relação de "amor-ódio".[36] Assim, na posição antiteatral encontramos Rousseau, ou o próprio Nietzsche, confrontados com a atitude de um Schiller ou de um Hegel. Entre outros aspectos, parece que esse enfrentamento se centra na própria concepção da "verdade", ao contrapor-se o âmbito discursivo especulativo e conceitual da filosofia, âmbito no qual essa "verdade" parece ocultar-se, velar-se, ao próprio âmbito teatral, instaurado na ordem do ato, no qual a verdade pode ser elucidada. Em todo caso, a "verdade teatral".

Dimensão pedagógica da filosofia

Ao focalizar essa dimensão, poderíamos, por certo, ser sumamente econômicos no discurso, expressando o mesmo que na dimensão anterior: **a filosofia educa**. Sem mais. De todo modo, desejaríamos realçar que, do projeto geral de educação pela arte desprende-se o de educação estética, não muitas vezes expresso adequadamente nos conteúdos curriculares. No campo da filosofia prática reivindicamos o da "estética aplicada". Entre as distintas possibilidades de expressão artística é, para nós, a especificamente teatral, projetada até a instância da encenação, a que permite formar parte da produção de conhecimento em um marco de profunda socialização onde o grupal e o individual enfrentam a necessidade de produzir articulações de grande valor enquanto experiência de vida. Por outro lado, nesse marco, a intervenção do coordenador docente, por definição, deverá ser excêntrica e ao mesmo tempo tutorial em relação ao grupo, constituindo-se no primeiro olhar configurador da produção grupal e integrando-se a uma verdadeira indagação comunitária. Desde a estética da recepção, não resta outra possibilidade mais que entender o olhar do espectador como parte da própria obra de arte, já que o texto espetacular se constitui a partir dessa recepção e somente dessa recepção. Isso faz com que o fato teatral apresente uma característica singular: ninguém fica fora do jogo, já que no hipotético lugar de mero observador do trabalho efetivo de parte do grupo, continua-se estando dentro do grupo, continua-se comprometido com a tarefa, podendo verter a opinião a partir do olhar externo como uma devolução à produção efetiva. Cabe finalmente mencionar que o caminho de indagação oferecido a partir da proposta de formação "filosofia com crianças e jovens", cujo ponto de partida pode ser visualizado na posição revolucionária de Lipman,

---

[36] BADIOU, Alain. "Teatro e Filosofia". In: *Conferências... op. cit.*, p. 117 e seguintes.

anteriormente mencionada, põe em verdadeiro relevo essa dimensão pedagógica da filosofia.

Post scriptum: sobre teatrosofia

1. Em nosso entender, dentro do campo de incumbência da estética aplicada, deve ser considerado o de uma "teatrologia" filosófica. Para conceituar a mesma nos arriscaremos a propor-lhe o nome de "teatrosofia", no qual se inscrevam pelo menos três aspectos:

   a. Os correspondentes às novas metodologias de ensino, nos quais a atividade teatral possa desempenhar um papel relevante na transmissão de conteúdos.

   b. Gerar o desenvolvimento teórico que dê conta das relações entre "teatro" e história do teatro, que dê conta das articulações do teatro como saber, em relação a outros saberes.

   c. Finalmente, desenvolver um marco conceitual onde as perguntas em relação ao fato teatral tenham o status de verdadeiras perguntas filosóficas:

2. Teatro:

   Que é?

   Para que é feito?

   Quem o faz?

   Para quem se faz?

   Como se faz?

   Talvez, como testemunho ao colocado por Aristóteles no início da *Poética*[37]:

   > Como nosso tema é a poética nos propomos a falar não somente da poética mesma mas também de suas espécies e de suas respectivas características e...dos aspectos que correspondem à mesma investigação. Temos que continuar, pois, a ordem natural, e começar com os primeiros fatos.

   Os caminhos cruzam-se, convergem; os caminhos abrem-se, divergem, mas são sempre caminhos.

---

[37] *Op. cit.*, 1447a.

IV – Filosofia com/para Crianças

Uma ética pragmatista de socialização

Maughn Gregory

A ética platônica de socialização

Com respeito a valores, somos todos conservadores e liberais de uma só vez (nós que temos o hábito de pensar sobre nossos valores). Vemos bom senso na maioria de nossos valores enquanto reconhecemos que os outros seguem a premissa de valores de que começamos a duvidar, ou que não mais levamos a sério. Vagarosamente adaptamos nossas listas de leitura, nossos círculos de amigos e nossas agendas, que trazem nossas regras para derrubar valores dos quais passamos a ter vergonha. Ao mesmo tempo, agarramo-nos tenazmente a outros que continuam a satisfazer nossos cânones de justificativas ou apresentam ubiquidade ou tabu demais para serem examinados criticamente. Somos conservadores quando encontramos algo que vale a pena conservar, como as florestas tropicais da Amazônia, a sagração do casamento heterossexual ou o limite de direitos de reprodução disponíveis para mulheres. A esse respeito é enganoso rotular o direito político como conservador e a esquerda política como liberal.

Conforme notou Richard Rorty, o julgamento de um hábito cultural é uma verdade que vale a pena ser conservada, ou um obstáculo à liberdade é tipicamente construído com base em alguma forma de essencialismo platônico: a crença de que há uma essência ou natureza humana a que nossas convenções – nossos hábitos de crença, valor e conduta – devem corresponder. Em alguns relatos mais aristotélicos, tal essência é um *telos* ou potencial o qual nossas convenções devem ajudar-nos a preencher. Em qualquer caso, o juízo moral e político tanto da direita quanto da esquerda jazem de maneira típica sobre a reivindicação, por parte de ambas, de que alcançaram parte desse ideal. Pois, conforme argumentarão, somente com respeito a um ideal assim é inteligível querer conservar certos valores e querer libertar-se a si mesmo, e a sua comunidade, de outros. A única alternativa à subserviência a um ideal assim, conforme supõem ambos os lados, é o relativismo.

Chamei esse tipo de essencialismo de "Platônico", porque a maior parte das noções das pessoas em relação à essência pode ser traçada desde a doutrina das formas de Platão, e também porque, a despeito dos contornos da forma particular da natureza humana vista pela direita ou pela esquerda, ela está fadada a ser imbuída de três características: é imutável, isso quer dizer, eterna, trans-histórica; é natural, no sentido de não ser um construto humano, e é universal, ou transcultural. Essas características, diz-se, são o que tornam o ideal confiável (*authoritative*) em relação a nós: o que obriga aqueles que podem discerni-lo a construir suas convenções culturais – suas artes e ciências, sua lei e seus costumes – de acordo com ele. E, para muitos platônicos, a obrigação estende-se, para além de nossa busca pessoal pela perfeição, até uma consideração do bem-estar dos outros vis-à-vis ao ideal.

A ética platônica de socialização, assim, é uma preocupação pastoral em colocar outros – especialmente crianças – em congruência com esse ideal, outros que ainda não podem, sozinhos, apreciá-lo: para ensinar a eles sua própria natureza verdadeira, para aculturá-las por meio de crenças e desejos que lhes possibilitarão realizar seu potencial humano, libertá-los das crenças heréticas ou dos desejos não naturais que frustrarão seu crescimento. Tanto filósofos de educação conservadora que defendem o cânone ocidental quanto filósofos liberais que advogam a pedagogia crítica abjuram o termo "socialização", o qual conota aculturação em formas de vida que são aberrantes, vulgares, pecaminosas, frívolas ou, por outro lado, humanos de maneira contingente mais que essencial. Eles preferem termos como "autorização" (*empowerment*) e "liberação", os quais evidenciam a autorrealização autêntica (*authentic self-actualization*).

Naturalismo pragmatista

Uma justificativa naturalista para os valores humanos é aquela que não faz referência alguma a uma esfera transcendente de verdade ou de valor. Descreverei brevemente um relato desse tipo: aquele apresentado em *Theory of Valuation* (1939)[1] de John Dewey. O contexto da teoria de

---

[1] DEWEY, John. *Theory of Valuation* (1939), Chicago: University of Chicago Press, 1972.

Dewey é a luta darwiniana de organismos – neste caso, organismos humanos – para lidar com seu ambiente. Todos os organismos adaptam a si mesmo e a seu ambiente a fim de sobreviver e desenvolver – um objetivo que nunca pode ser atingido de uma vez por todas devido à inerente instabilidade da natureza e da história, as quais continuamente confrontam o organismo com novos problemas e oportunidades. Períodos de equilíbrio, nos quais nossos hábitos são suficientes para as demandas daquilo que nos cerca, são ganhos através da reação inteligente (individual e coletiva) a essas provocações. Mas tais reações não têm a garantia de serem eficazes por muito tempo; e assim nossa lealdade a todos os tipos de normas – éticas, científicas, lógicas – deve ser ambivalente: devemos sustentar normas – praticá-las e convertemo-nos a elas – enquanto elas forem garantidas por uma investigação crítica acerca de problemas e oportunidades vigentes, depois do que devemos estar determinados e aptos a participar de sua dura reconstrução.

Algo semelhante a esse cenário, que reverbera temas de Emerson relativos à transgressão e à autotransformação, foi utilizado por todos os primeiros pragmatistas para explicar que suas crenças são melhor avaliadas como ferramentas, melhores ou piores, para lidar com a experiência – para atingir nossos propósitos – em vez de representações, mais ou menos acuradas, do modo como as coisas são independentemente de nossos propósitos. Segundo a famosa afirmação de Peirce, a investigação de nossas crenças necessita da dúvida na forma de alguma experiência problemática que nossas crenças (por exemplo, os hábitos de conduta que as significam) não podem resolver[2]. Nos termos de Dewey:

> [V]aloração ocorre somente quando há algo que importa; quando há algum problema com o qual se deve lidar, alguma necessidade, falta ou privação que deve ser sanada, algum conflito de tendências a ser resolvido através da mudança das condições existentes. Este fato, por sua vez, prova que há um fator intelectual presente – um fato de investigação – onde quer que haja valoração, pois o final almejado (*end-in-view*) é formado e projetado como aquele que, se se age sobre ele, fornecerá a necessidade ou a falta existente e resolverá o conflito.[3]

Para Dewey, os valores são finais almejados (*ends-in-view*), que são desejos e interesses os quais são reconstruídos através da investigação

---

[2] Ver PEIRCE, Charles. "The Fixation of Belief", In: BUCHLER, Justus (ed.) *Philosophical Writings of Charles S. Peirce*. New York: Dover, 1955, p. 10.

[3] DEWEY, p. 34.

das exigências e dos potenciais da situação concreta. E hábitos têm a possibilidade de apresentar a necessidade de reconstrução como hábitos de crença ou de conduta em nossos encontros com experiências problemáticas. (De fato, nenhum desses pode ser adaptado sem afetar a adaptação dos outros.) Considere-se o exemplo da saúde humana enquanto valor evolucionário. O conteúdo particular desse valor (longevidade, força, imunidade a doenças, mobilidade, controle muscular, fertilidade, apetite, estrutura física) é continuamente reconstruído por sucessivas gerações em diversas culturas, em resposta aos novos problemas e oportunidades de dimensões somáticas. Adaptarmos nossas concepções de saúde não é apenas adaptarmos nossos meios – regimes de nutrição, exercício e imunologia, por exemplo – para melhor servir ao mesmo ideal estático. O próprio ideal muda conforme formamos novas expectativas para nossos corpos em termos de longevidade, mobilidade, imunidade etc.

A diferença entre a investigação platônica e a pragmatista do valor é que a primeira é a busca pelas verdades transcendentes, autoevidentes (o que Dewey chama de "busca pela certeza"[4]), enquanto a outra faz-se por autocorreção – frase cunhada por Charles Peirce para a substituição de crenças menos adequadas por crenças que se consideram mais adequadas ao lidar-se com experiências problemáticos. Peirce estipulou que a autocorreção é mais bem sucedida quando perseguida coletivamente, seguindo o modelo de uma comunidade de investigadores científicos que desafiam mutuamente seus raciocínios, expandem-se mutuamente por suas ideias e verificam mutuamente suas descobertas – praticas sociais que almejam um acordo intersubjetivo e disciplinado[5] enquanto espécie de objetividade. Valorizar a autocorreção começa com uma afirmação de injustiça ou de limitação nivelada a um valor convencional e desenvolve-se por uma investigação dialógica dos méritos da afirmação. Se se considera que a afirmação deve ter garantia, demanda-se uma investigação mais detalhada para gerar certo número de candidatos à possível reconstrução de valor e para estreitar as possibilidades daqueles que parecem ser os candidatos mais prováveis. Finalmente, é necessário um processo de experimentação social para testar os candidatos. O processo não é completamente ideológico, já que envolve diálogo racional e experimento prático; mas não é totalmente epistemológico ou "científico", já que envolve o processo político de membros de uma comunidade tentando persuadir uns aos outros a adaptarem suas noções ao que é importante, ao que vale a pena ou ao que é impróprio.

---

[4] DEWEY, John. *The Quest for Certainty* (1929).

[5] Disciplinado, isto é, através dos frutos de investigações passadas.

Com respeito à disputa que tem surgido neste Encontro acerca de quais credenciais os professores das escolas de ensino básico e médio precisam para ensinar filosofia, acredito que a resposta depende, em parte, do fato de pensarmos que o objetivo de ensinar filosofia a crianças é torná-las versadas no cânone filosófico ou iniciá-las na prática da investigação filosófica. Também depende do fato de pretendermos ou não perpetuar a visão machista da filosofia como discurso analítico entre acadêmicos, à parte das preocupações e das experiências da maioria das pessoas, ou como uma ferramenta que as pessoas – mesmo as não acadêmicas; mesmo as mulheres, crianças e os pobres – possam utilizar para transformar e melhorar sua própria experiência.

Assim, não são apenas valores e crenças que são vulneráveis à mudança pela investigação, mas os projetos de vida e as identidades próprias dos participantes. Em contraste com os platônicos, os pragmatistas postulam uma natureza humana que é evolutiva mais que imutável, socialmente construída mais que ordenada por autoridade não humana, e pluralista mais que universal. Os pragmatistas não buscam a estabilidade do verdadeiro em si mesmo, mas anseiam pela não especificidade dos indivíduos, das comunidades e, de fato, da natureza humana. Valores são juízos acerca de onde está a melhoria relativa aos problemas e às oportunidades que encaramos no presente. São subjetivos no sentido de que são construtos humanos, mas não no sentido de que são privados de estados mentais ou emocionais, pois são relações ativas[6] entre agentes humanos e um conjunto específico de circunstâncias nas quais nos encontramos.

Tal qual proposições empíricas, nossos juízos de valor são hipotéticos e falíveis, mas sua possibilidade de falhar é mitigada, no pensamento pragmatista, pela noção de que eles são experimentos sociais a serem avaliados, testados e modificados à luz de suas consequências. Dewey identifica dois critérios abrangentes e relevantes para fazerem-se tais julgamentos: o custo dos meios necessários para efetivar os novos finais almejados (*ends-in-view*) e o custo da oportunidade de fins que teriam que ser sacrificados a fim de efetuar os finais almejados (*ends-in-view*) escolhidos. Como novas práticas tornariam a vida mais significativa, segura, interessante e livre do que é agora? O que recomenda essa noção de liberdade em relação a isso? Como seria a vida sem a noção que utilizamos atualmente? Como é a vida para comunidades que empregam uma noção de pessoalidade (*personhood*) diferente das nossas?

---

[6] DEWEY, John. *Theory of Valuation*, op. cit., p. 16.

Os platônicos argumentam que, sem a fundação de verdades *a priori*, não há modo de garantir quaisquer de nossas crenças ou de nossos valores. Para eles, a possibilidade de falha natural é indistinguível do relativismo, pois temos que manter nossos valores com absoluta certeza ou com absoluta in-certeza. Os pragmatistas chamam isso de uma falsa dicotomia. Os valores que perseguimos não são certos, já que sua garantia jaz em nossa experiência futura, mas isso não indica que não tenhamos bons motivos para persegui-los. Nossos padrões em relação ao que conta, como justiça, objetividade científica, gênio artístico e saúde corpórea, têm o status de normatividade provisional. Eles tornam possível um certo modo de vida que é, pelas nossas considerações, o mais significativo, o que mais vale a pena nas circunstâncias. Chamá-los provisionais é dizer que eles, enquanto padrões vigentes, tornam inteligíveis as adaptações do passado, não nos ajudam a prescrever indefinidamente em direção ao futuro, porque adaptação só pode ocorrer em resposta ao que parece, no presente, ameaçador ou frutífero.

A ética pragmatista de socialização[7]

A ética pragmatista de socialização é uma preocupação dual: compartilhar com os outros os frutos de nossas investigações e estender tais investigações através do diálogo com os outros, na esperança de aprender novos caminhos para adaptar nossos próprios ideais e métodos. A autocorreção denota que os investigadores humanos não têm critérios epistemológicos transcendentes que possam disciplinar nossa investigação, então temos que proceder através da substituição contínua de crenças mais fracas por outras mais fortes, em nosso melhor juízo. Temos que estar aptos a caminhar ao menos um pouquinho além de nossos próprios hábitos e criticá-los, comparando-os não a verdades indubitáveis, mas a novas crenças e novos valores que temos descoberto. Devemos estar aptos a, pelo menos, imaginar que nossas crenças e nossos valores atuais são inadequados para explicar, justificar ou tornar significativo algum aspecto de nossa experiência.

Todavia, o compromisso pragmatista de autocorreção dá espaço a uma ambivalência em relação às normas das comunidades que são diferentes daquela de determinado indivíduo. Por um lado, a possibilidade

---

[7] Parte do material nesta seção apareceu em um ensaio anterior "The Status of Rational Norms: A Pragmatist Perspective", *Analytic Teaching: The Community of Inquiry Journal*, v. 21, n. 1 (November, 2000).

de falha obstrui a pressuposição de que as normas da comunidade de determinado indivíduo são automaticamente privilegiadas em relação àquelas de outras comunidades, mas também obstrui a pressuposição de igualdade: de que as normas de todas as comunidades sejam igualmente justificáveis, de que não há caminho correto para adjudicar entre elas. Os pragmatistas asseveram primeiramente que não podemos evitar fazer tais adjudicações, em nossa autocrítica pessoal ou em nossas relações com os outros, porque as provocações da experiência compelem-nos a julgar; e, em segundo lugar, que o método de investigação social autocorretiva constitui um caminho correto a ser seguido. A tentativa de validar todos os valores candidatos indiscriminadamente é uma noção incoerente, tanto em termos de correção quanto de investigação. Mais que isso, legalidade consiste em investigar outras culturas de tal modo que seus ideais tenham a melhor chance que possamos dar-lhes para que pareçam verdadeiros, belos ou bons – para nós. Ao fazê-lo, não temos escolha, exceto a de tomar as noções de verdade, beleza e bondade que temos desenvolvido por enquanto em nossa cultura como, por exemplo, padrões provisionais, padrões que empregamos, mas dos quais estamos preparados para duvidar à luz de novos *insights*. De fato, um dos motivos pelos quais temos esperança de trazer pessoas mais e mais *diversas* para unirem-se em nossas investigações é a chance de que suas opiniões e reclamações e visões sejam justamente aquilo de que precisamos para dar o próximo passo na reconstrução das nossas próprias. A acusação de que toda tentativa de alcançar esse tipo de juízo necessariamente reduz-se a um exercício pouco elaborado de poder é baseada na pressuposição de que autocorreção não é possível: que a hegemonia é tão absoluta quanto nos torna impotentes para criticar ou modificar nossos próprios *frameworks* culturais.

A teoria da valoração de Dewey, e sua epistemologia adjacente, emprega temas que são às vezes criticados como sendo machistas, incluindo o controle racional da experiência, o desenvolvimento empresarial de recursos e a autotransformação autodesejada. Mas caracterizar o machismo nestes termos torna a feminilidade passiva, subserviente, conformista e irracional[8]. A racionalidade a que aspiram os pragmatistas é uma inteligência cooperativa – um hábito incompatível com o que vejo como verdadeiros perigos machistas do individualismo radical, da apropriação unilateral "do outro" como um recurso e competição à beira

---

[8] SEIGFRIED, Charlene Haddock. *Pragmatism and Feminism: Reweaving the Social Fabric* (Chicago: University of Chicago Press, 1996), p. 174-201.

do combate contra outros que não podem ser facilmente apropriados. Conforme feministas e teóricos homossexuais têm argumentado, uma parte importante da investigação é nos tornarmos vulneráveis às visões e motivos "do outro", já que não há outro caminho para "nós" reconstruirmos nossos próprios hábitos de crença e de valor a fim de estender sua garantia para o futuro[9]. Por causa da inércia da convenção, é um fato necessário praticar o que Megan Boler chama de "pedagogia de ação afirmativa", o que dá a vozes historicamente oprimidas privilégio dialógico sem corresponder a seu privilégio epistemológico automático[10].

Isto é particularmente importante no diálogo entre adultos e crianças. A ética pragmatista de socialização clama pela inclusão de crianças no processo de investigação de valores, na qual não se permite que adultos perpetuem seus valores com autoridade apoiada na agressão, mas que explicitem as suas razões por terem preferido tais valores, e os obriga, do mesmo modo, a fazer uma consideração justa para com os valores apresentados pelas crianças. Como em todo diálogo transcultural, é improvável que adultos ou crianças saiam dessa investigação com todas as suas crenças e todos os seus valores originais intactos.

---

[9] Em um artigo de 1911 sobre coeducação para o *Ladies Home Journal*, Dewey escreveu que "...o ponto de vista e o método do outro."(MW 6, p. 162), citado em Seigfried, p. 28. Com respeito ao feminismo de Dewey, concordo com Seigfried em relação ao fato de que ele [Dewey] deve ser "considerado feminista" pois "desafiou de maneira bem sucedida alguns preconceitos contra mulheres e apoiou direitos femininos específicos" e, por outro lado, "fez contribuições importantes para o pensamento feminista", embora deve ser reconhecido que "ele não aprofundou sua análise das causas da opressão feminina nem estendeu essas *insights* para seu pensamento em geral..." (SEIGFRIED, p. 28).

[10] BOLER, Megan. "All Speech is not Free: the Ethics of Affirmative Action Pedagogy". Apresentado pelo Dr. Megan Boler no fórum universitário "Liberdade de expressão versus liberdade a partir de hostilidade", na Universidade Estadual de Montclair, 11 de outubro de 1999. Dr. Boler é Professor de Fundamentos Sociais da Educação no Instituto Politécnico e na Universidade do Estado de Virgínia.

A capacitação do professor no "Programa de filosofia para crianças" de M. Lipman: abordagem crítica

Renê José Trentin Silveira

O que é a Filosofia para Crianças

O Programa de Filosofia para Crianças é uma proposta pedagógica elaborada pelo filósofo e professor norte-americano Matthew Lipman para ser desenvolvida paralelamente ao currículo do ensino básico, com vistas a suprir a suposta deficiência da educação convencional em desenvolver as habilidades cognitivas e, consequentemente, a capacidade de raciocínio dos alunos. Em outros termos, trata-se, segundo Lipman, de substituir o paradigma tradicional da educação como transmissão de conhecimentos pelo da "educação para o pensar".

No Brasil, a sua divulgação e implantação nas escolas interessadas, a comercialização dos materiais didáticos que o acompanham (livros-textos para os alunos, denominados novelas ou romances filosóficos e manuais de instrução para os professores) e o oferecimento de cursos de capacitação para os professores que desejam trabalhar com ele estão sob a responsabilidade do Centro Brasileiro de Filosofia para Crianças, com sede em São Paulo/SP e que funciona como uma filial do IAPC – "Institute for the Advancement of Philosophy for Children" (Instituto para o Desenvolvimento de Filosofia para Crianças), encarregado por coordenar a difusão do Programa nos Estados Unidos e no mundo.[1]

Na prática, a proposta consiste basicamente no seguinte: dispostas em círculo, as crianças alternam-se na leitura em voz alta de um episódio do romance que estiver sendo utilizado. No Brasil, o

---

[1] Sobre a origem do Programa nos Estados Unidos e o processo de sua penetração no Brasil, ver SILVEIRA, 1998; 2001.

Programa oferece cinco romances: *Rebeca* (educação infantil), *Issao e Guga* e *Pimpa* (considerados básicos e destinados às séries iniciais do ensino fundamental), *A descoberta de Ari dos Telles* (5ª e 6ª Séries) e *Luíza* (7ª e 8ª Séries). Após a leitura, as próprias crianças, com a ajuda do professor, elegem os temas de seu interesse e inicia-se o debate na forma de uma Comunidade de Investigação: todos são estimulados a se expressar com liberdade, a se posicionar em face das opiniões dos colegas, procurando sempre justificar suas concordâncias ou discordâncias, de modo que o diálogo seja logicamente organizado e disciplinado. O pressuposto básico, aparentemente ancorado em algumas teorias do desenvolvimento cognitivo, é o da interação entre pensamento e linguagem. Daí ser o diálogo a espinha dorsal da metodologia do Programa.

Além dos livros-textos ou romances filosóficos, o material didático do Programa inclui, ainda, os manuais de instrução destinados aos professores. A cada romance corresponde um respectivo manual, no qual o professor encontra uma breve exposição introdutória das justificativas e de algumas bases teóricas da proposta, orientações metodológicas e inúmeras sugestões de atividades e exercícios a serem desenvolvidos com as crianças, especialmente planos de discussão que indicam, inclusive, as questões "filosóficas" mais importantes de serem discutidas.

Esses manuais servem, na realidade, para garantir que os objetivos do Programa sejam alcançados, já que os professores que os aplicam, não sendo licenciados em filosofia e não estando familiarizados com os princípios da "educação para o pensar", visto que foram formados por métodos tradicionais, não estão preparados para planejarem sozinhos as atividades do Programa. Por isso mesmo, para Lipman, seria "indesejável" que o fizessem. Antes, da mesma forma como as crianças e os alunos de faculdade "precisam de textos primários", esses professores "precisam imensamente da orientação profissional" de especialistas que lhes forneçam "exercícios preparados e planos de discussão" para que não se percam no desenvolvimento do trabalho (LIPMAN, 1990, p. 207-8).

Observa-se, portanto, que, a rigor, o professor não é considerado apto para *conceber* e *planejar* o trabalho que realiza, mas apenas para *executá-lo* de acordo com as orientações trazidas prontas pelos manuais. Tal concepção consiste, na realidade, numa transposição para o âmbito pedagógico da divisão social do trabalho que institui, de um lado, o *trabalho intelectual* dos que, na condição de especialistas, arvoram-se em competentes para conceber, planejar, organizar, traçar metas, definir princípios e decidir o que, quando e como vai ser ensinado e, de outro lado, o *trabalho manual* daqueles que, não sendo especialistas, são considerados incapazes de exercer as funções acima e de controlar o processo pedagógico em seu todo, devendo, portanto, contentar-se com uma compreensão parcial desse processo que os habilite apenas a executar satisfatoriamente as tarefas concebidas e planejadas pelos primeiros.[2]

Ora, não é este um dos aspectos característicos da alienação do trabalho que ocorre na sociedade capitalista? Nesse sentido, pode-se concluir que o Programa de Lipman transforma os professores que o aplicam em sala de aula em autênticos trabalhadores alienados. Como tais, são subestimados em sua capacidade intelectual, reflexiva, crítica e criativa e dispensados de pensar com autonomia, o que, além de uma perda de tempo, poderia ser também arriscado, pois, como diz Coelho (1989, p. 34), "...quem pensa, questiona, duvida, discorda das determinações, quer saber o porquê das coisas e da atividade que realiza, sendo considerado um indivíduo inconveniente, perigoso".

Esse caráter alienado do trabalho dos professores se confirma também pela forma como eles são qualificados pelo Programa, como veremos adiante.

O papel do professor na educação

Antes de analisar o modo como é feita a capacitação dos que desejam trabalhar com o Programa, convém esclarecer o papel que este atribui ao professor no processo de ensino-aprendizagem.

Com efeito, pretende-se romper com o modelo vertical e hierárquico da relação professor-aluno, segundo o qual o professor, visto como "autoridade de conhecimento", cumpre a missão de transmitir informações aos alunos que, por sua vez, desprovidos desse conhecimento, devem submeter-se à autoridade do primeiro.

Ocorre que, para LIPMAN, quando o professor se apresenta como "fonte de informação", estabelece-se entre os alunos a prática de recorrer a ele para "tranquilização ou verificação" de suas indagações, criando-se, assim, um "modelo de troca professor-aluno que frustra o objetivo da filosofia para crianças" na medida em que "mina a noção de comunidade". Por essa razão, Lipman propõe substituir esse modelo pelo da Comunidade de Investigação, no qual professor e alunos são "coinvestigadores" e o professor procura incentivar também trocas entre os próprios alunos (LIPMAN, 1990, p. 117).

---

[2] As considerações feitas aqui sobre os reflexos da divisão social do trabalho na educação foram inspiradas em COELHO, 1989.

Se alguma autoridade cabe ao professor, portanto, não é a "autoridade de informação", mas a "autoridade de instrução". Compete a ele estabelecer as condições necessárias para que a classe se envolva numa "investigação discursiva, mais e mais produtiva, mais e mais autocorretiva" e estar sempre atento, sobretudo, para "uma *conduta ilógica* entre os alunos", embora mesmo nesse aspecto "não precise conduzir", ele próprio, as correções, podendo, em vez disso, transferir essa tarefa para os alunos: perguntando-lhes se uma determinada observação foi relevante; se uma dada conclusão decorreu realmente das premissas que a antecederam; se os termos empregados foram devidamente esclarecidos; se houve concordância quanto às suposições subjacentes às afirmações apresentadas etc (LIPMAN, 1990, p. 117. Grifo meu).

A função do professor passa a ser, então, a de acompanhar e vigiar o desempenho lógico dos alunos, atuando como facilitador e orientador das discussões através das quais ocorre a aprendizagem do pensar.[3]

Há, portanto, ao menos aparentemente, uma opção pelo não diretivismo pedagógico.[4] Apesar disso, a intervenção do professor não chega a ser totalmente proibida. Afinal, como membro da Comunidade de Investigação, ele também tem o direito de, vez por outra, propor temas que considere relevantes para o debate e que não tenham sido levantados por nenhum aluno. Durante a discussão, no entanto, deve abster-se de explicitar seu próprio ponto de vista para evitar o risco da doutrinação e também para forçar os alunos a buscarem, por si mesmos, as respostas para suas indagações, rompendo assim com o modelo tradicional do professor como fonte de informações. Nas palavras de Lipman:

---

[3] No dizer de Ana Luiza FALCONE: "Em nossa proposta, o professor é um orientador de debates" (VOGEL, 1994, p. 13). Em outro momento, Falcone reitera essa afirmação (cf.: CARVALHO, 1994d, p. 6-5). Catherine Silva, por sua vez, acrescenta: "O professor tem que se colocar como facilitador do debate e não como o dono das respostas. Esta é, na verdade, a maior virtude deste programa: um golpe de mestre no autoritarismo que sempre caracterizou o ensino brasileiro" (MONTEIRO, 1986, p. 4).

[4] Digo aparentemente porque, como explica Snyders (1984, p. 18), para as pedagogias não diretivas, o adulto deve renunciar a prescrever o conteúdo do ensino e limitar-se apenas a criar um ambiente favorável para que a criança possa manifestar e expandir seus interesses. No Programa de Lipman, porém, ocorre algo diverso. Na prática, boa parte dos temas escolhidos para a discussão, já vêm sugeridos no corpo do romance que está sendo lido pelo grupo, de modo que as crianças acabam sendo induzidas em sua escolha. A rigor, portanto, quem escolhe os conteúdos não são os alunos e nem mesmo o professor, mas o material didático ou, em última instância, o especialista que o elaborou. Há, portanto, no Programa, um discurso não diretivista e uma prática diretiva. Isso parece revelar a influência do tecnicismo pedagógico na elaboração do Programa. A respeito dessa característica da pedagogia tecnicista, ver: SAVIANI, 1985, p. 17.

O professor deve ser *autorretraído filosoficamente* (sempre atento ao risco de fazer doutrinação inconscientemente) e, contudo, *pedagogicamente forte* (sempre promovendo o debate entre as crianças e as encorajando a seguir a investigação na direção que ele aponta).[5]

O professor é, assim, colocado "em pé de igualdade com a classe" estabelecendo-se entre ambos uma relação horizontal (MARER, 1985, s/p).[6] Isso, porém, só é possível porque, no Programa, como explica o professor Silvio Woscovics, do Centro Catarinense de Filosofia no Primeiro Grau, *"a ênfase está na discussão"*. Por isso, os professores *"não precisam se apresentar como possuidores de uma quantidade infinita de informações"*. O mais fundamental é que eles saibam o que estão fazendo e dominem "os procedimentos de ensino" que utilizam (VOGEL, 1994, p. 15. Grifos meus). Essa, aliás, é a razão pela qual não há restrições quanto a professores não formados em Filosofia trabalharem com o Programa, como veremos mais adiante.

Isso, porém, não significa que Lipman não considere importante o professor conhecer a matéria que irá lecionar. Se, por um lado, o fato de possuir esse conhecimento não é garantia suficiente de que ele será competente para ensiná-la, por outro, a competência quanto aos métodos de ensino não torna prescindível aquele conhecimento. Para Lipman, portanto, ambas as alternativas são "desesperadamente unilaterais" (LIPMAN, 1990, p. 44), razão pela qual o professor deve procurar "um equilíbrio entre os métodos e o conteúdo educacional" (LIPMAN, 1990, p. 175). Além disso, Lipman também reconhece que a falta de familiaridade com a Filosofia acarreta certas dificuldades para os professores, pois "sentem-se perturbados", "colocam-se na defensiva", tornam-se "muito agressivos", ficam ansiosos por não conseguirem distinguir "uma discussão filosófica de uma que não é filosófica" etc. (LIPMAN, 1990, p. 179-80). Mas a saída apontada por ele está não em oferecer embasamento filosófico para esses professores, visto que não é a este fim que se prestam os treinamentos, mas nos manuais de instrução, destinados a orientá-los na execução de seu trabalho.

Na prática, portanto, não é o equilíbrio entre conteúdos e procedimentos metodológicos que está sendo viabilizado e, sim, a primazia destes últimos sobre os primeiros.

---

[5] LIPMAN, 1990, p. 207 (grifos meus). Este aspecto também parece revelar a influência da pedagogia tecnicista que, conferindo certa autonomia aos materiais didáticos, procura minimizar a interferência do professor a fim de garantir a eficiência do processo pedagógico.

[6] Para uma crítica dessa concepção do papel do professor, ver: SAVIANI, 1985, p. 74, 81-2; SNYDERS, 1984, p. 35-6.

A questão da doutrinação

A questão da doutrinação, dada a importância de que se reveste pela recorrência com que costuma ser associada ao ensino de filosofia, merece ser considerada à parte.

A recomendação de que o professor seja "autorretraído filosoficamente", para evitar o risco da doutrinação, não significa que, para Lipman, a educação possa ou deva ser uma prática neutra quanto à transmissão de valores:

> Propositadamente ou não, quem quer que ensine, ensina valores. Assim, a educação para os valores já está sendo feita, e está sendo feita universalmente, de modo que o problema não está em fazê-la, mas em fazê-la melhor.[7]

Não se trata, portanto, de negar a transmissão de valores, já que "não há como" evitá-la e "nem é desejável tentá-lo", mas sim de encontrar "métodos" pedagógicos que propiciem a sua "melhoria" (1990, p. 72). O problema todo está, portanto, no método de ensino.

Na realidade, a transmissão de valores, para Lipman, só se torna doutrinação quando o professor assume procedimentos metodológicos mais diretivos, como, por exemplo, as aulas expositivas; procedimentos que:

> não surtem o efeito desejável e podem até atingir o efeito oposto ao que se pretende. As crianças que mais precisam da educação de valores são, geralmente, menos receptivas, principalmente quando percebem que isto é apresentado de modo *proselitista* ou *doutrinador*. Os esforços para arrancar-lhes suas crenças de valores conseguem apenas torná-las mais céticas e negativas. (LIPMAN, 1990, p. 86-7. Grifos meus)

Assim, para que a transmissão de valores, inevitável em si, necessária e até desejável, não se transforme em doutrinação, basta que o professor adote métodos menos diretivos, nos quais os valores transmitidos não apareçam às crianças como imposição de uma autoridade externa e sim como descoberta e conquista delas próprias. Dentre esses métodos, o mais indicado é o da Comunidade de Investigação, pois nela o professor é apenas coordenador e facilitador das discussões e os alunos podem chegar por si mesmos às respostas para suas indagações, respostas que,

---

[7] Cf.: LIPMAN, 1990, p. 69, 72.

desse modo, "não lhes parecem como tendo sido impostas por uma autoridade estranha".[8]

O que ocorre é que, nas discussões da Comunidade de Investigação, as crianças *internalizam* espontaneamente os valores e as atitudes vivenciadas pelo grupo e, naturalmente, passam a considerá-los como seus.[9]

Diante disso, cabe perguntar: a opção por uma metodologia menos diretiva, no caso, a Comunidade de Investigação, constitui garantia suficiente de que não haverá doutrinação? Ou, formulando a pergunta em outros termos: é apenas quando se coloca na posição de expositor e, portanto, numa conduta explicitamente diretiva, que o professor pode se tornar doutrinador? Ou ainda: a doutrinação acontece apenas através da expressão oral do professor?

A esse respeito, Georges Snyders (1984, p. 29) oferece-nos uma interessante contribuição. Para ele, o sonho de muitos professores de "criar simplesmente condições favoráveis ao desenvolvimento dos alunos", sem, contudo, interferir nesse desenvolvimento, isto é, sem doutriná-los, "é uma ilusão", já que, "há que reconhecê-lo, os nossos silêncios falam quase tanto como as nossas palavras."

Com efeito, a voz do professor não é única e nem a que mais fortemente ecoa aos ouvidos da criança. Quando chega à escola, ela traz consigo valores, opiniões, crenças, preferências, visões de mundo, que lhe foram passados pela família, pelos meios de comunicação de massa, enfim, pelo ambiente social em que vive e que constituem elementos da ideologia dominante na sociedade. A escola, por sua vez, também veicula essa ideologia através, por exemplo, dos livros e materiais didático-pedagógicos, das diferentes metodologias de ensino, de suas normas e regulamentos internos, etc. O próprio material didático do Programa de Lipman não está imune à "contaminação" por uma determinada ideologia, por uma determinada visão de mundo e nem a metodologia empregada na sua utilização garante evitar que as crianças assimilem, sem questionamento e sem crítica, a ideologia dominante que perambula pela sua mente, e também pela do professor, e que vem à tona no momento em que elas expressam suas opiniões nas discussões da Comunidade de Investigação.

Tomemos um exemplo para ilustrar esse fato. Numa escola da zona leste de São Paulo, onde o Programa era desenvolvido, a professora

---

[8] Cf.: LIPMAN, 1990, p. 87. Trata-se, portanto, de uma questão de encontrar estratégias mais eficientes de transmissão de valores.

[9] Cf.: LIPMAN, 1990, p. 88, 221.

introduziu o tema: "O que é o medo?". As respostas que apareceram falavam em ameaças, assassinatos e a discussão acabou caindo no tema da morte, dos mortos e das almas.

> Priscila Galatti diz ter medo de almas. A professora pergunta se alma tem corpo. A classe responde em uníssono que não. (CARVALHO, 1994a, p. 6-4)

A professora conclui, então, indagando: "Se não tem corpo, o que pode fazer com você?..."

O que está pressuposto, tanto na resposta da classe quanto na conclusão da professora, é que corpo e alma são duas realidades substancialmente distintas e que podem existir separadamente; que essa separação ocorre com a morte; que, após a morte, a alma continua existindo, embora nada possa fazer para afetar o corpo. Em suma, está pressuposta uma concepção dicotômica de corpo e alma, típica de uma certa tradição filosófica que acabou conquistando hegemonia na cultura ocidental e que não chega sequer a ser explicitada e muito menos problematizada na discussão. Isso demonstra que, a despeito da boa intenção da professora em promover a discussão sobre o assunto, a forma como o processo é conduzido pode, muitas vezes, acabar reproduzindo e reforçando, sem qualquer questionamento crítico, valores e noções preconcebidos.

É preciso reconhecer, portanto, que, independentemente da vontade ou da consciência do professor, já existe uma doutrinação pesando sobre a criança e também sobre ele, professor, e o seu silêncio em relação a isso contribui apenas para dissimulá-la, legitimá-la e reforçá-la. Desse modo, a pretexto de não doutrinar, o professor acaba consentindo a continuidade da doutrinação em curso.

> Na verdade, nós "endoutrinamos" os alunos tanto pelo nosso silêncio, como pela nossa palavra. Porque [...] quando um professor não "endoutrina" um aluno, ele deixa todo o lugar à ideologia dominante, à ideologia dos *media*, dos jornais de grande tiragem. [...] Não há possibilidade de escapar ao "endoutrinamento". (SNYDERS, 1984, p. 30)

Não se trata, obviamente, de uma apologia da doutrinação, mas apenas de constatar que, inevitavelmente, ela ocorre, e que não há saída para o professor, a não ser assumir os riscos, inerentes à especificidade de sua função, de uma tomada de posição:

> Para mim, o drama de ser professor – e há algo de dramático em se ser professor –, é *efectivamente* eu arriscar-me a conduzir os alunos

numa má *direcção*. Ou, pelo menos, a não conseguir fazer dele o tipo de homem que desejaria que fosse. É o risco que define a função docente: será que fiz tudo para fazer dos meus alunos os homens que eu desejaria que eles fossem? (SNYDERS, 1984, p. 29)

Convém esclarecer, no entanto, que essa tomada de posição pelo professor não se confunde com manipulação ou propaganda ideológica. A escola não é o lugar do discurso panfletário, nem do proselitismo de qualquer espécie. Além do mais, seria de extrema covardia o professor valer-se do seu prestígio e da condição de desvantagem dos alunos, sobretudo dos mais novos, em relação a ele, para impor seus próprios pontos de vista. Mas, certamente, ele pode proporcionar aos alunos o acesso aos conhecimentos, aos conteúdos necessários para que se tornem capazes de, utilizando argumentos científicos, fazer escolhas conscientes e críticas e definir "zonas de consenso" em relação a valores. A escola seria, assim, diz Snyders,

> não o lugar do partido comunista, ou socialista, ou radical, nem também um lugar onde não se diria nada sobre nada, mas um lugar de congregação; por exemplo, [...] seria o lugar de congregação de todos os que quisessem lutar contra o racismo e a xenofobia. [...] É preciso dar argumentos científicos – não creio haver nenhuma ciência que demonstre que os Portugueses são mais "estúpidos" que os outros – [...]. Ora, se há um "endoutrinamento" – e com isso ou vou desagradar às pessoas que são racistas ou xenófobos e que pensam que os estrangeiros o melhor era ficarem na sua terra –, vou descontentar pessoas; mas não vou fazer uma propaganda comunista ou socialista, ou cristã, mas vou tentar reunir cristãos, comunistas, socialistas e sem partido, que têm vontade de se abrir aos outros e às suas diferenças. (SNYDERS, 1984, p. 31-2)

Esse trabalho de fornecer argumentos científicos, proporcionados pelo domínio dos conteúdos das diversas áreas do saber representadas no currículo escolar, é de responsabilidade do professor que, por sua vez, não pode realizá-lo sem uma prévia tomada de posição.

Assim, ao recomendar que o professor se abstenha de posicionar-se nas discussões da Comunidade de Investigação e se concentre na aplicação de sua metodologia, Lipman, na verdade, não afasta o perigo da doutrinação; o máximo que tal recomendação pode conseguir é inibir a intervenção direta do professor (o que, admitindo-se a posição de Snyders, significa descaracterizar a especificidade da função docente) deixando livre o caminho para a doutrinação exercida pelo material didático e pela metodologia do Programa e, em última instância, para a ação da ideologia dominante. Como não existe preocupação com a transmissão de conteúdos, o que seria importante para propiciar os tais argumentos científicos de que fala Snyders, os alunos tendem a empregar os argumentos de que já dispõem, isto é, argumentos que compõem o senso comum e que, em grande parte, correspondem à ideologia dominante por eles já assimilada.

Desse modo, o que ocorre, na realidade, não é a eliminação da doutrinação, mas sua dissimulação: a criança tem a ilusão de realizar descobertas e opções próprias, quando o que faz não é senão "internalizar" os valores daquela ideologia. A doutrinação torna-se, assim, ainda mais eficiente, pois, uma vez internalizada a ideologia dominante, apaga-se sua exterioridade, dificultando, se não impossibilitando, sua crítica, seu desmascaramento e seu combate efetivo, visto que tal combate tenderia a se reduzir a um conflito meramente psicológico, interior, enquanto a ideologia propriamente dita ficaria preservada.[10]

A capacitação dos professores no PFC

Primeiramente convém esclarecer que Lipman considera inadequados os métodos convencionais de formação de professores por empregarem metodologias de ensino muito diferentes das que se espera que eles adotem futuramente com seus alunos. Aliás, para ele, este é o "calcanhar de Aquiles" da Filosofia para Crianças, a sua principal dificuldade (LIPMAN, 1990, p. 173). Para ilustrar o problema, toma como exemplo o que ocorre com a linguagem. Segundo ele, de um modo geral os cursos de formação de professores ou falam numa linguagem muito difícil, distante da realidade dos estudantes ou na linguagem desses últimos, mas nunca na linguagem que eles, professores, deverão usar com seus futuros alunos. O resultado é que, quando formados, esses professores irão cometer o mesmo erro, obrigando seus alunos a "fazer a tradução de uma sábia linguagem desconhecida para sua própria linguagem", o que, para Lipman, constitui um verdadeiro "exercício de inutilidade" (1990, p. 174). Para evitá-lo, a saída é fazer com que os professores sejam formados "exatamente pelos mesmos procedimentos que eles usarão em sala de aula" (LIPMAN, 1990, p. 45). Esse é, na visão de Lipman, o princípio

---

[10] O que foi dito acima assemelha-se ao que Marilena Chauí afirma a respeito dos efeitos ideológicos da autoavaliação como recurso didático (cf.: CHAUÍ, 1980, p. 31).

fundamental que deve reger a formação não apenas dos que vão aplicar o Programa, mas dos professores em geral (LIPMAN, 1990, p. 175). Assim, se as discussões são "desejáveis", ao passo que as aulas expositivas são "detestáveis", deve-se empregar com os futuros professores "o máximo de discussão e o mínimo de exposição". Se o objetivo é que saibam como estimular as crianças a "pensar por si próprias", então eles também devem ser estimulados a "pensarem por si próprios" (Cf.: LIPMAN, 1990, p. 45). Na realidade, porém, como já foi explicitado, o pensar do professor não é, de fato, estimulado, o que evidencia uma incoerência em relação ao princípio acima enunciado.

Passemos, então, ao exame de como se dá essa capacitação.

Há dois tipos de cursos preparatórios (se bem que o termo mais adequado seja "treinamentos") no Programa de Lipman: um destinado à formação de monitores e outro dirigido aos professores que atuarão diretamente em sala de aula com as crianças.

Os monitores são aqueles que, possuindo um "sólido conhecimento filosófico"[11], deverão atuar no treinamento dos outros professores, em geral não formados em Filosofia. O processo de sua formação, denominado *"estágio da preparação de monitores"*, tem início com uma oficina de dez dias, durante a qual os candidatos se familiarizam com o currículo e com os materiais didáticos, exercitam-se individualmente na condução de sessões e discutem assuntos considerados relevantes, tais como:

> educação moral, a relação da Filosofia para Crianças com a filosofia tradicional, o ensino de raciocínio e os procedimentos para trabalhar efetivamente nas escolas, incluindo o uso de testes de raciocínio e as relações a serem estabelecidas com os coordenadores escolares. (LIPMAN, 1990, p. 177)

Em seguida, o futuro monitor torna-se uma espécie de "filósofo em residência", atuando em sala de aula por um período de quatro a seis semanas, a fim de adquirir experiência no trabalho com crianças. Recomenda-se, porém, que, sempre que possível, trabalhe "junto com

---

[11] Cf.: LIPMAN, 1990, p. 176. Podem ser: "...professores de filosofia de faculdade, portadores de títulos em filosofia e aqueles com conhecimento comparável (fora dos Estados Unidos, por exemplo, professores em *lycées* ou *gymnasia* têm, frequentemente, um conhecimento tão rico do trabalho em filosofia quanto os doutores em filosofia neste país)" (*idem, ibidem*). Apesar dessa exigência de habilitação específica para os monitores, parece haver situações excepcionais em que exceções são admitidas: "Algumas oficinas mais intensivas, que seguem por cinco dias consecutivos ou mais, são tão trabalhosas que são necessários dois monitores. Não é incomum que um deles não seja um filósofo" (*Idem*, p. 177).

um monitor mais experiente antes de se lançar numa carreira independente" (Cf.: LIPMAN, 1990, p. 177; 208).

Quanto ao treinamento dos professores que irão trabalhar em sala de aula, é fato que ele se desenvolve em três etapas.

A primeira, denominada *"estágio da exploração do currículo"* tem duração que pode variar de três a quatorze dias, dependendo da especificidade e da quantidade de novelas filosóficas que serão abordadas. Constitui-se de seminários, cursos intensivos ou oficinas, em que os professores vivenciam o Programa "quase que do mesmo modo que seus futuros alunos o farão" (LIPMAN, 1990, p. 177-8).

Após a leitura compartilhada de um episódio do romance que estiver sendo trabalhado, o monitor solicita que a classe (no caso, professores) proponha os tópicos para debate. As sugestões são registradas na lousa e, em seguida, o monitor coordena o processo de seleção das questões que deverão ser objeto da discussão do grupo, o que pode ser feito de inúmeras maneiras, procurando sempre motivar o interesse dos participantes:

> A tarefa do coordenador é manter vivo o interesse causado pela leitura e ajudar a transportá-lo para a discussão, animando-a quando parecer enfraquecida, e esforçando-se sempre para gerar diálogo entre aluno-aluno em vez de aluno-professor. (LIPMAN, 1990, p. 179)

Selecionadas as questões, o monitor, ocupando a posição que, mais tarde, será do professor que está sendo treinado, prepara a discussão com base nas orientações contidas no manual do professor que acompanha cada novela.

Concluído esse estágio, o professor está habilitado a iniciar o trabalho com as crianças. No entanto, pela sua inexperiência, é comum que se sinta inseguro e encontre dificuldades para transplantar para a sala de aula os procedimentos que vivenciou durante o treinamento, necessitando, portanto, de um acompanhamento pelo monitor. Tem início, então, a segunda etapa de sua formação, denominada *"estágio modelador"*, em que o monitor entra na sala de aula junto com o professor recém preparado para *mostrar-lhe* concretamente como o Programa deve ser desenvolvido com as crianças.[12] Essas sessões modeladoras acontecem esporadicamente, durante aproximadamente seis semanas, a contar do momento em que o professor começou a aplicar o Programa em sala de aula.

---

[12] Marcos Lorieri chegou a desempenhar esta função, como ele mesmo relata: "a cada mês, um membro do Centro assistia a uma aula do professor treinado e, de vez em quando, eu mesmo dava uma aula para a classe desse professor e ele assistia" (cf.: "Método filosófico faz alunos mais críticos". *Nova Escola*, ano IV, n° 36, dezembro de 1989, p. 39).

Elas produzem esse mínimo de habilidade, de atenção pessoal que
separa este modo de educação de professores dos cursos tradicionais
que meramente exigem que o professor fale (e não que mostre) como
os alunos devem ser ensinados. (LIPMAN, 1990, p. 180)

Após esse período, tem início a última etapa da capacitação dos professores, denominada "*estágio de observação*", que consiste, basicamente, na observação e avaliação pelo monitor do trabalho desenvolvido pelos professores com as crianças. Nessa avaliação, que pode ser oral, escrita ou de ambas as formas, o monitor faz ao professor perguntas do tipo: "O que você me viu fazer que você não fez?"; pode, também, revisar problemas e dificuldades observados no trabalho dos professores, "como a falha em perseguir um questionamento", ou a dificuldade em "envolver todos os membros da classe" nas discussões. Para "aferir o desempenho do professor" os monitores usam "listas de critérios", os quais devem ser por ele conhecidos para que possa fazer, também, uma "autoavaliação mais crítica" (LIPMAN, 1990, p. 180).

Esse é, em linhas gerais, o processo de capacitação dos professores de Filosofia para Crianças. Como se pode observar, há todo um cuidado em acompanhar de perto o seu desempenho a fim de garantir a eficácia do Programa.

No Brasil, os treinamentos seguem basicamente as mesmas diretrizes. Segundo Falcone (VOGEL, 1994, p. 12), o Centro Brasileiro de Filosofia para Crianças oferece periodicamente os dois tipos de cursos: o que se destina aos professores não formados em filosofia que deverão trabalhar diretamente com as crianças tem duração de quarenta horas e é composto de "uma parte teórica e outra prática". Ao término desse curso o professor conta com "o acompanhamento de um monitor em sua classe durante um certo tempo", podendo, também, "solicitar sua presença quando julgar necessário". O curso, voltado para a formação de monitores e "dirigido a professores graduados em Filosofia", realiza-se em três etapas: após receberem um treinamento de 40 horas, os professores "aplicam o programa durante um ano em uma sala de aula, com a supervisão de professores do Centro". Concluído esse período, passam ainda por mais quarenta horas de "aprofundamento de estudos", antes de se tornarem monitores.

> "Além disso", complementa Falcone, "o Centro promove, periodicamente, seminários de atualização para os monitores e facilita viagens de intercâmbio com os Centros de Filosofia de outros países. (VOGEL, 1994, p. 12)

Como já foi mencionado, não é exigida formação filosófica aos professores que desejam trabalhar com o Programa, visto que, nas palavras de Falcone, ele não é mais "o professor que ensina um conteúdo", mas alguém disposto a "trabalhar junto às crianças e ajudá-las a filosofar" (CARVALHO, 1994a, p. 6-4). Nem mesmo o conhecimento da terminologia própria da filosofia é necessário, como salienta Catherine Silva:

> Não é correto introduzir a criança à terminologia científica. Para que a criança possa desenvolver suas habilidades de raciocínio através da discussão de tópicos filosóficos, é necessário que tais ideias lhes sejam apresentadas em contextos condizentes com sua capacidade de leitura e em que esteja suprimida a alienação terminológica. (MONTEIRO, 1986, p. 4)

O que o trabalho com a Filosofia para Crianças requer do professor, na verdade, não é o domínio de conteúdos específicos de filosofia, mas sim capacidade de utilizar corretamente a metodologia e o material didático (daí o termo mais adequado para designar o processo de sua capacitação ser, de fato, "treinamento"), além de um certo conjunto de habilidades necessárias para que os objetivos pretendidos sejam alcançados. Habilidades como as relacionadas por Silva (MONTEIRO, 1986, p. 4): "capacidade de ouvir atentamente o que as crianças dizem"; saber identificar "os padrões lógicos de sua narrativa e a dimensão filosófica de seus interesses"; saber "orientar as discussões" e encorajar a criança "a pensar por si mesma"; ser capaz de abster-se de explicitar seus próprios posicionamentos filosóficos e ideológicos, evitando, assim, o risco da doutrinação; amar a disciplina que ministra; enfim, ter respeito pelas crianças e entusiasmo pela proposta.[13]

Essa não exigência de formação filosófica para os professores é coerente com a concepção pedagógica que está na base da proposta de Lipman e segundo a qual o objetivo da educação deve ser ensinar a pensar e não transmitir conhecimentos. Desse modo, a ênfase é posta nos procedimentos metodológicos (o diálogo praticado na Comunidade de Investigação), responsáveis pelo desenvolvimento das habilidades cognitivas, e não nos conteúdos do ensino. Daí não haver necessidade de que o professor os domine. E mesmo que possua tal domínio, esses saberes devem servir apenas como uma espécie de "reserva" e não como

---

[13] Ocorre que, na prática, nem sempre todas essas características são facilmente encontradas nos professores que se interessam pela proposta. Como informa Kumpera (1986, p. 168): "Sem dúvida, a aplicação do Programa complica a vida e o trabalho das professoras. Uma vez por semana, pelo menos, elas têm reunião com os orientadores do Centro Brasileiro de Filosofia para Crianças, o responsável pela adaptação do Programa para as escolas brasileiras. Nessas reuniões, elas também são chamadas a levantar questões sobre o texto lido – e é uma decepção! As crianças ganham longe das professoras em capacidade de perguntar e imaginar coisas".

"conteúdos a serem distribuídos aos alunos" (LIPMAN, 1995, p. 307), já que isso seria incompatível com os princípios pedagógicos do Programa.

Essa é a razão (novamente, a razão declarada) pela qual os cursos de capacitação oferecidos não se destinam a suprir essa carência de fundamentação filosófica dos professores. Embora se afirme que neles há sempre algum espaço reservado para discussões teóricas, na prática esse espaço é absolutamente insignificante, visto que a prioridade é capacitar o professor para o manuseio do material didático e a aplicação da metodologia.[14] E mesmo o minúsculo espaço destinado à parte teórica é frequentemente comprometido pelas atividades práticas que, por vezes, consomem mais tempo do que o previsto originalmente no cronograma do curso. Além disso, contribuem também para o empobrecimento das "discussões teóricas": a grande variedade de temas indicados, o que impede qualquer possibilidade de aprofundamento[15]; o fato de serem temas previamente selecionados, geralmente pelo critério da sua pertinência aos objetivos específicos de cada treinamento, de cada romance, o que restringe a discussão aos limites estabelecidos pelos organizadores do cursos; o fato de as discussões se basearem quase que exclusivamente nos textos do próprio Lipman e de seus colaboradores, o que sugere que o verdadeiro objetivo é esclarecer aos participantes, e ainda superficialmente, as bases teóricas da proposta a fim de convencê-los de sua validade. Em outros termos, a tal "formação teórica" oferecida nos treinamentos tende a não passar de uma assimilação precária, ao nível do senso comum, dos pressupostos teóricos do Programa.

Assim, desde que a formação filosófica não é considerada imprescindível, qualquer pessoa pode aplicar o Programa e, como esclarece Falcone, "o Centro está disposto a atender professores de todo o país".[16]

À primeira vista, essa abertura para que qualquer professor, independentemente de sua formação acadêmica, trabalhe com a Filosofia

---

[14] Em um curso realizado em julho de 1994 destinado a capacitar professores a aplicar as novelas *Pimpa* e *Issao e Guga*, o tempo previsto para as discussões teóricas não chegava a ¼ das suas 40 horas de duração (cf.: SILVEIRA, 1998, p. 127-8; 402 – Anexo I).

[15] No mesmo curso mencionado acima, os temas "teóricos" previstos foram: 1) Habilidades cognitivas e diálogo filosófico; 2) Filosofia: conteúdo e recurso para o pensar; 3) Metodologia, pergunta e critério; 4) Metafísica: identidade e linguagem; 5) Epistemologia; 6) Ética e Ecologia (*Luiza*); 7) Lógica / Analogia (*Ari*); 8) Ética e Liberdade; 9) Estética (Cf.: SILVEIRA, 1998, Anexo I, p. 402).

[16] Cf.: "Método filosófico faz alunos mais críticos". *Nova Escola*, ano IV, n. 36, dezembro de 1989, p. 39. Segundo AGUIAR (1985:s/p): "todo professor que goste do estudo de ideias e respeite as crianças pode ser treinado no período de um ano [...]. O treinamento envolve a sensibilidade do professor, não é algo mecânico. E o professor deve aprender a fazer os questionamentos junto com os alunos..."

para Crianças, pode parecer uma atitude de valorização do profissional da educação, um voto de confiança em seu potencial intelectual e profissional e um reconhecimento de sua capacidade e de sua competência.

Na prática, porém, trata-se justamente do contrário: o professor não é considerado suficientemente qualificado para conceber, planejar e organizar o trabalho que irá realizar, tampouco para elaborar o material didático que deverá utilizar com seus alunos; por ter sido vítima de uma formação teórica e didática inadequada, precisa ser treinado e constantemente vigiado e controlado a fim de se garantir a eficácia do seu trabalho pedagógico; nas discussões sobre temas filosóficos, deve sempre se abster de explicitar suas próprias convicções, a fim de evitar a tentação da doutrinação ideológica e também algum possível embaraço caso se sinta inseguro diante de tais temas. Caso isso ocorra, o melhor a fazer é recorrer ao manual de instruções que funciona como tábua de salvação a impedir que o seu despreparo o faça naufragar e, com ele, os objetivos almejados. A própria existência desse manual revela uma desconfiança quanto à capacidade do professor de navegar por conta própria nas águas da filosofia.

A rigor, portanto, a única confiança que o professor parece merecer é quanto à sua capacidade de *executar* as tarefas que lhe são atribuídas, desde, é claro, que seja devidamente treinado e monitorado por algum especialista mais competente do que ele. Para além dessa função de "trabalhador braçal", o professor é tratado como um profissional sob suspeita.

Mas, num certo sentido, essa desconfiança em relação ao professor até que se justifica. Afinal, se lhe for permitido conhecer mais profundamente os pressupostos teóricos da proposta, de modo que possa ultrapassar a sua condição de mero executor de tarefas cujo significado mais amplo lhe escapa à compreensão, o professor, supondo que sua formação teórica o permita, poderá começar a problematizar tais pressupostos e, eventualmente, desenvolver suspeitas em relação ao Programa. Daí a necessidade de oferecer-lhe uma formação aligeirada, a fim de mantê-lo na condição de trabalhador alienado, impedindo-o de compreender o Programa em sua totalidade e, por conseguinte, de desenvolver uma atitude crítica em relação a ele.[17]

---

[17] O que se passa, aqui, com o professor de Filosofia para Crianças, é algo semelhante ao que Ildeu Coelho (1989, p. 33-4) afirma ocorrer no plano social com o operário submetido às condições capitalistas de produção: "Uma certa desconfiança em relação ao operário será sempre prudente, pois, se ele consegue controlar o processo de trabalho, poderá utilizar esse controle contra os interesses do capital."

Ora, isso dá novo significado à não exigência de formação específica em filosofia para o professor que deseja trabalhar com a Filosofia para Crianças. Na realidade, não se trata, como se poderia imaginar, de uma concessão provisória em face da suposta falta de profissionais devidamente habilitados; nem de um compromisso efetivo com a democratização do acesso ao trabalho filosófico que, assim, afastados os "preconceitos", deixaria de ser exclusivo aos iniciados; trata-se, isto sim, de uma medida de conveniência, dado que o professor formado em filosofia teria, ao menos em tese, melhores condições de duvidar, problematizar e refutar os fundamentos do Programa. Em outros termos, a aceitação, ou melhor, a opção por professores não habilitados em Filosofia não é acidental, mas providencial: constitui-se numa estratégia de operacionalização da proposta, cujo objetivo é preservá-la de críticas, legitimá-la perante os professores e as instituições de ensino e, desse modo, facilitar sua propagação.

Eis porque o Programa necessita de professores que atuem como trabalhadores alienados, expropriados de seu pensar autêntico e autônomo. Ora, é no mínimo estranho que uma proposta pedagógica que se autointitula de "educação para o pensar" manifeste tanta preocupação com o pensar dos alunos (com um certo tipo de pensar, diga-se de passagem), ao mesmo tempo em que promove a alienação dos professores. Estranho e contraditório, se se considera que, para Lipman, o princípio fundamental que deve reger os cursos de formação de professores é o do emprego dos mesmos métodos e procedimentos didáticos que se espera que eles adotem mais tarde com seus alunos. Desse modo, a sua proposta de formação é posta em cheque pelos mesmos argumentos com que ele procura justificá-la. Tal contradição nos permite concluir que, de fato, a formação de professores, não qualquer formação, mas aquela mesma que é realizada pelo Programa é, de fato, o "calcanhar de Aquiles" da Filosofia para Crianças.

Referências

AGUIAR, S. "De educação para aprendizagem a educação para raciocínio". *A Gazeta*. Vitória (ES), 16 de outubro de 1985, s/p. Caderno Dois.

CARVALHO, B. "Aula discute o significado do medo e da razão". *Folha de São Paulo*, 1º de maio de 1994a, p. 6-4. Caderno Mais.

CARVALHO, B. "Educador dará palestras no Brasil em julho". *Folha de São Paulo*, 1º de maio de 1994b, p. 6-5. Caderno Mais.

CARVALHO, B. "Jogos cotidianos e lições metafísicas. Mathew Lipman fala sobre seu método de ensino". *Folha de São Paulo*, 1º de maio de 1994c, p. 6-5. Caderno Mais. (Entrevista com M. Lipman).

CARVALHO, B. "Lipman desenvolve método para crianças de rua". *Folha de São Paulo*, 1º de maio de 1994d, p. 6-5. Caderno Mais. [Entrevista com M. LIPMAN].

CARVALHO, B. "O beabá do pensamento. Cresce a aplicação do método Filosofia para Crianças". *Folha de São Paulo*, 1º de maio de 1994e, p. 6-4. Caderno Mais.

CENTRO Brasileiro de Filosofia para Crianças. *A descoberta de Ari dos Telles*. Manual complementar. São Paulo: CBFC, s/d.

CENTRO Brasileiro de Filosofia para Crianças. *Educação para o pensar através do Programa de Filosofia para Crianças*. S.n.t. Datilografado.

CHAUÍ, M. de S. "Ideologia e educação". In: *Educação e Sociedade*. São Paulo, v.2, nº 5, janeiro de 1980, p. 24-40.

COELHO, I. M. "A questão política do trabalho pedagógico". In: BRANDÃO, C. R. (Org.). *O educador: vida e morte*. Rio de Janeiro: Graal, 1989: 29-50.

COELHO, I. M. *Formação do educador: dever do Estado, tarefa da Universidade*. Águas de São Pedro. Congresso Estadual Paulista sobre Formação de Educadores (UNESP), 1996, s.n.t. Datilografado.

FELDENS, M. "O homem é mamífero. Mas não é leão". *Nova Escola*, ano III, nº 27, dezembro de 1988, p. 46-8.

GRAMSCI, A. *Concepção dialética da história*. Rio de Janeiro: Civilização Brasileira, 1986.

KUMPERA, I. dos S. "É de pequeno que se aprende a filosofar". *Revista Cláudia*, nº 167, janeiro de 1986, p. 167-8.

LIPMAN, M. *A descoberta de Ari dos Teles*. São Paulo: Difusão Nacional do Livro.

LIPMAN, M. "A filosofia e o desenvolvimento do raciocínio". In: LIPMAN, M. e SHARP, A. *A comunidade de investigação e o raciocínio crítico*. São Paulo: CBFC, 1995: 17-32. Coleção Pensar.

LIPMAN, M. *A filosofia vai à escola*. São Paulo: Summus Editorial, 1990

LIPMAN, M. *Issao e Guga*. São Paulo: Difusão Nacional do Livro.

LIPMAN, M. *O pensar na educação*. Petrópolis, Vozes, 1995.

LIPMAN, M. *Pimpa*. São Paulo: Difusão Nacional do Livro.

LIPMAN, M. *Pimpa*. Manual do Professor. S.n.t.

LIPMAN, M. "Raciocínio crítico: o que pode ser isso?" In: LIPMAN, M. e SHARP, A. *A comunidade de investigação e o raciocínio crítico*. São Paulo: CBFC, 1995, p. 33-46. Coleção Pensar.

LIPMAN, M. e SHARP, A. M. *Issao e Guga – Manual do Professor*. São Paulo: Difusão Nacional do Livro/CBFC. vols. I e II, 1988.

LIPMAN, M. e SHARP, A. M. *Pimpa – Manual do Professor*. São Paulo: Centro Brasileiro de Filosofia para Crianças. Editora Interação. 1992.

LIPMAN, M., SHARP, A. M., OSCANYAN, F. S. *Filosofia na sala de aula*. São Paulo: Nova Alexandria, 1994.

MARX, K e ENGELS, F. *A ideologia alemã (Feuerbach)*. São Paulo: HUCITEC, 1991.

MÉTODO filosófico faz alunos mais críticos. *Nova Escola*, ano IV, n° 36, dezembro de 1989, p. 38-39.

MONTEIRO, N. "Filosofar é preciso". *Folha de Londrina*. 21 de fevereiro de 1986, p. 4.

SAVIANI, Dermeval. "A filosofia na formação do educador". In: _____. *Educação: do senso comum à consciência filosófica*. São Paulo: Cortez/Autores Associados, 1987a, p. 17-30.

SAVIANI, Dermeval. *Escola e democracia*. São Paulo: Cortez/Autores Associados, 1985.

SILVEIRA, R. J. T. *A filosofia vai à escola?* Contribuição para a crítica do Programa de Filosofia para Crianças de Matthew Lipman. Campinas, Autores Associados, 2001.

SILVEIRA, R. J. T. *A filosofia vai à escola?* Estudo do Programa de Filosofia para Crianças de Matthew Lipman. Campinas: UNICAMP, 1998. Tese de Doutorado.

VOGEL, D. "Soprando idéias". *Nova Escola*. Ano IX, n° 74, abril de 1994, p. 10-15.

Da tensão do pensar: sentidos da filosofia com crianças

Vera Waksman

> L'infini attaque mais un nuage sauve.
> (René Char)

"O infinito ataca, mas uma nuvem salva", diz René Char. Começo esta exposição, este exercício filosófico, com essa frase, verso, poema de René Char. Recupero-o quase como confissão, como entrega de palavras que me acompanham desde tanto tempo. Elas adquirirão hoje, talvez, um novo sentido? "O infinito ataca mas uma nuvem salva": sete palavras que sugerem muito ou não dizem nada, palavras que perdem algo de sua música na tradução, e que ganham uma sonoridade nova no translado; em qualquer caso, levam consigo uma intensidade particular.

O infinito, o infinito*, o incomensurável abre-se, ameaça. O abismo espreita, já não se reconhece o familiar. Infinita perda de referências, de pontos de apoio, ausência de signos conhecidos. Infinito que não se pode abarcar, nem experimentar, nem conhecer. Falta total de sentidos. "Mas, diz o poeta, a nuvem irrompe a escala humana, dá a medida: o nada, o vazio infinito suspenso por uma nuvem salvadora. Luta, ataque, salvação, milagre do sentido recuperado, recobrado por um instante, pela massa gasosa e fugaz. Luta, que é tensão eterna entre o sentido e o sem-sentido, entre o saber e o não saber.

Fim do interlúdio poético, embora espero que algumas de estas imagens nos acompanhem ao longo desta exposição acerca da tensão do pensar e dos sentidos da filosofia com as crianças e jovens. O título fala da tensão do pensar, uma tensão que já surge nas palavras de René Char. Tentarei propor aqui o conceito de "tensão" como conceito-chave do pensar filosófico em geral, chave, portanto, na definição dos sentidos

---

* N. do T.: A repetição se deve a que em castelhano o primeiro 'o infinito' é masculino e o segundo é neutro, diferença imperceptível no português.

que possa adquirir a prática da filosofia com crianças e jovens no âmbito escolar. Entendo tensão como conceito-imagem que remete a forças opostas que impulsionam em sentidos contrários, mas ainda como força que precisa de sentidos contrários para existir. A imagem concreta é o instrumento de cordas, que soa só quando existe a tensão. Ao ceder uma das forças, a tensão desaparece e o som não se produz. Apenas há som quando há tensão, daí a necessidade da mesma manter-se como tal, sem se resolver em uma terceira instância, sem ceder em nenhum de seus extremos. Esse conceito-imagem atravessa tanto o âmbito da filosofia como o da educação, e portanto também a relação entre ambas, assim como a relação dessas com as crianças. Mas vamos, antes de mais nada, ao contexto que nos provoca e nos convida a pensar.

Dois pressupostos, então: primeiro, que existe uma tensão própria do pensar filosófico; e segundo, que o sentido da prática da filosofia na escola é múltiplo, e que depende fundamentalmente do contexto em que essa prática se insere.

Divido esta exposição em dois grandes momentos, dois precisamente, que não se superam em um terceiro momento. O conceito de tensão opera como conceito-chave em ambos os momentos ainda que em sentidos ligeiramente diferentes e complementares. O primeiro momento refere-se ao contexto no qual nos propomos a fazer filosofia na escola. O nome genérico desse contexto é Crise, crise que se reconhece como terreno de tensões em conflito e que está dominada, no que nos concerne, por uma particular crise do sentido. A pergunta sobre *o para que* determina a tensão permanente mas terrivelmente atual entre o sentido e o sem-sentido do que se faz. No segundo momento, postularemos três sentidos possíveis que a prática da filosofia com crianças na escola pode adquirir, para a qual exploraremos a tensão inerente ao pensar filosófico e as tensões próprias da ação educativa.

Contexto de crise, contexto em crise

Uma palavra aparece persistentemente ao se tentar descrever o contexto em que nos movemos. Crise: penso a partir de, para, por, em crise. Crise é origem, é destino, é finalidade, é causa, é lugar. A crise já é dita de tantas maneiras que parece ilusório querer abarcá-las todas: crise da modernidade, da educação, da instituição escolar, da formação docente, da formação como tal. Crise do estado, do político, do social, da economia, da identidade etc. O infinito ataca. Vivemos em um estado crítico. Se recortarmos aqueles aspectos que mais nos concernem aqui, isto é, educação, docentes, instituição escolar, veremos que a crise se traduz por uma perda do sentido, que se enuncia em uma pergunta corrosiva: para quê? Da pergunta indagadora do "por quê", que de alguma maneira remete àquilo pelo que se pergunta, o "para quê" desmancha a hipótese, retira-lhe a finalidade, deixa-a boquiaberta: o "para que" busca razões últimas que justifiquem a ação, razões que cada vez mais se torna difícil de fundar de maneira sólida e duradoura. Para que a ciência, dizia Tolstoi, se ela não responde às perguntas que inquietam verdadeiramente os homens? Para que a escola se ela não nos assegura o futuro, dizem os jovens? Para que trabalhar se não tenho dinheiro? Ou, para que trabalhar se não tenho tempo de desfrutar de nada? Para que viver, se corro o dia todo e não posso me ocupar das coisas com que me importo, ou seja, as que dão sentido à minha vida? A pergunta sobre o "para que" nos coloca diante da falta total de sentido, qualquer resposta convida a um novo "para que" e a busca, infinita, conduz a nada. As crises diversificadas complementam-se mutuamente nas perguntas. "O que você vê, quando me vê? Quando a mentira é a verdade" diz a letra de uma canção de *rock* que se tornou popular. Não se trata de retórica, não se trata de crise num sentido meramente teórico: viver numa realidade em crise significa que a própria existência está permeada pela falta geral de sentido. É nesse contexto em que trabalhamos com o pensamento.

E demandas à filosofia

Em que situação se encontra a filosofia nesse contexto? Curiosamente, a filosofia parece gozar de um renovado prestígio, em círculos extra-acadêmicos. Podemos mencionar alguns fenômenos que ocorrem nesse sentido, dentro e fora do âmbito educativo. Por um lado, assiste-se à publicação de livros que vão do que se convencionou chamar o *counseling* filosófico até publicações que me permitiria denominar de "autoajuda filosófica". A tendência empresarial de alguns enfoques ligados à filosofia reflete-se, por exemplo, na notícia publicada faz um tempo por um importante matutino da cidade de Buenos Aires: "Aumenta o interesse pela filosofia. Os egressos, na mira das empresas". Segundo se afirmava, a filosofia começa a ser "útil" aos projetos empresariais, porque os egressos da Faculdade de Filosofia têm um perfil mais flexível, mais aberto, mais moldável às trocas que os tradicionais empregados das empresas, licenciados em ciências econômicas ou advogados. Por outro lado, a "moda" da filosofia coloca-se ao alcance do público comum mediante textos que pretendem constituir-se como manuais da "vida boa". Dos usos da filosofia para a vida e de como a filosofia pode ajudar a ser mais feliz. "Mais Platão e menos Prozac", por exemplo, o livro de Lou Marinoff que faz da filosofia uma "terapia para sensatos", vendeu – somente em espanhol – mais de um milhão de exemplares em menos de dois anos. Está claro que, em ambas as tendências, a filosofia torna-se prática, no pior dos sentidos, não para a tarefa de problematizar, de pôr em questão a crítica dos pressupostos, mas para oferecer soluções aparentemente novidadeiras. Em qualquer caso e sem entrar no debate de se isso é ou não é filosofia, podemos facilmente admitir que um traço característico da filosofia desaparece nesses enfoques: a filosofia não molesta, o tavão de Sócrates já não pica, tornou-se animal doméstico. Esse auge da filosofia parece ter mais a ver com a busca de soluções: o filósofo é um *expert* em problemas e deve saber como resolvê-los em tempos de problemas.

No âmbito educativo, com alguns matizes, pode apresentar-se, com respeito à filosofia, uma situação análoga. Diante da crise generalizada que afeta a educação, duas demandas sociais concretas referem-se, de maneira mais ou menos direta, à filosofia. Em primeiro lugar, a generalização do problema ético, a percepção de que a crise em que vivemos tem a ver com uma crise de valores, e que é necessário educar eticamente o cidadão. Nessa versão e em alguns planos educativos mais que em outros, a filosofia converte-se em ética, reduz-se à ética. A chamada "formação ética e cidadã" pode se constituir, no melhor dos casos, em um espaço de discussão e de crítica, do qual não estão ausentes algumas problemáticas filosóficas, mas que em qualquer caso conseguiu conformar-se como um espaço autônomo, separado dos problemas propriamente filosóficos: a filosofia funda a necessidade desse espaço, mas logo a formação ética busca critérios e soluções mais definitivos que os que a prática filosófica como tal admitiria.

Em segundo lugar, a demanda que se faz à filosofia, como disciplina tradicional que pensa sobre o pensamento, é ensinar as crianças a pensar. Há um sentido comum que busca na filosofia receitas para aprender a pensar, há profissionais que dão por assentado que a filosofia pode ensinar a pensar por meio do desenvolvimento de certas habilidades cognitivas, pelo uso das ferramentas próprias da indagação filosófica. Assim, a filosofia instrumentaliza-se, torna-se um meio para um fim que a excede: mede-se a eficiência da prática da filosofia segundo os resultados positivos dos alunos em outras áreas do *curriculum*. A filosofia eventualmente ajudaria as crianças a serem melhores em matemática. Estou consciente de que essa apresentação do estado da questão pode parecer extrema e que eu deveria entrar nos detalhes de cada caso para assinalar seus matizes, sei que existem os matizes e que toda generalização é injusta. Contudo, creio que, mesmo excluindo casos particulares, podemos observar que nesse novo auge da filosofia perde-se algo da inquietude própria do problema filosófico. A filosofia que parecia não servir para nada, encarnando assim, durante longo tempo, a real soberba de quem não se rebaixa a estar a serviço porque é um fim em si mesma, parece demonstrar finalmente alguma utilidade. Alguém poderia ver nesse êxito algum tipo de fracasso...

Sentidos da filosofia na escola

Tendo como pano de fundo esse contexto geral e os usos da filosofia que nele encontramos, torna-se necessário recuperar o conceito de tensão e ver nele aquilo que é próprio do problema filosófico. De tal forma, o sentido geral da prática da filosofia com crianças deveria ter como propósito a experiência dessa tensão particular. Não se trata de gerar habilidades cognitivas ou hábitos democráticos, mas de promover um espaço de busca que possa desembocar, quando for o caso, na compreensão de um problema. Tomando como exemplo ao acaso o problema da verdade, da realidade ou da felicidade, não se tratará de "resolver" o problema adotando uma ou outra interpretação ou postura, mas de compreender que, para além das posturas, o problema filosófico persiste, enquanto haja alguém que o pense e para quem ele tenha sentido. Proponho, então, três sentidos a partir dos quais a prática da filosofia na escola possa ser pensada como um espaço aberto à tensão dos problemas, como um espaço que encontra seu sentido na experiência do problema filosófico: 1) a busca de sentido, 2) a resistência e a utopia e 3) o diálogo ou encontro com outros e consigo mesmo. Esses sentidos não devem ser entendidos como compartimentos estanques, mas como propósitos que se inter-relacionam e se influem mutuamente.

A busca de sentido

O pensar filosófico como um pensar em tensão significa que o aspecto filosófico do problema radica-se precisamente em sua persistente problematicidade. Com isso não quero dizer que as perguntas dos filósofos sejam sempre as mesmas e que, ao longo da história, somente suas respostas mudem. Tampouco quero dizer que as perguntas filosóficas não possam ser respondidas. E, portanto, tampouco digo que os problemas filosóficos sejam atemporais. Pelo contrário, todo problema filosófico ocorre dentro de um contexto de preocupações que fazem com que seja significativo, para alguém, pensar esse problema. Um caso claro, nesse trabalho com adolescentes, é a recorrência de certos temas referentes à necessidade de se dar um fundamento mais sólido ao relativismo que aquele que se costuma dar. É evidente que o relativismo (tanto valorativo como ontológico), no qual se situam os adolescentes claramente influenciados pelo sentido comum midiático, não é um problema eterno mas adquire aqui e agora características particulares. O pensar em tensão, a problematicidade do problema sugere que, para além de posturas relativistas, comunitaristas, universalistas, continua havendo um problema que requer ser pensado, e não simplesmente resolvido. Como fundamentar que algo é valioso? Isso continua sendo um problema para além da postura que se adote.

Agnes Heller funda o caráter filosófico de todo sistema precisamente "na tensão entre o que *é* e o que *deve ser*".[1] Se não é possível que o que é seja de outro modo, não há problema filosófico; se o que deve ser é equivalente ao que é, não há problema filosófico. O problema vive *em* e *dessa* tensão. No mesmo sentido, Adorno, aludindo à crise da grande filosofia, escreveu em 1963: "A filosofia, e esta seria depois de tudo a única forma de justificá-la, não deveria crer-se já na possessão do absoluto, inclusive deveria poupar-se de pensar nele para não traí-lo, em tudo que isso pese, não se separar minimamente do conceito enfático de verdade. Essa contradição é seu elemento".[2] A filosofia debate-se, então, em uma tensão paradoxal, não tem o absoluto nem há de pensar nele e, contudo, deve buscá-lo de alguma maneira. É a relação da filosofia com o desejo. Tal como diz Lyotard em sua conferência "Por que desejar?", o desejo é o movimento de algo que vai até o outro como o que falta a si mesmo. Lyotard entende esse *outro* como aquele que está presente em quem deseja sob a forma de ausência. Desejar implica a tensão entre ter e não ter o que se deseja: tê-lo (ainda que ausente) para desejá-lo, não tê-lo efetivamente para poder desejá-lo. É a contradição de Adorno, corda tensionada entre a impossibilidade do absoluto e o conceito enfático de verdade, entre o ser e o dever ser.

A filosofia não aspira tanto a conhecer como a compreender, isto é, a dar sentido. O sentido não está tanto ligado ao conhecimento quanto à interpretação, é essa que permite entender, compreender de

---

[1] HELLER, A., *A radical philosophy*, Oxford: Basil Blackwell, 1984, p. 5.

[2] ADORNO, T., *Eingriffe*, Frankfurt, 1963, citado in: HABERMAS, J. *Perfiles filosófico-políticos*, Madrid: Taurus, 2000, p. 15.

maneira significativa. Quem faz filosofia, poderíamos dizer, com Agnes Heller no texto anteriormente citado, "sempre pode compreender a filosofia somente através dos problemas e das experiências que derivam e se relacionam com seu próprio mundo".[3] O encontro da filosofia com as crianças opera nessas duas dimensões. Por um lado, a criança ou o adolescente que se insere nesse mundo que o precede, busca dar sentido àquilo que lhe aparece como problemático. A atitude filosófica se coloca espontaneamente junto a essa busca de sentido: as perguntas infantis partem da falta de sentido que se percebe, porque a criança não conta ainda com a porção de preconceitos, de lugares comuns que se adquirem com o tempo e que tornam o mundo mais familiar. A criança por falta de preconceitos, o filósofo por trazê-los à luz, em um e outro caso, o lugar comum fica questionado. "A juventude é o amor terreno da filosofia", continua dizendo a filósofa húngara.

Resistência e utopia

No caminho até a busca de sentidos, surgem duas novas tensões, tensões de repúdio e de projeção. A resistência, em primeiro lugar, evoca a ideia de tensão. No contexto colocado, a própria resistência é tensão: resistência ao que se apresenta de uma única maneira. Resistência a partir da filosofia, com a filosofia, significa ser capaz de afirmar que as coisas podem ser de outra maneira; significa, então, atualizar a tensão entre o ser e o dever ser.

Resistência e utopia são também figuras da tensão no educativo. Em "A crise da educação",[4] Hannah Arendt analisa o paradoxo que considera inerente ao processo educativo. "A essência da educação – diz Arendt – é a natalidade, o fato de que seres humanos *nasçam* no mundo". A natalidade é, para essa filósofa, uma categoria central do pensamento político, na medida em que a ação, a capacidade de iniciativa, está absolutamente enraizada na novidade permanente que implica a natalidade. "A ação, considerada desde o ponto de vista dos processos automáticos, que parecem determinar o curso do mundo, assemelha-se a um milagre"[5]. A noção de milagre, não como fato de fé, mas como a irrupção do novo, como o fato de que o homem é capaz de ação e que é factível esperar dele o inesperado, está em estreita relação com a natalidade: cada nascimento é um milagre, é uma novidade que irrompe no mundo. A educação tem a ver com a ne-

---

[3] *Ibidem*, p. 33.

[4] Cf. ARENT, H., *La crise de la culture*, Paris: Gallimard, 1989 [Trad. Port.: *Entre o passado e o futuro*, São Paulo: Perspectiva, 1968].

[5] ARENDT, H, *La condición humana*, Barcelona: Paidós, 1993, p. 266.

cessidade de receber os recém-chegados, os "novos", em um mundo humano já existente, e relaciona-se, então, com a conservação. Daí que o desafio da educação se encontre na tensão entre o conservar e o inovar, entre o resistir e o imaginar. Primeiro e fundamental paradoxo. A educação como terreno de tensões protege a criança de ser destruída pelo mundo já existente e, o mundo de ser devastado pela permanente inovação dos recém-chegados. Essa tensão é necessária para a reflexão sobre a educação, mas aqui tensão não quer dizer conservar um pouco e inovar outro pouco, pelo contrário, significa assumir que toda ação educativa se compõe desse elemento duplo, dessa força que se distende em sentidos contrários. Necessariamente, essa mesma tensão tem lugar na relação da filosofia com as crianças. Em que medida as crianças são modificadas pela filosofia? Em que medida a filosofia é modificada em sua relação com as crianças? A tensão ocorre entre a velha filosofia e seus jovens praticantes. Poder-se-á entender que é a filosofia que se coloca à disposição das crianças, ou que são as crianças as criadoras dessa nova filosofia própria. Outros dirão que isso que as crianças fazem já não é filosofia. Em qualquer caso, trata-se de uma tensão entre uma tradição filosófica que entra em diálogo com seus pequenos interlocutores.

A resistência (ou a utopia?) encarna-se na ideia de milagre, segundo Arendt, na possibilidade de surgimento do novo, na não aceitação do pensamento único e do realismo entendido como beco sem saída ao qual o contexto da crise nos tem acostumado. Resistência não significa, de modo algum, doutrinação. Pelo contrário, a tensão que assinalávamos mais acima entre o que é e o que deve ser é a base mesma da resistência: resistir à ideia que diz que o que é é igual ao que deve ser, e que o que não é, por desejável que seja, é impossível. Essa passiva aceitação do que está dado, porque o outro é impossível. O impossível irrompe, como a nuvem do poema de Char, como aquela figura do inesperado, o milagre de Arendt. A resistência representa aquele lugar inapreensível onde ainda se pode pensar de outra maneira. A infância resiste a ser completamente moldada; resiste também a experiência do problema filosófico, que não pode ser transpassada, aprendida, porque é um processo imprevisto. A resistência é propriamente filosófica: implica, por um lado, a crítica, a tensão com a realidade, o posicionamento em negativo do pensamento, na medida em que criticar é dizer não; mas, por outro lado, aproxima-se da busca de sentidos, que é também criação de alternativas. A resistência é afirmação dada pelo dever ser, a partir do que resiste.

Na tensão do pensar filosófico com a realidade, na resistência a aceitar que o que é é o que deve ser, afirma-se também a contraface da resistência. Citemos novamente Heller: O "espírito utópico" é o espírito da filosofia. Toda filosofia é utópica – como não se poderia descrever uma construção na qual o que deve ser é considerado como o mais real de tudo o que existe?[6] Utopia não significa construir um mundo ideal e querer realizá-lo através das crianças. A esse respeito, Arendt denuncia como errôneo pretender realizar a utopia política na fabricação do recém-chegado.[7] A utopia como propósito da filosofia na escola refere-se à possibilidade de se colocar um mundo possível, um dever ser que surja da resistência frente ao que é. De fato, o espírito utópico deriva da tensão existente entre o é e o deve, cada filosofia coloca o dever ser como um lugar de conhecimento, na medida em que esse dever ser surge do que é. Uma vez mais, há tensão e não se trata da postulação de um mundo independente do mundo real: a utopia racional parte da filosofia do que é e confronta-o com outro critério. Mas a racionalidade não se diz de uma única maneira e, no encontro da filosofia com as crianças e os jovens, abre-se um espaço ampliado de racionalidade – o que é chamado de racional? Estamos confinados a considerar que as crianças são adultos em miniatura ou que são seres irracionais? É necessário transitar pela tensão e entrar no diálogo, que permite compreender e compartilhar uma forma não adulta de entender a racionalidade. Voltemos por um momento à utopia. Sabe-se que 'utopia' designa um lugar que não existe, literalmente um 'não lugar', o utópico distancia-se – como o pensamento – do real para postular um estado de coisas desejável. Real, irreal, possível, desejável, necessário... Desenvolver a possibilidade de distanciar-se do dado como autoevidente, do real, construir uma capacidade de questionar que o real seja equivalente ao necessário, é um desafio para a educação e para quem trabalha com crianças e jovens. Questionando os pressupostos em que se apoiam as crenças da filosofia, abre-se o caminho para construir outros mundos possíveis.

Diálogo ou encontro com outros e consigo mesmo

A prática da filosofia na aula baseia-se no diálogo, como um ir e vir de ideias que se encadeiam. O diálogo assim entendido não está dado, como não está dada a possibilidade de pensar com outros: ambas são situações às quais se há que assomar. Mas entre o diálogo e o pensar há uma afinidade, recordemos aquela definição de Platão no *Sofista* (263 e), o pensamento como "o diálogo interior e silencioso da alma consigo mesma". O diálogo é a forma do pensamento que pergunta: no diálogo, as ideias de uns e de outros se modificam. O diálogo não equivale ao debate, não necessita de opiniões encontradas, a tensão do diálogo está entre os sujeitos que discutem ou conversam: para o diálogo, necessitam-

---

[6] Cf. HELLER, Agnes, *op.cit.*, p. 13-14.

[7] Cf. *La crise de la culture*, op. cit., p. 228.

se de pessoas dispostas a escutar e a encontrar-se, sem se dissolverem umas nas outras nem se aniquilarem umas às outras. Ali reside a tensão do diálogo, na possibilidade de pensar com outros sem deixar de ser um mesmo, de poder autocorrigir-se, de modificar seu pensamento, e contudo, continuar sendo quem se é. Porém, não pensamos o diálogo como a conversação de identidades já constituídas e imutáveis, mas como movimento que se modifica ao longo das discussões com outros, das experiências dos problemas filosóficos.

Assim como o diálogo não significa opiniões opostas, tampouco necessita concluir com um consenso ou uma resposta única. O diálogo gera-se, constrói-se e cresce na intertroca, mas não necessita "fechar-se", chegar a uma conclusão ou resposta com a qual todos concordem: no diálogo explicitam-se as diferenças, mas não se aponta para sua dissolução, superação ou para deixá-las de lado, porque o que se privilegia é a tensão que o pensamento gera, com o próprio eu e com os outros. A tensão está dada pelo *factum* da pluralidade, porque somos diferentes, não porque sustentemos posições encontradas. O diálogo vivifica também a tensão entre a pergunta e a resposta, pois a resposta não conforma, não resolve nem conclui. Os problemas filosóficos persistem por baixo ou por cima das respostas, e toda resposta pode ser colocada novamente em questão por meio do diálogo – silencioso ou grupal.

O infinito ataca, mas uma nuvem salva. Nuvem encontro com outro, sentido encontrado, resistência ante o realismo opressor, sentido da utopia, encontro. Em todos esses sentidos, que são outras tantas ações, encontro uma tensão fundamental. Por detrás de cada sentido, jaz a experiência do pensamento filosófico, propósito último da prática da filosofia na escola, experiência da qual parte qualquer sentido que queira dar-se a essa atividade. A imagem platônica dá a tensão do pensar, o dois em um do diálogo. Em tempos de poucas certezas e de crise generalizada do sentido, evoco uma última citação de Arendt. "A manifestação do vento do pensar não é o conhecimento"[8] – e poderíamos dizer, não são as habilidades nem as ferramentas cognitivas, nem os hábitos democráticos do consenso – é a capacidade de julgar, "de distinguir o bom do mau, o belo do feio. E isso, – diz a filósofa – nos raros momentos em que se chegou a um ponto crítico, pode prevenir catástrofes, ao menos para mim." "Ao menos para mim": reconhecimento da luta interminável entre o sentido e o sem sentido, tentativa desesperada de confiar em um ponto de apoio. O sentido escapa entre os dedos, e o único modo de encontrá-lo parece ser buscando-o. Ao menos para mim.

---

[8] ARENDT, Hannah, "El pensar y las reflexiones morales", in: *De la historia a la acción*, Barcelona: Paidós, 1995, p. 121.

V – Filosofia, Infância, Juventude

A filosofia na formação do jovem e a ressignificação de sua experiência existencial

Antônio Joaquim Severino

Introdução

O pleito para a inclusão de componentes de caráter filosófico nos currículos dos diversos níveis de ensino é respondido, muitas vezes, com a alegação de sua não-pertinência ou da inoportunidade dos mesmos nos contextos de educação formal. Defende-se inclusive que eventuais subsídios formativos de cunho filosófico sejam trabalhados transversalmente a partir dos conteúdos dos demais componentes curriculares. A importância da filosofia nas etapas de formação, particularmente de crianças e adolescentes é vista, em muitos ambientes, sob forte ceticismo. No meu entendimento, estamos diante de um grave equívoco, pois, na verdade, a formação filosófica, em qualquer estágio escolar, é uma presença fundamental e tem muito a ver com o futuro de nossa sociedade e de nossa cultura. E, como tal, demanda um cuidadoso investimento na sua discussão, bem como na reivindicação de políticas educacionais sensíveis a essa relevância se impõe.

Do conhecimento e da ação

Todos nós sabemos, até porque sentimos na pele, das dificuldades que estamos enfrentando, no contexto mais abrangente da sociedade e no espaço mais particular da escola. É a miséria aumentando, o desemprego apertando, é a crueldade da má distribuição de renda, a corrupção generalizada, a violência, a exploração no trabalho, a deterioração das relações humanas, até mesmo no interior da família, e muitas outras formas de brutalidades, desenhando um quadro marcado pela barbárie.

A sobrevivência está difícil, as pessoas deprimidas e estressadas, numa palavra, a vida humana está cada dia mais pobre de qualidade.

Diante dessas situações, procuram-se soluções mágicas ou desesperadas: pessoas mergulham fanaticamente nos misticismos religiosos, outros se perdem no hedonismo mais desenfreado, outros recorrem às drogas ou então partem para a violência, sob todas as suas formas.

Todas essas saídas são equivocadas, levando a novos impasses. Qualquer solução para os problemas humanos só pode ser produzida e encaminhada pela articulação sistemática das iniciativas das cabeças e das mãos dos homens, ou seja, ela só pode sair do conhecimento e da prática dos homens. Mas o conhecimento só pode fecundar a prática através da educação. Existe apenas uma fonte geradora, que é o conhecimento, uma ferramenta, a prática e uma mediação, a educação. O conhecimento nos permite elaborar as propostas de solução dos problemas que serão resolvidos pelas ações concretas, pela prática. Mas só pela educação nós conseguimos fazer com que o conhecimento possa tornar fecunda a prática.

Por isso, a educação é por demais importante nas nossas vidas, por ser uma mediação imprescindível, pois sem ela aquilo que nós conhecemos, pensamos, projetamos, não chega lá na ponta, não vira ação transformadora. Assim, os políticos, os administradores não vão realizar sua intervenção na sociedade para mudá-la, se eles não se apropriarem do sentido das coisas que a inteligência produziu. Se isso já é verdade quando falamos da ação técnica sobre o mundo, é muito mais verdade ainda quando queremos agir sobre as pessoas, sobre a sociedade.

Só que nós não nos apropriamos dos conhecimentos do mesmo modo que um disquete de computador é gravado. Se assim fosse, seria fácil. No caso dos homens, a aprendizagem é muito mais complexa e se acompanha de um processo muito mais sofisticado que se chama "formação", ou seja, quando falamos de educação na escola, estamos falando não só de ensino/aprendizagem, mas também, e fundamentalmente, de formação.

O que isso quer dizer? Isso quer dizer que as pessoas, quando precisam passar por instâncias de educação formal, como a escola, não o fazem apenas para aprender, para serem ensinadas, mas também para vivenciar um processo de formação que, embora, obviamente, não ocorra só na escola, precisa ser sistematizado, incentivado, consolidado em situação de educação formal.

Às vezes, acontece que só se vê a escola como lugar de ensino e de aprendizagem e, aí, caímos no tecnicismo, naquela falsa ideia de habilitação profissional pura. Mas não há qualificação técnica, profissionalização, se não houver simultaneamente formação.

A formação como desenvolvimento pela sensibilidade para a compreensão da existência

O que vem a ser essa formação? É o amadurecimento, o desenvolvimento dos estudantes como pessoas humanas. Nós nos formamos quando nós nos damos conta do sentido de nossa existência, quando tornamos consciência do que viemos fazer no planeta, do porque vivemos. É claro que nós não nascemos sabendo disso e nem chegamos aos sete anos, na escola, na estaca zero. Embora as pessoas já venham aprendendo coisas e se formando desde o nascimento, no ambiente familiar e no ambiente social, só nas instituições formais de ensino, tornadas necessárias em decorrência da complexidade das sociedades contemporâneas, essa aprendizagem e essa formação passam a ser trabalhadas de forma intencional e sistemática. O trabalho pedagógico quer dizer isso: pedagogia como prática educativa significa exatamente conduzir a criança, o adolescente, o jovem ou o adulto, quando nos ambientes escolares, no caminho da aprendizagem e da formação.

Para tanto, a escola utiliza-se de recursos apropriados para essa dupla tarefa: de um lado, precisa levar o estudante a desenvolver sua inteligência, para dominar bem o exercício do conhecimento e, de outro, a desenvolver outras formas de sensibilidade, a desenvolver sua subjetividade em toda a gama de sensibilidades que a constituem: a inteligência (que é percepção de conceitos), a consciência ética (que é sensibilidade aos valores morais), a consciência estética (que e sensibilidade aos valores estéticos, de modo geral), a consciência social (que é sensibilidade aos valores políticos, ou seja, às relações de convivência na sociedade). É toda esta esfera do exercício da dimensão subjetiva da pessoa que nos tornam efetivamente humanos. Não bastam a integridade física, biológica, o bom funcionamento orgânico, as forças instintivas para uma adequada condução da vida humana. Sem a vivência subjetiva, continuamos como qualquer outro ser vivo puramente natural, regido por leis predeterminadas, vale dizer, sem possibilidades de escolhas, sem flexibilidade no comportamento.

A subjetividade como processo de atribuição de sentido

Mas o que é esta dimensão de subjetividade, de consciência? É a capacidade que temos de poder identificar, de atribuir sentidos ou significações às coisas e situações e de poder agir de acordo com esses sentidos e não mecanicamente por força dos instintos ou de outros fatores físicos, químicos, biológicos, psíquicos, ou melhor, a capacidade de sobrepor a esses fatores naturais um elemento diferenciado, um motivo significador, que dá sentido a nossos atos.

A educação é então uma atividade, uma prática mediante a qual buscamos aprender a praticar essa subjetividade e encontrar aí as referências para a nossa vida, para as nossas ações que constituem de fato nossa existência real. E isso é, de um lado, o que chamamos de conhecimento, ou seja, somos capazes de representar, mediante símbolos mentais, todas as coisas que são objetos de nossas experiências, que começam pelos órgãos dos sentidos. Aí dizemos o que são as coisas, criamos os **conceitos** que expressamos pelas **palavras**; mas é também, de outro lado, percepção de **valores**, ou seja, atribuímos a todas as coisas que conhecemos um coeficiente valorativo (algo é bom, é bonito, é útil, é prejudicial, é sagrado etc.), ou seja, tem relação com nossos desejos, nossos interesses individuais ou coletivos, atende ou não nossos desejos.

Mas, todos esses valores se relacionam com um valor mais fundamental, que é aquilo que nós encontramos/atribuímos a nós mesmos, como pessoa individual ou como pessoa coletiva, a sociedade. Daí se falar que o valor básico é a dignidade da pessoa humana, este é o valor maior, a referência central.

Só que esse processo não é automático, não funciona de modo espontaneísta, ele precisa ser conduzido, guiado. Ocorre que são muitos os obstáculos, que vão dos condicionamentos físico-biológicos, passando pelas determinações psíquicas e chegando às imposições socioculturais. Se, de um lado, há valores, de outro, há contravalores e podemos estar ou ficar "alienados", ou seja, nos deixar dominar por contravalores, consciente ou inconscientemente.

O que seria, então, o verdadeiro processo formativo da educação? E todo um esforço para que saibamos nos situar nesse emaranhado todo, nesse labirinto ambíguo e contraditório, onde somos obrigados a viver, que é o *habitat* da espécie humana. O investimento pedagógico-educacional é este: esclarecer as pessoas para que elas possam transitar, ao longo de sua vida, procurando adequá-la aos valores positivos de modo a respeitar o valor central que é aquele da dignidade da pessoa humana, indivíduo ou comunidade. De tal modo que possamos fundar nossas opções em valores positivos, conscientemente identificados e seguidos, de tal modo que possamos decidir e apoiar nossas ações nesses valores.

Daí a atual insistência de que o grande compromisso da educação, nos dias de hoje, é com a construção da cidadania. É que este conceito, tal como visto atualmente, significa a qualidade de vida em que as pessoas, todas elas sem exceção, viveriam de acordo com sua dignidade, usufruindo de todos os bens naturais e culturais de que precisam para viver, e sendo protegidas de todas as opressões que comprometem sua dignidade.

Da necessidade da filosofia

É por tudo isso que não pode haver educação, verdadeiramente formativa, sem a participação, sem o exercício e o cultivo da filosofia, em todos os momentos de formação das pessoas, do ensino fundamental ao superior. É que só o conhecimento técnico-científico não é capaz de nos revelar todas essas dimensões dos valores da dignidade humana, da cidadania, uma vez que concentram em ensinar o que são as coisas, como elas funcionam e como o homem pode manipulá-las para fazer, construir, transformar os objetos materiais. Não há dúvida de que as ciências, como conhecimento objetivo do mundo físico e social, ajudam muito, fornecendo sobretudo referências empíricas, eliminando mil dúvidas, ignorâncias e erros. Desse modo, ajudam a que avaliemos melhor as coisas. Mas, de per si, os conhecimentos científicos não podem expressar uma razão para nossas escolhas existenciais, para formarmos nossa escala valorativa, para nos sensibilizar à dignidade da vida humana.

É preciso recorrer à modalidade do conhecimento filosófico que é onde desenvolvemos nossa visão mais abrangente do sentido das coisas e da vida, que nos permite buscar, com a devida distância crítica, a significação de nossa existência, e o lugar de cada coisa nela. É o que comumente expressamos ao nos referir ao "pensar", ao refletir, ao argumentar, ao demonstrar, usando dos recursos naturais, comuns, da nossa subjetividade.

Nessa tarefa, a filosofia também não pode ser substituída pela religião. Costuma-se perguntar se uma determinada religião não poderia nos indicar quais são os valores mais preciosos, dispensando assim a reflexão filosófica. O ensinamento de uma doutrina religiosa não pode substituir, no caso da formação humana, a reflexão filosófica, começando pelo motivo de que a dignidade da pessoa humana implica o exercício da liberdade para que cada um possa escolher sua religião. Ainda que, antropologicamente falando, a religiosidade seja uma dimensão fundamental da existência dos homens, não se pode impor às pessoas uma forma histórica concreta de religião. A formação humana, tal qual deve ser realizada no processo educacional, é naturalmente laica, é antropológica, de tal modo que conceitos e valores aceitos pela mediação da fé não podem substituir os conceitos e valores construídos filosoficamente.

Igualmente pode-se desenvolver uma argumentação análoga com relação às ideologias políticas, igualmente de livre opção e de prática pelas pessoas e pelas famílias. Mas assim como a escola não pode ser identificada com uma igreja, ela também não pode identificar-se com o partido político, e nenhuma doutrina partidária pode ser imposta ou propagandeada no espaço propriamente pedagogico-institucional. Sem dúvida, também a experiência política é fecunda para a formação humana, ela ajuda a construir a cidadania, mas, pela sua natureza, sua intervenção pedagógica não deve ocorrer na escola.

Assim como a religiosidade, a politicidade dos homens só deve ser trabalhada na escola mediante a construção do conhecimento científico e da reflexão filosófica, e não na sua dinâmica prática e na sua funcionalidade ideológica.

Mas poder-se-ia perguntar ainda se a formação educativa não deveria ser feita através do cultivo da afetividade, da emoção. Afinal, fala-se muito atualmente que até a inteligência é emocional. Certamente, a formação dos jovens pressupõe igualmente a educação dos sentimentos mas isto só pode ser significativo se o educando entender, com os recursos de sua subjetividade, o próprio sentido de suas emoções.

A filosofia e a ressignificação da experiência nas situações de ensino

Isso nos leva ao cerne da questão do porquê da necessária iniciação à prática da filosofia na educação das pessoas de todas as idades. Se com a formação do ser humano, a educação busca passar-lhe conhecimentos, valores, normas de conduta, portanto, se está visando a uma mudança na sua vida, está-se intervindo na vida dele, propondo-lhe determinadas escolhas, o único processo legítimo de fazê-la é apresentando-lhe uma *justificativa*: e esta só pode ser assimilada e apropriada pelo educando se ela fizer sentido para ele, se ele a entender e compreender, pois só essa compreensão pode tornar a proposta desejada e dinâmica, ou seja, eficaz, levando-o a novas decisões e a ações coerentes com essas decisões. De qualquer outra maneira, estaríamos violentando a autonomia e a dignidade dos educandos.

Assim, se os conhecimentos científicos nos ajudam a entender as coisas, são os conhecimentos filosóficos que nos ajudam a compreendê-los, ou seja, a situá-las no conjunto de sentidos que norteiam a existência humana, a atribuir-lhes um sentido articulado numa rede maior de sentidos dessa existência, em sua complexa condição de unidade e de totalidade.

Desse modo, sendo a filosofia um imprescindível subsídio de formação, ela pode e deve estar presente desde o momento em que a pessoa tenha condições para começar a pensar. Parece, então, totalmente acertada a proposta de ensino de filosofia para crianças, desde os tempos da escola fundamental, pois toda criança é sensível a justificação, ou seja, não só é capaz de pensar mas também de compreender o pensamento. Daí a pertinência dos esforços que vêm sendo feitos, partindo da pressuposição das capacidades das crianças, com vistas a estimular e a desenvolver essa dimensão reflexiva do pensamento já com elas, no ensino fundamental, na linha de uma educação para o pensar, pois o que se tem em mente é justamente ajudar a criança a se apropriar de conceitos e valores, a praticar seu pensamento, no sentido mesmo de exercer sua subjetividade lógica, ética e estética. E isso é essencialmente formativo.

No que concerne à formação dos adolescentes no ensino médio, a formação filosófica é ainda mais imprescindível e, por isso, é preciso lutar contra os fatos e providenciar para que sejam criadas as condições para que seu ensino venha a ocorrer de forma sistemática. Para inserir-se no mundo da cultura contemporânea, ao qual estarão sendo iniciados no curso médio, os adolescentes precisam se dar conta do significado de sua existência histórica, do significado de sua paulatina inserção no mundo do trabalho, da sociabilidade e da cultura simbólica. Cabe aos componentes filosóficos ensejar um processo de análise, de reflexão e de discussão, mediante o qual eles possam lidar de maneira adequada com a própria subjetividade no enfrentamento com a objetividade das condições circunstanciais de suas vidas concretas. Só assim eles poderão ser ajudados na sua autoconstrução, como sujeitos pessoais autônomos, cidadãos membros de uma sociedade histórica.

E o que não dizer da formação de nível universitário!... Neste nível, estas exigências se tornam ainda mais pertinentes, tal o papel da filosofia na tarefa de emancipação do homem. Já que o único instrumento de que o homem dispõe para se libertar, para se inserir efetivamente nas mediações históricas de sua existência real, é o conhecimento, torna-se de extrema necessidade o aporte da reflexão filosófica sobre a realidade histórica do existir humano, de modo que o profissional universitário possa se dar conta de todas as significações humanas que envolverão seu agir no âmbito da sociedade.

Conclusão

Muitos são os desafios que continuamos enfrentando no que diz respeito às mediações didático-pedagógicos para a iniciação dos sujeitos educandos, de todas as faixas etárias, à reflexão filosófica. Trata-se de um campo aberto a variadas iniciativas, criativas e críticas, para a implementação de estratégias que possam assegurar a fecundidade da formação filosófica a partir das mediações curriculares. Mas, os componentes curriculares de cunho filosófico complementam e articulam as contribuições formativas de todas as demais disciplinas e de todas as demais práticas educativas. Daí até se poder dizer que a filosofia, como postura geral de reflexão, atua como uma gestora da interdisciplinaridade, na medida em que lhe cabe assegurar uma visão integrada de todos os aspectos da existência histórica real dos educandos. Essa busca de compreensão deve ser feita mediante recursos que os levem a perceber, de maneira significativa, o mundo de sua contemporaneidade, já que este é o seu contexto existencial. Como esta cultura contemporânea só é inteligível se se acompanhar sua gênese antropológica e seu desdobramento histórico, impõe-se que se leve os estudantes a refletirem sobre a formação dessa cultura, num resgate de sua temporalidade. Entendo que a filosofia deve se fazer presente nos currículos escolares para iniciar os jovens a uma visão sintetizadora da realidade humana, tanto do ponto de vista histórico-temporal como do ponto de vista socioestrutural.

Referências

ALVES, Jussara T. O *significado do ensino de Filosofia no 2° grau*. Porto Alegre: UFRS, 1985. (dissertação de mestrado).

ARANTES, Paulo e outros. *A filosofia e seu ensino*. Petrópolis, São Paulo: Vozes/EDUC, 1995.

ARENT, Elias K. *Espaço da filosofia no 2° grau: uma opinião de educadores da UCRB'SC*. Porto Alegre: Puc-RS, s/d.

AVILA, Cósimo de. "Retorno da filosofia ao 2o. Grau: ideologia e contradição". *Revista de Cultura Vazes*. Petrópolis. (5): 363-368. Jun./jul. 1982.

BRANGATTI, Paulo R. *O ensino de filosofia no segundo grau: uma necessidade de leitura do cotidiano*. Piracicaba: Unimep, 1993.

CAPALBO, Creusa. "A situação da Filosofia no sistema brasileiro de ensino". *Rev. Bras. Fil.* 30(114): 213-218, abr./maio 1979.

CARTOLANO, M. Teresa P. *Filosofia no ensino de 2° Grau*. São Paulo: Cortez/Autores Associados, 1995.

CARVALHO, Ademar de L. *Educação criativa: o desenvolvimento da criatividade na paradigma Filosofia para Crianças*. Cuiabá: UFMT, 1995. (Dissertação de mestrado).

CERLETTI, Alejandro; KOHAN, Walter. *A filosofia no ensino médio: caminhos para pensar o seu sentido*. Brasília: UNB, 1999.

CHAUI, Marilena. *Convite à filosofia*. São Paulo: Ática, 1995.

CHAUI, Marilena. *O ensino da Filosofia (curso médio e curso superior)*. Fortaleza, 29 Reunião da SBPC, 1980.

COSTA, Marisa Voraber. "O ensino da Filosofia: revisitando a história e as práticas curriculares". *Educação & Realidade* 17(1): 49-58. jan./jun. 1992.

CUNHA, J. Auri. *Filosofia; iniciação à investigação filosófica*. São Paulo: Atual, 1992.

OAMIEL, Marie-France. *La philosophie et/es enfants*. Montreal: Les Editions Logiques, 1993.

EITERER, Carmen L. *Filosofia e leitura: estudo de uma experiência didática em uma escola pública paulistana no período noturno*. São Paulo: FEUSP, 1996. (Dissertação de mestrado).

FERNANDES, Conceição V. *Filosofia para crianças: uma proposta pedagógica construtivista*. São Paulo: PUCSP, 1991. (Dissertação de mestrado).

FERREIRA, L.W. *O professor de filosofia no 2° Grau e o despertar da consciência crítica do aluno*. Porto Alegre: PUC/RS, 1984. (Dissertação de mestrado).

FREIRE, Roberto de B. *Educar para o pensar: a filosofia na educação*. Cuiabá: UFMT, 1994. (Dissertação de mestrado).

GADOTTI, Moacir. "Para que serve afinal a filosofia?" *Reflexão* 4(13): jan./abr. 1979.

GALLO, Sílvio "Perspectivas da filosofia no ensino médio brasileiro". In: KOHAN, Walter e LEAL, Bernardina (org.). *Filosofia para crianças em debate*. Petrópolis: Vozes, 1999, p. 174-187.

GARRIDO, Elsa. Notas sobre Sagesse *et ilusions de la philosophie:* a Concepção piagetiana de filosofia e suas consequências para o ensino da filosofia na Escola Média. *Revista de Pedagogia.* 13(23): 85-99. Jan./dez. 1967.

GASPARELLO, Arlete M. *A questão do ensino da Filosofia no 2 grau.* Niterói: UFF, 1986. (Dissertação de mestrado).

GHEDIN, Evandro. "O ensino da filosofia: caminhos e possibilidades". *Revista do Programa de Pós-Graduação.* Manaus: Universidade do Amazonas, 3(1-2), 1998.

GHEDIN, Evandro. *A filosofia no ensino: a formação do pensamento reflexivo-crítico.* Manaus: UFAM, 2Q00. (Diss. de mestrado).

HÜHNE, Leda M. (org) *Política da filosofia no 2º Grau.* São Paulo: Sofia Editora/SEAF, 1986.

JAPIASSU, Hilton F. *Um desafio à Filosofia: pensar-se nos dias de hoje.* São Paulo: Letras & Letras, 1997.

KOHAN, Walter O. e WUENSCH, Ana Míriam (orgs.) *Filosofia para crianças: a tentativa pioneira de Matthew Lippman.* Petrópolis: Vozes, 2000. (Col. Filosofia na Escola, vol. 1).

KOHAN, Walter O. e WAKSMAN, Vera. (orgs.) *Filosofia para crianças na prática escolar.* Petrópolis: Vozes, 2000. (Col. Filosofia na Escola, vol. 2).

KOHAN, Walter O. e KENNEDY, David. *Filosofia e infância: possibilidades de um encontro.* Petrópolis: Vozes, 2000. (Col. Filosofia na Escola, vol. 3).

KOHAN, Walter O. e LEAL, Bernardina. (orgs.) *Filosofia para crianças em cíebate.* Petrópolis: Vozes, 2000. (Col. Filosofia na Escola, vol. 4).

KOHAN, Walter O., LEAL, Bernardina e RIBEIRO, Alvaro (orgs.) *Filosofia na Escola Pública.* Petrópolis: Vozes, 2000. (Col. Filosofia na Escola, vol. 5).

KOHAN, Walter O. e Gallo, Silvio. (orgs.) *Filosofia no ensino médio,* Petrópolis: Vozes, 2000. (Col. Filosofia na Escola, vol. 6).

LAGUEUX, Maurice. "Por que ensinar filosofia?" *Reflexão.* 5(18). 1980. LIPMAN, Matthew. *O pensar na educação.* Petrópolis: Vozes, 1995.

LIPMAN, Matthew e SHARP, Ann. e OSCANYAN, Frederick S. *Filosofia na sala cíe aula.* São Paulo: Nova Alexandria, 1994.

LIPMAN, Matthew e SHARP, Ann. *A comunidade de investigação e o raciocínio crítico.* São Paulo: CBFC, 1995. (Coleção Pensar).

LIPMAN, Matthew e SHARP, Ann. *A ética na educação: como devem ser ensinados os valores.* São Paulo: CBFC, 1992.

LIPMAN, Matthew. *A filosofia na sala de aula.* São Paulo: Nova Alexandria, 1994.

LORIERI, Marcos A. *A filosofia como conteúda e recurso de uma educação para o pensar.* São Paulo: CBFC, 1991.

LOUREIRO, M. Dulcinea da S. *Das concepções de Filosofia às práticas pedagógicas: a Filosofia no ensino médio em Fortaleza*. Fortaleza: UFCE, 1999. (Dissertação de mestrado).

LUZ, Rubens N. da. *Filosofia para crianças: o desenvolvimento da condições de pensamento através das interações socio-linguísticas*. São Paulo: Mackenzie, 1997.

MACIEL, Carlos F. *Um estudo sobre o ensino secundário de Filosofia*. Recife: CRPE/INEP, 1959.

MAUGÜE, J. "O ensino da filosofia: suas diretrizes". In: Documentário de filosofia no Brasil. *Revista Brasileira de Filosofia*. 5(20). out. dez 1955.

MOURA, Zaza C. *Filosofia para crianças: apresentação de uma nova proposta de ensino*. Lisboa, Sociedade Portuguesa de Filosofia, v. 2. n. 1 e 2, 1988.

NIELSEN NETO, Henrique. *O ensino da filosofia no 2º Grau*. São Paulo: Sofia, 1986.

NUNES, Benedito. *Proposta para o ensino de filosofia no 2º. Grau*. In: NETO, Nielsen, 1986.

NUNES, César A. *A construção de uma nova identidade para a filosofia no segundo grau: condições e perspectivas*. Campinas: Unicamp, 1990.

OLIVEIRA, M. Auxiliadora M. *O ensino de filosofia no 2º Grau da escola brasileira: um percurso histórico até a realidade mineira dos anos 80*. São Paulo: PUC/SP, 1987. (Dissertação de mestrado).

PAULA, Izac Th. *A reintrodução do ensino de filosofia nas escolas da rede estadual do Espírito Santo: conflitos e mediações numa ótica emancipatória*. Vitória, UFES, s/d. (Dissertação de mestrado).

PEREIRA, Francisco D. *Filosofia e problematização da concepção pragmática da realidade no ensino média noturno; uma abordagem a partir das buscas, valores e concepções de mundo dos alunos*. São Paulo: PUC/SP, 1995. (Dissertação de mestrado. Programa Supervisão e Currículo) 57 p.

RODRIGUES, João A. *O professor enquanto mediador do conhecimento crítico-emancipatório no ensino da Filosofia no 2º grau*. Vitória: UFES, s/d (Dissertação de mestrado).

RUSSO, Hugo A. *Didática especial de filosofia no 2º grau: subsídios para uma teoria didática*. Campinas: Unicamp, 1990. (Dissertação de mestrado).

SABOIA, Beatriz. *A função política da filosofia no ensino médio*. São Paulo: PUC/SP, 1989. (Dissertação de mestrado).

SANTOS, Nilson. *Filosofia para crianças: uma proposta democratizante na escola?* São Paulo: PUCSP, 1994. (Dissertação de mestrado).

SÃO PAULO. Secretaria de Estado da Educação. Coordenadoria de Normas e Estudos Pedagógicos. *Proposta curricular para o ensino de filosofia no 2º Grau*. 2ª versão preliminar. São Paulo: SE/CENP, 1992.

SATIRO, M. Angélica e WUENSCH, Ana Míriam. *Filosofar... pois é... pra quê?* Belo Horizonte: Colégio Pitágoras, 1988.

SEVERINO, Antônio J. "Filosofia e ciências humanas no ensino de 2º grau: uma abordagem antropológica da formação dos adolescentes". In: QUEIROZ, José J. (org.) *Educação hoje: tensões e polaridades.* São Paulo: FECS/USF, 1997.

SILVA, Antonio R. de. "Recuperação da memória do ensino de Filosofia no 2 grau". *Debates Filosóficos.* Rio de Janeiro (2): 66-89, jun.1981.

SILVA, Rosana M. *O filosofar como paradigma de reavaliação, superação e avanço na educação.* Cuiabá: UFMT, 1995. (Dissertação de mestrado).

SILVA, Sérgio P. da. *Filosofia no ensino médio: a questão do conteúdo.* Uberlândia: UFU, 1994. (Dissertação de mestrado).

SILVA, Vandei P. da. *O ensino de filosofia no 2o. grau: uma abordagem dialética a partir de temas do cotidiano.* Marília: Unesp, 1993. (Dissertação de mestrado).

SIMÕES, Renato (org.). *O papel da Filosofia na Educação.* São Paulo: Assembleia Legislativa, 1998. (mimeo).

SOUZA, Sônia M. R. *Por que filosofia? Uma abordagem histórico-didática para o ensino de filosofia no 2o. Grau.* São Paulo: FEUSP, 1992. (Tese de doutorado).

THEOBALDO, M. Cristina. *Racionalidade, ética e educação.* Cuiabá: UFMT, 1995. (Dissertação de mestrado).

TRENTIN, René J. *Ensino de filosofia no 2º grau: em busca de sentido.* Campinas: Unicamp, 1991. (Dissertação de mestrado).

A concepção filosófica de infância na modernidade: a contribuição humanista e racionalista

Humberto Guido

A concepção filosófica de infância surgida nos primórdios da Modernidade está diretamente vinculada à instrução da criança, meio pelo qual pode ser assegurado aquilo que não é dado pela ordem natural. A relação infância-educação permitiu a descoberta das peculiaridades do ser criança, porém, tal distinção foi efetuada pela ótica do adulto, desconsiderando quase que por completo as experiências do engenho infantil. Este trabalho apresenta a abordagem crítica do surgimento do sentimento de infância e recorre às contribuições de Erasmo e de Descartes sobre o comportamento infantil.

Este texto é dedicado à delimitação do lugar da infância na Modernidade. Para a realização deste propósito foi percorrido o itinerário filosófico dos primórdios da Modernidade. O objeto da análise é o discurso filosófico, encontrado em livros de civilidade, ensaios, discursos e tratados. Esta abordagem amplia de modo considerável o âmbito das investigações sobre a infância, corroborando com as outras contribuições, advindas, na sua maioria, da história das mentalidades.

O material histórico serve de suporte para a apresentação da concepção de infância contida no pensamento dos filósofos dos séculos XVI e XVII. Nesse período da filosofia, a ideia de infância passou a estar vinculada com a reflexão sobre a educação, tema de que se ocuparam os vários filósofos do período.

Até o final do Antigo Regime a concepção de infância sofreu poucas alterações, foi somente a partir do Renascimento que tal concepção passou a deixar de caracterizar-se unicamente pela ideia do ser inacabado e, até mesmo, pela crença de que os primeiros anos da existência fazem parte de um período insignificante do ponto de vista cognitivo[1].

Com o humanismo renascentista, o mundo adulto começou a demonstrar novo interesse para complementar a obra da natureza – uma vez que a natureza se encarrega apenas do desenvolvimento do corpo. Para os humanistas, além dos cuidados com o corpo, era preciso dar atenção aos conhecimentos necessários para a vida adulta. A certeza da eficácia da educação ancorou-se na convicção de que cada um possui em essência aquilo que virá a se tornar no futuro. A educação, portanto, atualiza a potencialidade nativa da alma. Esta maneira de ver a criança adentrou a Modernidade, esteve presente ainda nos escritos humanistas[2] e nas referências à infância encontradas nos primeiros filósofos modernos.

Do ponto de vista tradicional, o conceito de infância não encontrou no vocabulário filosófico o mesmo apreço adquirido nas ciências humanas. Até mesmo a história tem avançado muito nas últimas décadas na elucidação da primeira idade, que até pouco tempo passava quase despercebida aos olhos dos cientistas sociais e dos filósofos.

A definição deste conceito, à primeira vista, parece não ser tarefa da filosofia, ficando a cargo de antropólogos, sociólogos, psicólogos, psicopedagogos e historiadores o desenvolvimento de investigações a respeito do sentimento de infância.

Entre os filósofos, aparentemente, a infância parece despertar pouco interesse, supostamente pelo fato de que a reflexão filosófica é tida como atividade própria do adulto, consequentemente, a ideia de infância, no discurso filosófico deve possuir um significado negativo. Porém, as considerações sobre a própria infância, que boa parte dos filósofos fizeram, e, também, outras considerações relativas à infância em geral, fazem da leitura atenta dos textos filosóficos, expediente muito proveitoso para a reconstrução do nascimento do sentimento de infância na Modernidade.

---

[1] Em Charlot, a infância, para o período em questão, "é quase um nada, é uma pura insuficiência" (1979, p. 119).

[2] De acordo com Narodowski, até mesmo Comenius ainda está preso à mentalidade da irrelevância da duração da infância:

"Para Comenius, a infância não implica elementos essenciais e próprios que a distinguem da vida adulta, senão que consiste num momento efêmero, transitório, uma fase própria da evolução de um ser genérico. [...] Em todo caso, para Comenius, a infância é introduzida no discurso mais como um elemento dentro das preocupações gerais por encontrar a ordem no funcionamento da instituição escolar, sem outorgar à infância uma primazia existencial." (1996, p. 111/112)

A ideia de infância merece uma reflexão filosófica; no entanto, ao que parece, a ideia em questão não despertou, como ainda não desperta, grande interesse para a pesquisa filosófica. Este trabalho tem o propósito de demonstrar a pertinência deste tema para a pesquisa filosófica, pois o material bibliográfico é relevante e propicia a viabilidade do empreendimento.

A primeira objeção à existência do conceito de infância, no âmbito da crítica filosófica, reside na antiga convicção de que a infância corresponde à idade em que o ser ainda não está apto para a reflexão abstrata. Admitindo esta premissa, a criança pode ser vista – Descartes já dizia – como um ser sem razão. A própria origem da palavra na tradição latina aponta para essa deficiência do não adulto, pois *infans* é aquele que não tem a fala, um ser incapaz de manifestar a sua vontade.

Este estudo pretende refutar a opinião corrente de que não houve, da parte dos filósofos modernos, a atenção para o momento singular e inaugural da existência, e que parece estar em oposição ao Espírito das Luzes e ao seu ideal de esclarecimento. Os parágrafos seguintes são dedicados à análise da menoridade da razão, que quase sempre é associada à infância. No entanto, os filósofos modernos identificaram esta menoridade não apenas à condição da criança, a menoridade está muito mais próxima da incapacidade do adulto em conduzir a sua vontade, do que da peculiaridade da mente infantil[3].

As sucessivas afirmativas de Descartes, segundo as quais, somente o adulto é capaz de conduzir o seu juízo, porque, somente na vida adulta o indivíduo é capaz de se libertar do juramento que o prendia aos seus mestres[4], acabou por alimentar o preconceito em relação à infância. Kant, ao contrário de Descartes, afirmou que a menoridade não é um sinônimo de infância, aplica-se também à infância; porém, a menoridade de que fala Kant é a situação do adulto preguiçoso e covarde que se submete de bom grado à vontade dos outros sem recorrer ao seu entendimento para agir. A menoridade da infância não é nociva e seria facilmente superada não fosse a covardia do adulto.

---

[3] Trata-se sem nenhuma dúvida de uma afirmativa kantiana relativa à ideia de esclarecimento (KANT, 1985, p. 100).

[4] Nas *Regras para direção do espírito* Descartes escreveu: "E nós próprios nos regozijamos de termos sido outrora educados dessa maneira nas escolas, mas libertos agora do juramento que nos submetia às palavras do Mestre e suficientemente amadurecidos em idade para subtrairmos a nossa mão à palmatória, [...]" (1971, p. 16); no *Discurso do método*: "Eis porque, tão logo a idade me permitiu sair da sujeição dos meus preceptores, deixei inteiramente o estudo das letras." (1987, p. 33)

Depois de terem primeiramente embrutecido seu gado doméstico e preservado cuidadosamente estas tranquilas criaturas a fim de não ousarem dar um passo fora do carrinho para aprender a andar, no qual as encerram, mostram-lhes em seguida o perigo que as ameaça se tentarem andar sozinhas. Ora este perigo não é tão grande, pois aprenderiam muito bem a andar finalmente, depois de algumas quedas. (KANT, 1985, p. 102)

Descartes fez a sua associação entre a força dos sentidos somadas à opinião do mundo adulto, de um lado, e a fragilidade física da criança, de outro, muito provavelmente não para descrever a inferioridade da criança; é mais plausível que o filósofo francês estivesse elucidando a inocência do mundo infantil e, também, a violência moral da imposição das opiniões errôneas. Na história da filosofia surgem muitas referências à infância, seja nos relatos autobiográficos, seja nas observações feitas pelos filósofos das diversas épocas sobre o comportamento da criança e do adolescente. Os registros filosóficos constituem rico material para a formulação do conceito filosófico de infância e permitem a reaproximação entre as ciências humanas e a filosofia.

No plano metodológico, a concepção filosófica de infância enfrenta a mesma dificuldade que se coloca para o trabalho da historiografia quando trata do resgate do lugar da infância na sociedade ocidental. É um traço comum da visão tradicional da infância a vinculação da criança com a instituição escolar; essa relação é reforçada por vários trabalhos no âmbito da sociologia e da história das mentalidades; entre estes estudos merecem ser lembrados as pesquisas de Ariès (1981), Jolibert (1981) e de Meyer (1977).

O pensamento filosófico, de maneira geral, vê a infância como a idade marcada pela indigência do pensamento abstrato. De outro lado, é característica da infância a robustez das sensações e o vigor da imaginação. É própria da infância a insensatez e a dependência em relação ao adulto[5].

As considerações feitas nos estágios anteriores à Modernidade são menos favoráveis à criança, pois a consideram um adulto em potencial, devendo ser educada nesta perspectiva, pois da infância não se aproveita nada. Esta maneira de olhar a criança – como um ser destinado à boa educação – remonta a Platão (1980, p. 41), nem mesmo as novas formulações da Modernidade foram capazes de captar a totalidade do conceito de educação da infância. A partir da institucionalização da

---

[5] Aqui está presente, mais uma vez, o texto clássico de Kant "Resposta à pergunta: Que é 'esclarecimento'?" (1985).

escola, a formação doméstica e comunitária foram negligenciadas em favor, unicamente, da educação formal.

Platão, considerado um dos precursores da pedagogia da essência, não deixou dúvida quanto à natureza doméstica da educação das crianças

> Nascidos os filhos, meninos ou meninas, fora natural que tratássemos de sua criação e da maneira de educá-los. Não é possível ficarem esses tópicos sem nenhuma referência; porém, quer parecer-me que o mais certo será desenvolver o assunto sob a forma de lições e conselhos, não como leis. (1980, p. 203)

Portanto, a educação das crianças sempre esteve a cargo de pessoas mais velhas que observariam, durante o período dos três aos seis anos, a necessidade da alma da criança, para educá-la por meio das brincadeiras e jogos peculiares à idade. Depois dessa primeira infância, Platão sugere que as crianças fossem separadas pelo sexo, sendo cada grupo educado somente com os seus iguais. A educação da infância, via de regra, deveria ser feita com base na imitação do comportamento do adulto, na perspectiva dos valores e dos hábitos da comunidade[6].

Um pouco diferente do modelo de educação proposto no Livro VII da *República* de Platão (1989), a formulação da ideia de educação contida nas *Leis* (1980) é realista: a aprendizagem se faz necessária para que a criança seja exercitada em suas "horas de recreio", tendo em vista a sua futura ocupação quando na vida adulta. Para alcançar a meta desejada, a criança necessita da orientação do educador; ele é quem tornará efetiva a perfeição que a alma da criança já possui. Tal visão da infância – na perspectiva do vir a ser o adulto – contribuiu para a formação da concepção clássica e humanista de educação, que comumente é classificada de pedagogia da essência. Charlot lembra que não se trata de comparar a criança "com o adulto, mas com um Homem ideal" (1979, p. 119); o modelo ideal de homem justifica a intervenção arbitrária do adulto, que se sente na obrigação de corrigir a natureza corrompida. A única resistência

---

[6] Esta foi também a característica da formação das crianças durante o Antigo Regime; Ariès havia observado que neste período a família não tinha o papel tão destacado na educação das crianças, mas que a sociedade – ou mundo adulto – é que possuía tal atribuição, eis o diagnóstico de Ariès: "A transmissão dos valores e dos conhecimentos, e de modo mais geral, a socialização da criança, não eram portanto nem asseguradas nem controladas pela família. A criança se afastava logo de seus pais, e pode-se dizer que durante séculos a educação foi garantida pela aprendizagem, graças a convivência da criança ou do jovem com os adultos. A criança aprendia as coisas que devia saber ajudando os adultos a fazê-las". (1981, p. 10)

à corrupção natural é a razão; no entanto, a razão infantil é muito débil e necessita do auxílio do adulto para atingir aquilo que se espera dela, e conclui Charlot que "a criança deve obedecer ao adulto e conformar-se com os modelos que este lhe propõe" (1979, p. 120).

Na pedagogia tradicional a educação não acrescenta nada à essência do ser[7], apenas vem contribuir para a atualização daquilo que a alma é, conferindo-lhe a realização do que existe em potência, no interior de cada ser. A pedagogia da essência é anterior à universalização da escola e remonta ao período em que a educação se fazia no âmbito doméstico. A escola – o lugar onde se realiza o trabalho pedagógico – é uma conquista tardia da sociedade ocidental, embora tenha sido a grande utopia renascentista, como também do Iluminismo. A educação de todas as crianças é realidade tardia; Manacorda, foi bem objetivo ao diagnosticar a nova educação surgida com a Modernidade

> No terreno educativo, esta revolução eliminou o velho modo de adestramento das classes trabalhadoras, com a aprendizagem no local de trabalho junto aos adultos, e colocou em crise o caráter privilegiado e retórico da formação dos grupos dominantes na escola tradicional. (1979, p. 135)

Os humanistas engajados na conformação da pedagogia moderna apontaram para quatro novos caminhos que deveriam conduzir a formação do homem. Dois caminhos seguiam a orientação religiosa e foram a expressão do pensamento da Reforma e da Contrarreforma. Os outros dois caminhos novos foram o humanismo literário e o humanismo científico[8]. Hobsbawm lembra ainda que a instrução foi vista como possibilidade de mobilidade social logo nos primórdios da Modernidade. Além da educação, Hobsbawm apontou outros três caminhos que se abriam como possibilidade de sucesso segundo a ótica

---

[7] Este é o problema para os humanistas: a vinculação da essência da infância à corrupção da natureza humana. Somente o racionalismo do século XVII foi capaz de enfraquecer esta posição. De acordo com Jolibert: "O que é original na filosofia cartesiana é que a criança começa a ser vista com seriedade. Ela permite explicar o adulto e, pelo mesmo motivo, merece que concedamos toda a nossa atenção. A criança é fraca certamente; ela é mentirosa, mas essa mentira está ligada à educação e não mais à essência da infância." (1981, p. 78-79).

[8] A. Ponce também identificou quatro correntes pedagógicas para o mesmo período descrito por Jolibert. De acordo com Ponce entre os séculos XVI e XVIII prevaleceram as seguintes orientações pedagógicas: "a que expressa os interesses da nobreza cortesã, a que serve à Igreja feudal, a que reflete os anelos da burguesia protestante, e a que traduz as tímidas afirmações da burguesia não religiosa" (1991, p. 118).

da nova sociedade burguesa; os outros caminhos eram: os negócios, as artes e a guerra[9].

Os desdobramentos da pedagogia moderna operaram a redução da educação do homem à formação escolar. Para a sociedade industrial é quase impossível pensar a educação e o ato pedagógico das sociedades em que a formação das crianças era feita nos domínios da vida pública e no interior da vida da família, pois o mundo contemporâneo vincula a educação à vida escolar. A esse respeito é oportuno o registro feito por Enguita:

> Naturalmente, é difícil ou encontrar um autor que negue de maneira absoluta a influência de outros fatores que não a ação pedagógica consciente sobre a formação dos homens, mas não poderíamos esperar mais que isso. O que encontramos, simplesmente, é a pura ignorância de toda influência educativa que não seja a escola. Ou então, o que não é senão uma forma de negar, de modo *inverso*, a existência ou a eficácia de qualquer influência educativa: a afirmação taxativa da onipotência da educação, ou seja, da educação escolar, o que se repete em Comênio, Locke, Kant, Pestallozi ou Owen. (1993, p. 24 – grifo do autor)

Essa mentalidade que toma a educação escolar como a única forma de instrução e meio eficaz para a obtenção de prestígio já estava se manifestando no século XVI. No *De pueris*, Erasmo (1996) repreende os pais que se dedicam com maior empenho aos negócios e são negligentes com a educação dos filhos; ao concluir o raciocínio, ele afirmou que a educação se faz necessária, pois, o esforço dos pais se destina ao futuro dos filhos. Mais à frente, aparece a mesma argumentação, que evidencia os novos valores sociais da cultura renascentista, que passou a influenciar não só a mentalidade moderna como também o ideário educacional, que esteve voltado para a formação de homens que deveriam valorizar o trabalho para saber usufruir dos seus benefícios. Esta situação estava presente nas indagações feitas por Erasmo

> Para quem os pais semeiam? Para quem aram? Para quem constroem? Para quem se afadigam em angariar riquezas por mar e por terra? Não é bem para os seus filhos? Mas que uso e proveito hão de ter tantos bens se aquele, a quem se destinam, não sabe como administrá-los? [...] Se ajustas tais bens para pessoa devidamente

---

[9] Dos quatro caminhos, a educação era "o caminho mais atraente" porque proporcionava três metas muito promissoras para a ascensão social, eram elas: o funcionalismo público, a política e as profissões liberais (HOBSBAWM, 1988, p. 211).

educada, entregas-lhe instrumento de virtude; se, ao invés, caem em poder de indivíduo desinformado e rude, que fizeste a não ser municiá-lo de recursos para a malversação e os vícios? Seria, por ventura, imaginável um pai mais desatinado? (1996, p. 13)

Os filósofos humanistas e modernos são relevantes para a busca da identidade do ser criança, eles contribuíram para a elaboração de um conceito que está associado à concepção de homem, porque, logicamente, a criança já é o homem, isso é inegável; no entanto, o ser-homem da criança é transitório, revestido, ainda, de um ser outro que não é o adulto. A identidade está presente desde o início, porém, a ausência de raciocínio abstrato e de juízos de valores formados afasta a criança do adulto com a mesma intensidade que o mundo adulto quer a criança emancipada e convivendo com a esfera autônoma da vida esclarecida.

De início, os primeiros humanistas não vincularam a educação da infância com a instrução escolar, o modelo de educação que a literatura de civilidade da época transmitia não priorizava a instrução, sendo que as habilidades da leitura e da escrita eram consequências da boa utilização desses escritos de civilidade. Na ausência das novas gramáticas para o latim e para o grego, como também para língua materna, os manuais de civilidade tiveram importante papel na educação das crianças e dos adolescentes, mesmo porque, no momento em que estes manuais foram introduzidos, ainda não existia a incumbência do Estado com a instrução pública. As poucas escolas que existiam eram confessionais e, não se deve esquecer, o costume da época, para os bem-nascidos, ainda era o de contratar um preceptor para os filhos.

A promoção das regras de civilidade trouxe maior estímulo para a educação das crianças, mesmo porque essas regras estavam direcionadas para a educação da criança, do adolescente e do jovem. Essas idades eram consideradas determinantes para a vida virtuosa na maturidade e na senilidade. A nova concepção do homem, surgida com o humanismo, deixava clara a nova orientação para a instrução: somente seria virtuoso aquele homem que tivesse acesso à boa educação desde a mais tenra idade.

No limiar da Modernidade, a ideia de educação comportou, primeiramente, os seguintes aspectos: a preservação da vida, o cultivo das boas maneiras e o direcionamento para o estudo das letras. Erasmo já dizia que é estupidez imaginar que a criança, pela sua fragilidade peculiar, não deve passar pelas fadigas da instrução, pois, segundo os adversários da instrução das crianças, as atividades educativas poderiam debilitar ainda mais a fraca compleição da criança. Sempre recorrendo aos exemplos tirados da natureza, quando não dos clássicos, dizia Erasmo que as árvores mais frondosas foram um dia pequenas sementes. O manual de boas maneiras escrito por Erasmo, *Civilidade pueril*, foi um livro que influenciou durante séculos a educação das crianças – tornou-se, na prática, um livro escolar –, nele Erasmo afirma:

> A arte de educar as crianças divide-se em diversas partes, das quais a primeira e a mais importante é que o espírito, ainda brando, receba os germes da piedade; a segunda, que ele se entregue às belas-letras e nelas mergulha profundamente; a terceira, que ele se inicie nos deveres da vida; a quarta, que ele se habitue, desde muito cedo, às regras de civilidade. (1978, p. 70)

A educação possui o aspecto do "saber viver", propriedade inata do ser humano e que se manifesta com maior intensidade quando o homem está mais próximo da natureza, isso ocorre durante os primeiros anos; é essa aptidão inata para aprender que pode contribuir para a correção da natureza humana.

> Se bem que a educação (*savoir-vivre*) é inata em qualquer espírito bem formado, por falta de preceitos formais homens honrados e cultos cometem todavia faltas, o que é lamentável. Não nego que a civilidade seja a parte mais modesta da filosofia, contudo, e esse é o juízo dos mortais, elas bastam, hoje, para estabelecer a concórdia e fazer valer qualidades mais sérias. (1978, p. 70 – grifo do tradutor)

Assim, o ideal de formação do homem deve ser iniciado pelas noções morais, pelas regras de boas maneiras e pelo aprendizado da leitura e da escrita; essas são a um só tempo a base para a filosofia. Dessa maneira, assim como a criança era vista na perspectiva do adulto que se pretendia instituir a partir dela, assim também a sabedoria era vista pela ótica da filosofia, sendo que a civilidade, as fábulas, os ditos populares, as máximas extraídas da leitura dos clássicos, eram atividades que tinham em vista a constituição de uma mente bem formada, para que, mais tarde, na idade madura, o indivíduo pudesse estar apto à filosofia.

Existiu na filosofia humanista a sintonia perfeita entre a natureza e a razão, esta acrescentando aquilo que faltava àquela. A razão opera segundo a ordem da natureza, e, portanto, a razão regula os pensamentos e possibilita o estabelecimento de diversas relações entre as ideias; essas combinações de ideias conduzem o pensamento segundo a ordem da luz natural, tornando o indivíduo capaz de bem julgar as coisas, tendo em vista a correção da conduta e o aperfeiçoamento da natureza individual.

A boa educação, pautada pela ordem natural, não pode fazer uso da violência ou dos castigos corporais, porque, dessa forma, a natureza individual permaneceria presa à sua indocilidade e não daria lugar à realização da razão de ser do homem. A violência foi para Erasmo o grande impedimento da passagem da natureza humana individual para a natureza na sua dimensão perfeita, única capaz de exprimir a ordem do universo e regular a vida do homem; o aperfeiçoamento da natureza equivale ao exercício pleno da razão humana.

No *De pueris*, Erasmo reservou a quinta parte do discurso à condenação dos castigos corporais e de toda forma de violência empregada contra a criança. A educação pré-renascentista não era uma prática da liberdade, os resultados eram, por vezes, nefastos, dada a violência que caracterizou as relações mestre-aluno. Ao introduzir a parte dedicada à refutação dos maus tratos praticados contra as crianças, Erasmo o faz dizendo que a escola não é cárcere e que a violência decorre do despreparo dos mestres

> Que aproveitamento proporciona-se às crianças de apenas quatro anos de idade, matriculando-as em jardins literários, sob a direção de preceptores desconhecidos, rudes, de costumes nada sadios, por vezes desequilibrados e até lunáticos ou afetados de epilepsia, quando não da lepra denominada da 'sarna gálica'? [...] Dir-se-ia que, ali, não existe escola e sim ergástulo. Apenas se ouve o crepitar das palmatórias, o estrépito das varas, as lamentações e os soluços em meio à balbúrdia de ameaças ferozes! (1996, p. 38)

A aprendizagem é fator decisivo para a realização do indivíduo, não somente para tornar ato aquilo que existia em potência, mas por acrescentar aquilo que ainda faltava à criança: a convivência social.

Portanto, a educação deve começar desde o nascimento, "o colo materno é a primeira escola", dizia Erasmo. A educação das crianças deveria obedecer a disposição que a natureza confere ao homem, ou seja, é preciso pautar a educação pelo uso da razão, dessa forma, a razão infantil começa por se educar com a observação da vida prática; o amadurecimento da criança se faz primeiro na convivência social, para tanto são indispensáveis algumas regras, cuja finalidade não é apenas os modos polidos, mas a formação de valores morais

> Nesse particular, aquela idade deve ser lubrificada com certos artifícios de fantasia, já que ainda é incapaz de entender quanto de frutuoso, de digno, e de satisfação lhe advirá dos estudos, no futuro. Efeito que resulta, em parte, da doçura e da afabilidade

do educador, e, em parte, da perícia e dedicação no transmitir as diversas disciplinas de modo que o estudo vira alegria, aliviando a criança do clima de imposição onerosa. (Erasmo, 1996, p. 37)

A educação não pode ser uma atividade enfadonha, pautada pela palmatória e pela vara; e não é só isso: a criança merece cuidados especiais e deve ser tratada com atenção, de maneira que a sua natureza indefinida não encontre na convivência com o mundo adulto o incentivo para o seu embrutecimento. Essa atitude não deixa de transparecer a maneira de ver na criança a maldade que existe na mentalidade do adulto, uma projeção que o adulto faz sobre a criança, influenciado pela crença religiosa de que a natureza possui uma propensão para o mal, herdada de Adão. De acordo com Erasmo:

> Aquela faixa etária, por ser mais sujeita ao impulso da natureza do que à razão, com igual facilidade senão, talvez, em proporção maior, está mais propensa para o mal do que para o bem. [...] [a doutrina cristã] professa que a tal de inclinação para o mal entrou em nós como herança de Adão, o cabeça do gênero humano. A par de consistência desta doutrina, há de se ater ao fato que a maior parcela daquele mal emana das perversas companhias e da má educação, principalmente, na idade tenra com a sua receptividade pronta. (1996, p. 34)

Apesar da ressalva, de que o mal é transmitido à criança, com maior intensidade, pela convivência com as pessoas de comportamento condenável, ainda há a concordância de que o mal é inato. O pensamento cristão até a época de Erasmo era discordante em relação à filosofia platônica no tocante ao julgamento do mal Platão defendia a tese de que não existe uma alma má, pois todas contemplaram a ideia de bem; o mal, portanto, é a privação do bem, e só se sobrepõe ao bem quando o indivíduo recebe uma má educação. A posição de Erasmo parece estar entre a doutrina cristã e a filosofia platônica no tocante à propensão para o mal, advinda do pecado original. Em que pese a concordância entre Erasmo e Platão, de que o mal seja alimentado "pelas perversas companhias e da má educação", Erasmo não abriu mão da doutrina cristã e da anterioridade do mal, ao mesmo tempo que sinaliza com a propensão para o bem.

Embora Erasmo condenasse a predestinação da vida, atribuindo à educação a possibilidade de formar o homem, pois, como ele afirmava, "não se nasce homem, torna-se", ele não deixou de atribuir à educação o instrumento de atualização das potencialidades da natureza – o bem ou mal –, em consonância com a qualidade da educação.

Para os pensadores humanistas, a boa educação decorria da observação da ordem natural reguladora dos fenômenos, que submete inclusive o homem à harmonia universal preestabelecida; a vida virtuosa consiste na observação da harmonia da natureza, o que não implica imediatamente na ciência rigorosa da natureza.

É justamente esta limitação da ciência medieval que Descartes criticou e buscou superar, apontando para os novos tempos da sociedade ocidental. A filosofia moderna contribuiu para que a ciência moderna alcançasse as bases necessárias para a sua emancipação, tendo por resultado a refutação da fé divina para a justificação da ordem natural que havia sido formulada pelos humanistas.

A grande motivação de Descartes nos seus escritos sobre o método foi sempre a de refletir sobre o melhor caminho a seguir para encontrar a verdade; essa foi, sem dúvida, a constante das *Regras* (1971), do *Discurso do método* (1987) e das *Meditações* (1988). O método permite que a inteligência proceda à investigação da verdade, de tal maneira a não se enganar sobre aquilo que é claro e distinto. Isso porque a inteligência age por duas vias: a intuição e a dedução.

Descartes fez questão de frisar que se tratava de uma intuição da inteligência, ou "o conceito que a inteligência pura e atenta forma com tanta facilidade e distinção, que não resta absolutamente nenhuma dúvida sobre aquilo que compreendemos" (1971, p. 21). A dedução implica em uma cadeia de raciocínios, de modo que, sempre partindo do mais simples, seja possível o desenvolvimento de uma sucessão ordenada de razões para alcançar a compreensão de outros raciocínios bem mais complexos e muitos mais próximos da verdade. Descartes fez a distinção entre a intuição da inteligência e a dedução. A primeira necessita de uma evidência sempre atual, ao passo que a dedução encontra a sua certeza na memória.

Ordem e medida são também qualidades que devem ser empregadas na educação dos homens, para que a "luz natural" da razão possa indicar o caminho a ser seguido para uma vida proveitosa e reta (DESCARTES, 1971, p. 13). A razão humana deixa de ser dependente da mente divina, para adquirir a certeza de si mesma e se constituir na única possibilidade "da realização da sua perfeição" (KOYRÉ, 1987, p. 17). Os fundamentos da razão, uma vez esclarecidos por sua luz natural, conferem certeza ao conhecimento humano, devendo ser buscado não simplesmente nesta ou naquela ciência, mas no conjunto das ciências que outra coisa não é que a "sabedoria humana" (DESCARTES, 1971, p. 12). O modelo de ciência admitido por Descartes é o da ciência natural que, por intermédio do raciocínio geométrico aplicado à física, vem proporcionar a certeza de que carecia a ciência dos antigos e dos escolásticos. A possibilidade das ciências naturais é garantida pela capacidade natural da mente humana que, por sua vez, permite afirmar a existência de uma natureza humana, ou a segunda natureza, forjada pelo próprio homem.

Para Descartes, dois caminhos conduzem ao conhecimento das coisas; um é o correto, este foi chamado de dedução, enquanto que o outro é o errado, identificado com a experiência sensível. Além da experiência, a investigação humana ainda é limitada pelos juízos errôneos, que impedem a inteligência de atingir o conhecimento; esses juízos decorrem dos preconceitos e das paixões humanas que acabam por turvar a natureza racional da mente humana.

O racionalismo do século XVII ofereceu os argumentos para a reforma do entendimento, porém a tarefa que a inteligência tem de executar para dirigir-se à verdade não se ensina nas escolas, ao contrário, ela só se torna possível algum tempo depois que se deixa a instituição escolar. No entanto, a infância se constituiu não só em um problema metafísico, como também um problema moral, justamente pelo fato de estar à mercê dos sentidos e da opinião dos adultos e, portanto, sem condições de encontrar sozinha a verdade das coisas. Descartes não acreditou que a escola do seu tempo pudesse fazer com que a criança se emancipasse de imediato, pois a estrutura educacional estava calcada na autoridade teológica e não oferecia as condições para que o intelecto infantil chegasse, desde o início da sua instrução, a alcançar as coisas segundo a ordem natural.

Quando Descartes escreveu as *Regras*[10], este preconceito com relação à formação promovida pelas escolas vinha acompanhado de um juízo muito desfavorável tanto à filosofia escolástica, quanto à criança, pois considerava a filosofia medieval uma filosofia menor, adequada ao engenho infantil, sendo que seria preferível que as crianças e os adolescentes fossem treinados nos silogismos do que ficarem sem receber nenhuma instrução.

> São, com efeito, exercícios para os espíritos das crianças e um meio de emulação para os fazer progredir: é bem melhor formá-los por opiniões semelhantes, sejam elas incertas em aparência em consequência das controvérsias entre eruditos, em vez de os abandonar livremente a eles próprios. Talvez que sem guias fossem cair em

---

[10] As *Regras* foram escritas em 1628, sendo publicadas foi feita somente após a morte de Descartes.

precipícios, mas enquanto caminharem nas peugadas (sic) dos seus mestres, mesmo que se afastem as vezes da verdade, apesar de tudo, no entanto, seguem um caminho mais seguro, pelo menos no sentido de já ter obtido a aprovação de homens mais avisados. (1971, p. 16)

Na falta de uma educação melhor, as crianças encontravam algum proveito nos procedimentos pedagógicos utilizados até então, esta foi a situação vivida pelo próprio Descartes ao admitir que somente na juventude se sentia em condições de formular as regras para dirigir a inteligência na busca da verdade das coisas. Mas o que faz com que a criança seja a vítima preferida tanto dos sentidos quanto das opiniões? Devido à inadequação entre a vontade e o entendimento[11], e, também, porque nem mesmo os sentidos e as opiniões possuem um acordo acerca das coisas, os sentidos impelem para o imediato, e as opiniões conduzem ao falso. Este é o raciocínio presente no *Discurso do método:*

> E assim ainda pensei que, como todos nós fomos crianças antes de sermos homens, e como nos foi preciso por muito tempo sermos governados por nossos apetites e nossos preceptores, que eram amiúde contrários uns aos outros, e que, nem uns nem outros, nem sempre, talvez nos aconselhassem o melhor, é quase impossível que nossos juízos sejam puros ou tão sólidos como seriam, se tivéssemos o uso inteiro da nossa razão desde o nascimento e se não tivéssemos sido guiados senão por ela. (1987, p. 35)

Descartes tinha uma visão pessimista com relação ao modelo de formação do homem; até mesmo o avanço ocorrido no século anterior ao seu, como foi elucidado na filosofia de Erasmo, não conseguiu livrar-se do peso da tradição clássica para encontrar o modelo natural de formação do homem virtuoso. Descartes admitiu, tanto nas *Regras* quanto no *Discurso do método,* que, embora não fosse eficiente o modelo humanista, ele era preferível a entregar a criança à própria sorte, pois, sozinha ela estaria totalmente desamparada. Não há no texto de Descartes a certeza de que a criança seria capaz de fazer de si mesma um adulto, mesmo porque, inevitavelmente, ela estaria vivendo com outros seres, mas não só isso, ela fatalmente não teria como se livrar da ação dos sentidos. Portanto, a infância é a idade da passividade e da abstenção dos julgamentos (JOLIBERT, 1981, p. 77).

---

[11] De acordo com Jolibert, para Descartes a infância não possui discernimento das coisas, e, portanto, o espírito não é capaz de atingir a verdade: "Ora, a infância é precisamente a idade da inadequação extrema entre vontade e entendimento. A vontade é infinita e o entendimento incapaz de demonstrar discernimento" (1981, p. 77).

Na falta da exposição de um novo método para os estudos, é forçoso admitir que a educação, para Descartes, não possuía o valor determinante que é atribuído hoje ao amadurecimento do entendimento; fica implícito nos três trabalhos, cuja finalidade foi a reflexão sobre o método, que é natural o fato da criança não ser capaz de atingir a autonomia intelectual, a não ser quando deixa de ser criança. A educação, segundo Descartes – referindo-se ao seu tempo –, pode ser considerada como a fonte da humanização do homem, como queriam os humanistas, mas é também uma fonte que proporciona falsos conceitos e juízos, pois está sempre apegada à tradição.

A confiança que Descartes depositou no intelecto assentou-se na certeza de que, embora o indivíduo tenha passado pela educação das escolas, existe nele a luz natural que guia a razão no caminho da verdade, fazendo-se presente em cada um desde o nascimento. A ressalva de Descartes é que, durante a infância e a adolescência, o indivíduo é obrigado a acreditar em tudo o que os mestres transmitem, somente a partir da juventude torna-se possível "quebrar o nosso juramento" (1987, p. 33) que submete a inteligência infantil à autoridade dos mestres. Essa luz natural é comum a todos os homens, de maneira que não é correto dizer que uns alcançam o reto caminho por serem mais racionais do que a maioria que jamais abandona as trilhas da ignorância. A diferença entre uns e outros está justamente na maneira como cada um conduz a sua razão na investigação da verdade das coisas.

Descartes foi um crítico do modelo humanista de formação do homem por discordar da pertinência de um currículo pautado exclusivamente pelas disciplinas humanistas. Até mesmo as ciências formais, como as matemáticas e a lógica, eram ensinadas com um método que não permitia atingir a verdade das coisas; o método escolástico permitia apenas a possibilidade de explicar as coisas já sabidas, sem produzir conhecimentos novos.

Em que pesem as críticas feitas por Descartes ao modelo de educação herdado da tradição, ele considerou a escola uma instituição necessária; ela viria a colaborar para o bom uso da razão, mesmo que fosse mediante emulações herdadas da escolástica. A respeito da dívida de Descartes para com a escola, Jolibert lembra da célebre carta em que Descartes se dizia grato aos seus mestres do colégio de La Flèche, além de enumerar as vantagens de se encaminharem as crianças para lá; de acordo com Jolibert

> A única possibilidade para ele [Descartes] para passar da opinião ao saber verdadeiro, é adquirir o uso da razão. Por isso, o melhor

ainda é evitar que os erros, as ilusões, não se instalem e, então, colocar a criança o mais cedo possível em um meio educativo que a proteja dos erros e a conduza rapidamente ao uso do bom senso. (1981, p. 81)

Para Descartes, a fraqueza do intelecto infantil não está na natureza da criança, ao passo que a duração dessa fraqueza e os prejuízos futuros se devem muito mais à educação do que à própria criança. O modelo humanista, totalmente apegado ao passado e às letras, não foi suficiente para a emancipação do intelecto. A erudição por si só não é garantia da boa formação do homem, virtuoso e capaz de julgar corretamente o que é verdadeiro e o que é falso[12]. Apesar da crítica social ao antigo regime, os modernos ainda consideravam a infância como a idade da incapacidade de julgar e bem discernir as coisas; concordavam com os humanistas sobre dois pontos. Primeiro, que a infância é o momento privilegiado em que são formados os hábitos e as noções morais, e, também, que o intelecto infantil é a base sobre a qual deverão se assentar os conhecimentos aprofundados das coisas. Desses legados deixados pelos humanistas e pelos racionalistas, passou a existir a concordância de que a educação da infância é uma questão fundamental para a emancipação do entendimento.

Referências

ARIÈS, P. *História Social da Criança e da Família*. 2 ed. Rio de Janeiro: Editora Guanabara, 1981.

CHARLOT, B. *A mistificação pedagógica, realidades sociais e processos ideológicos na teoria da educação*. Tradução de Ruth Rissim Josef. Rio de Janeiro: Zahar Editores, 1979.

ENGUITA, M. F. "O pensamento educacional antes de Marx". In: _____. *Trabalho, escola e ideologia: Marx e a crítica da educação*. Porto Alegre: Artes Médicas, 1993, p. 17-46.

ENGUITA, M. F. De pueris [De Pueris statim ac liberaliter instituendis, libellus et novus et elegans]. Tradução de Luiz Feracine. *Intermeio*, 3, 1996, p. 1-60. Encarte especial.

ENGUITA, M. F. *A civilidade pueril*. Tradução para o português de Fernando Guerreiro, prefácio de P. Ariès. Lisboa: Editorial Estampa, 1978.

---

[12] Dizia Descartes, ainda nas *Regras*: "nunca nos tornamos filósofos pelo simples fato de termos lido todos os argumentos de Platão e Aristóteles, mas sem podermos emitir um juízo sólido sobre o que nos é proposto" (1971, p. 20).

DESCARTES, R. *Regras para a direcção do espírito*. Tradução de António Reis. Lisboa: Estampa, 1971.

DESCARTES, R. *Discurso do método*. Tradução de J. Guinsburg e Bento Prado Júnior. São Paulo: Nova Cultural, 1987. Coleção "Os Pensadores".

DESCARTES, R. *Meditações sobre a filosofia primeira*. Tradução de Gustavo de Fraga. Coimbra: Livraria Almedina, 1988.

JOLIBERT, B. *L' enfance au 17e siècle*. Paris: J. Vrin, 1981.

KANT, I. Resposta à pergunta: que é "esclarecimento"? In: _____. *Immanuel Kant, textos seletos*. 2.ed. Tradução de Raimundo Vier e Floriano de Sousa Fernandes. Petrópolis: Vozes, 1985, p. 100-117.

KOYRÉ, A. "Prefácio e notas ao Tratado da reforma do entendimento". In: ESPINOSA, B. *Tratado da reforma do entendimento e do caminho para chegar ao verdadeiro conhecimento das coisas*. Tradução de Abílio Queirós. Lisboa: Edições 70, 1987.

MANACORDA, M.A. *Marx y la pedagogia moderna*. 2.ed. Tradução para o castelhano de Prudencio Gomes. Barcelona: Oikos-tau, 1979.

MEYER, P. *L' enfant et la raison d' État*. Paris: Éditions du Seuil, 1977.

NARODOWSKI, M. *Infancia y poder la conformación de la pedagogía moderna*. Buenos Aires: Aique, 1994.

PLATÃO. *A República* – Livro VII. Tradução de Elza Moreira Marcelina. Brasília/São Paulo: Editora da UnB/Ática, 1989.

PLATÃO. *Diálogos: Leis e Epínomis*. Tradução de Carlos Alberto Nunes. Belém: Editora da Universidade Federal do Pará, v. XII-XIII, 1980.

A brincadeira, o jogo, a criação: crianças e adultos filosofam

Lúcia Helena Cavasin Zabotto Pulino

> É o beija-flor que beija a flor,
> ou a flor que beija o beija-flor?
> (José Paulo Paes)[1]

A criança

Em muitos países, programas voltados para tornar acessíveis a crianças experiências de reflexão filosófica em situação escolar[2] vêm se mostrando práticas proveitosas em termos pedagógicos e reveladoras de novas possibilidades educacionais voltadas para a infância.

A partir da introdução da Filosofia no currículo da educação de crianças têm surgido questões não só de caráter metodológico, mas, e especialmente, tem-se desenvolvido um campo de estudo – a Filosofia da Infância – que vem ressaltando a necessidade de se colocar a criança no centro da reflexão filosófica.

O Projeto Filosofia na Escola (PFE), desenvolvido, como programa de extensão, por professores e estudantes da Universidade de Brasília[3], junto a professores da Secretaria da Educação do Distrito Federal, envolvendo alunos desde a educação infantil até o ensino médio, vem sendo uma fonte riquíssima de pesquisa sobre a história da prática de

---

[1] Do livro *Olha o Bicho. Poesias de José Paulo Paes*. São Paulo: Ed. Ática, 1991.

[2] Refiro-me às experiências internacionalmente desenvolvidas a partir da proposta de Matthew Lipman, conhecida como *Filosofia para Crianças*.

[3] Ver *Filosofia na Escola Pública*, organizado por KOHAN, W., Leal, B. e RIBEIRO, A. – Coleção Filosofia na Escola – Vol. V. Ed. Vozes, 2000, que relata a experiência do PFE.

filosofia com crianças, desde Lipman, sobre questões metodológicas e conceituais ligadas a esta prática e, especificamente, sobre a infância.

A problematização da concepção de criança implica, necessariamente, em uma abertura, em uma disposição para se buscar e não para se fechar um conceito. Esta postura investigativa coloca no centro da reflexão, junto com o conceito de infância, o de adulto, o de educação, os valores envolvidos em nossa concepção de conhecimento e, em última instância, desnuda a concepção de filosofia que sustenta nossa prática-teórica de filosofia com crianças.

Que criança é esta da qual falamos quando propomos um trabalho de educação filosófica?

O que está implicado na denominação de nossa proposta como Filosofia *com* Crianças e não como Filosofia *para* Crianças? Fazemos Filosofia ou *f*ilosofia?[4]

Certamente essas não são apenas questões de linguagem, terminológicas, mas carregam todo um conjunto de valores que, explícita ou implicitamente, direcionam nossa relação com as crianças, com a educação e com a filosofia.

A compreensão do significado da infância requer uma pesquisa multidisciplinar, promovendo uma conversa entre a História, a Sociologia, a Antropologia, a Psicologia e a Filosofia.

A história das mentalidades nos traz uma rica colaboração, na medida em que esboça o caminho de construção da representação de "criança" que resulta na concepção que temos dela atualmente. Philippe Ariès (1981), analisando a arte, os costumes, o vestuário e os jogos da Idade Média e do início da Idade Moderna, localiza o nascimento da atual noção ocidental de criança nos primórdios da Modernidade. Antes disso, o cotidiano da criança, suas atividades, a relação com os adultos, as perspectivas sociais e o valor mesmo de sua vida indicavam seu lugar, bastante diferente do da criança contemporânea.

Com a criança moderna, nasce a escola, a distinção do mundo infantil em relação ao do adulto e a consequente tentativa de conhecer as especificidades deste momento da vida do ser humano. As ciências humanas, e, em especial a Psicologia, empenham-se em compreender e, muitas vezes, explicar, a infância, subsidiando práticas educacionais na família e na escola.

---

[4] RORTY, Richard. em *Filosofia e o Espelho da Natureza*, 1980, propõe que se escreva filosofia com f minúsculo, quando se quer significar a filosofia edificante e Filosofia com F maiúsculo, para designar a Filosofia epistemológica.

A sociologia e a antropologia abordam a infância, contextualizando-a numa sociedade, numa época e numa cultura, que definem, em grande medida, o seu sentido e seu lugar existencial em relação à comunidade e em relação às pessoas jovens, adultas ou idosas.

> Todo Papalagui é possuído pelo medo de perder o seu tempo. Por isso, todos sabem exatamente (e não só os homens, mas as mulheres e as criancinhas), quantas vezes a lua e o sol saíram desde que, pela primeira vez, viram a grande luz. De fato, isso é tão sério que, a certos intervalos de tempo, se fazem festas com flores e comes e bebes. Muitas vezes percebi que achavam esquisito eu dizer, rindo, quando me perguntavam quantos anos tinha: " Não sei..." " Mas devias saber." [...].[5]

Aqui, o habitante de uma tribo dos Mares do Sul fala, com estranhamento, sobre a importância que o homem branco dá à idade que cada pessoa tem. Isso se expressa em nossas práticas sociais, em nossas formas de compreender o mundo e na maneira como projetamos nossas instituições e os espaços que habitamos.

O cotidiano da criança nos dias atuais, em nossa cultura, nos conduz a alguns lugares, instituições e valores, que desenham sua imagem atual e projetam sua imagem ideal. As casas, as ruas, os orfanatos, os assentamentos, as casas de detenção de menores, as escolas, são lugares onde comumente se encontram as crianças. Podem estar estudando, brincando ou até, mesmo, trabalhando.

Há indícios da presença da criança nas cidades. Aqui no Brasil, como em outros países em situação socioeconômica tão ou mais precária do que a dele, temos a presença explícita de crianças perambulando pelas ruas, organizadas segundo um código de ética próprio, atuando como pedintes ou realizando trabalhos informais – vigiando e lavando carros, engraxando sapatos, distribuindo folhetos de propaganda, vendendo docinhos e frutas, ou fazendo apresentações de malabarismo na frente dos carros que aguardam no semáforo, esperando que seu "público" as recompense.

Além dessa presença no sentido forte da palavra, temos a presença simbólica de crianças: *outdoors* anunciando produtos infantis, revistas para crianças em bancas de jornal, livrarias e discotecas infantis, lojas especializadas em roupas, calçados para crianças, sofisticados estabelecimentos que vendem brinquedos, cadeiras altas em restaurantes,

---

[5] Do livro *O Papalagui. Comentários de Taiávii, chefe da tribo Tiavéa, nos mares do sul*. Recolhidos por Erich Scheurmann. Samuel P. A. Reis, trad.: DER PAPALAGI. Zurich: Tanner e Staehelin Verlag A. G.. São Paulo: Marco Zero editora, s/d, p. 50.

fraldários em shopping centers. Esses indícios da infância, embora se refiram mais a filhos de uma parcela restrita da população, compõem a imagem de criança difundida socialmente.

A criança é usada na televisão e na imprensa escrita e falada para divulgar produtos e valores, dirigindo-se não só ao público infantil, mas, e especialmente, a adultos consumidores. Há uma produção cultural voltada para crianças: livros, filmes, músicas, peças de teatro. São as consideradas coisas de criança. Coisas para criança. A criança é vista, em geral, como a "baixinha", que vai crescer, aquela que "ainda não" é, que vai se completando, em contraposição ao adulto, que " já é", que pode, que é responsável, que tem o que dizer, que faz escolhas, que, em última instância, está inserido no sistema de produção/consumo.

Podemos conhecer a infância a partir da lembrança da criança que um dia fomos, do passado idílico de ser cuidado, de ser aceito em falhas e impossibilidades, dos sonhos ligados ao "o-que-vou-ser-quando-crescer..." dos amigos, das brincadeiras, dos tombos, choros, das limitações, das censuras, dos desejos reprimidos, do não alcançável, do fim da infância que nos assaltou um dia.

Buscar o sentido da infância é buscar o sentido do que já passou, do que está sendo, do que poderá ser e do que nunca será. A infância são nossas realizações de criança, mas também o que não fomos e pensamos ser, nossas fantasias, nossos projetos, que podem nunca se realizar. É, muitas vezes, identificar o que em nós "não cresceu", não "amadureceu", não virou adulto. Com frequência se ouvem comentários do tipo "chorou feito uma criança" ou "já está bem grandinho para ter esses acessos de raiva" ou " Suas ideias são infantis demais!"

As representações sociais[6] que temos de criança são o conjunto dessas manifestações, teórico-práticas, que, consciente ou inconscientemente, orientam nossas ações e ideias relativas à infância, além de contribuir para a composição da autoimagem da criança.

Quando uma criança nasce, ela é recebida como alguém já esperado, que se insere num espaço reservado histórica, social e psicologicamente a ela e, ao mesmo tempo, ela, em sua corporeidade, em sua originalidade, surpreende, é a novidade, o inesperado.[7] A criança se reconhece como indivíduo no contexto sociocultural de que faz parte,

---

[6] Ver LOWEH, Chombart de e FEUERHAHN, N. (1989) "La représentation sociale dans le domaine de l'enfance." In: JODELET, D. *Les représentations sociales*. Paris: PUF, 1989, p. 320-340.

[7] Essa questão é abordada por mim em "Acolher a criança, educar a criança". In: *Em Aberto* no. 73. MEC-INEP, 2000, p. 29-40.

por este jogo de relações que a tomam como o mesmo e o outro, o igual e o diferente.

Entretanto, as práticas educacionais têm levado em conta muito mais este aspecto conhecido da criança como uma ferramenta para facilitar a tarefa de introduzi-la nas instituições sociais adultas. A educação tem se esquecido da criança que surpreende, da criança original, criativa, desconhecida e, consequentemente, tem propiciado poucas oportunidades de autorrealização por parte da criança. Há um direcionamento para a uniformização das crianças pela escola, visando a uma conformidade delas em relação ao ideal de criança traçado pela sociedade.

A Psicologia do Desenvolvimento, disciplina que contribui fortemente para a construção de representações sociais da criança, tem se dedicado a pesquisar a infância e sua importância na formação da personalidade do indivíduo. Assim, Jean Piaget (1896-1981) elabora uma teoria psicogenética compreensiva da origem e desenvolvimento do indivíduo ao longo da vida, fazendo corresponder a cada estágio da vida uma forma de conhecer o mundo e relacionar-se socioafetivamente com as pessoas. Tendo a idade adulta como referencial, define o desenvolvimento psicológico como um processo de equilibração progressiva, que se inicia no nascimento e se estende até a idade adulta, e voltado para a conquista de autonomia intelectual, afetiva e moral.

Em texto anterior[8], considerei a contribuição das teorias do desenvolvimento, não só a teoria de Piaget, mas a de Wallon, a de Freud e a de Vygotsky, para a prática da Filosofia com Crianças, no PFE.

Agora, quero olhar com outros olhos essas teorias e pensar em como elas tentam enquadrar a criança em limites preestabelecidos, buscando nela o que há de já dado, já conhecido, já esperado.

A infância, compreendida como um estágio a ser vivido num tempo de vida, é tomada como o início de uma jornada, o tempo da construção do alicerce da vida adulta. A criança, "ainda não"[9] um adulto, é dependente, incompleta, não responsável, não cidadã: é "Café com leite" ou "com pés descalços", como dizem as próprias crianças, referindo-se aos companheiros menores que participam do jogo, sem conseguir compreender suas regras.

---

[8] "A Psicologia no Projeto Filosofia na Escola – Construindo a Interdisciplinaridade". In: *Filosofia na Escola Pública*, organizado por KOHAN, W., LEAL, B. e RIBEIRO, A. – Coleção Filosofia na Escola – Vol. V. Petrópolis: Vozes, 2000, p. 296-310.

[9] Ver ANDRADE, A. N., "A criança na sociedade contemporânea: do "ainda não" ao cidadão em exercício", in: *Psicologia, Reflexão e Crítica*, Porto Alegre, 1998, v. 11, n. 1, p. 161-174.

Esta maneira desenvolvimentista de ver a infância traça um curso temporal linear para a vida do indivíduo, embutindo no processo de desenvolvimento a noção de progresso, que aponta o adulto, típico de nossa cultura ocidental cientificizada, como um ideal de indivíduo autônomo, capaz de viver na sociedade de que fazemos parte.

Essas teorias, que têm sido vistas como maneiras de se analisar e se colocar às claras o processo de desenvolvimento da criança, não olham a criança como diferente, como o outro, como pessoa original, como novidade radical.[10]

Retomo, aqui, os textos dos teóricos da Psicologia do Desenvolvimento e tento encontrar neles rastros dessa criança indefinida, dessa pessoa que escapa ao predeterminado, dessa originalidade que rompe a normalidade e o ideal de criança.

E encontro, especialmente, na Psicogênese da Pessoa, de Henri Wallon (1879-1962), a criança vista como pessoa completa, que se constrói em oposição ao outro, que se supera em situações de conflito e crise, que se constitui como devir.

> O *socius* ou o outro é um parceiro permanente do eu na vida psíquica. Ele é normalmente reduzido, invisível, recalcado, e como que negado pela vontade de dominação e de completa integridade que acompanha o eu. Entretanto, toda deliberação, toda indecisão, é um diálogo por vezes mais ou menos explícito entre o eu e um oponente.[11]

Em Wallon, o conflito, a consideração de que criança e adulto são pessoas em constante desenvolvimento e das crises como dinamogênicas, são os elementos que nos permitem pensar a criança, a pessoa, como original, e o ser humano como uma realidade movediça.[12]

Na Psicanálise, a consideração da dimensão inconsciente, da presença da fantasia e do valor simbólico da experiência do indivíduo, não determinados de fora, mas constituídos na sua história pessoal, permite-nos a pensar a criança como subjetividade. Freud (1856-1939),

---

[10] O texto de LARROSA "O enigma da infância" (In: *Pedagogia Profana*. Belo Horizonte: Autêntica, 2000), trabalha esse aspecto da infância, e a concepção de Hannah Arendt (*A Condição Humana*) de nascimento como milagre, ou novidade radical.

[11] WALLON, H. "O Papel do outro na consciência do eu", Elvira Souza Lima, Trad., *Enfance* (3-4: 239-85). In: *Henri Wallon*, Werebe, M.J.G. e Nadel-Brulfert, Orgs. São Paulo: Editora Ática, 1986, p. 165.

[12] GALVÃO, I. *Wallon: uma concepção dialética do desenvolvimento infantil*. Petrópolis: Vozes, 1995.

especialmente, faz a infância coexistir com a idade adulta, numa temporalidade outra que aquela definidora de um curso linear da vida.

...a despeito de toda a evolução posterior que ocorre no adulto, nenhuma das formações mentais infantis perece. Todos os desejos, impulsos instintivos, modalidades de reação e atitudes da infância acham-se ainda demonstravelmente presentes na maturidade e, em circunstância apropriada, podem mais uma vez surgir. [...] Assim, faz parte da natureza do passado mental, diferentemente do passado histórico, não ser absorvido pelos seus derivados; persiste (seja na realidade ou apenas potencialmente) juntamente com o que se originou dele.[13]

Mas é a um aspecto específico, presente nas teorias que mencionei, que pretendo dedicar minhas reflexões: o brincar.

A brincadeira

Agora eu era o herói
E o meu cavalo só falava inglês.
A noiva do cowboy
Era você além das outras três...[14]

Observar e ouvir crianças é outra forma, privilegiada, de se compreender o sentido da infância. Na sua relação com adultos, pais, professores, ou com seus pares, a criança age de um modo típico. Ela depende em certa medida do adulto e o cotidiano social já se organiza em função disso: comumente, a criança é orientada por adultos nas famílias, nas escolas, nas ruas. Suas ações são sugeridas pelos adultos, ela os imita e leva em conta sua mediação para modelar seu próprio comportamento, em direção ao padrão que o adulto espera dela.

Mas, especialmente, *as crianças brincam*. Sem que os adultos, explicitamente, as ensinem a fazê-lo. Em grupos, ou mesmo sozinhas, elas brincam, nas mais diversas (e adversas) situações.

A brincadeira tem sido considerada como a principal atividade das crianças e as instituições sociais tentam organizá-las e direcioná-las para a introdução das crianças em sociedade.

---

[13] FREUD, S. "O interesse da Psicanálise do ponto de vista de desenvolvimento". In: *Edição Standard Brasileira das Obras Psicológicas Completas de Sigmund Freud* Rio de Janeiro: Imago Editora, v. XVIII, 1969, p. 186.

[14] *João e Maria*, canção de Sivuca e Chico Buarque de Holanda.

Mas a brincadeira não se resume a ser um instrumento de socialização da criança e, como tal, orientada por adultos, nem somente numa atividade inventada por ela para satisfazer seu desejo, desvinculada de situações vividas.

Com ou sem alguma orientação explícita, a criança bem pequena manipula os objetos físicos próximos a ela e lida com eles, em atividades exploratórias, guiada pela sua percepção e pelas condições objetivas do contexto. Nessas situações, é muito comum que o adulto interaja com ela, mediando suas ações, nomeando-as e aos objetos, incentivando-a a agir de determinadas maneiras e desencorajando-a a atuar de outras.

O nascimento introduz a criança no mundo da linguagem, inicialmente expressa por ela em movimentos, gestos, gritos, sons que se tornam cada vez mais diferenciados. Na exploração do mundo, a criança ensaia possibilidades de manipular e nomear as coisas e as pessoas, tentando satisfazer necessidades fisiológicas, cognitivas e socioafetivas. Diante de uma grande quantidade de necessidades e desejos não prontamente realizáveis, analisa Vygotsky (1896-1934)[15], a criança, incentivada pela mediação do adulto e do contexto social, desenvolve a capacidade de imaginar um mundo em que é possível a realização desses desejos – o mundo da brincadeira.

O brinquedo, ou a brincadeira, desenrola-se no mundo do faz de conta, que a criança cria tendo como referência o mundo em que se relaciona, mas o qual ela organiza segundo regras que ela inventa. Brincar de boneca, de professor, de motorista, de médico, são brincadeiras típicas feitas pelas crianças, que têm papéis e situações emprestadas da realidade, mas ganham um *script* original, que a criança constrói na medida em que brinca.

Ao ler um livro de histórias, diz Benjamin,[16] a criança, olhando as páginas,

> penetra-as no momento da contemplação, como nuvem que se sacia com o esplendor colorido desse mundo pictórico. Frente a seu livro ilustrado, a criança coloca em prática a arte dos taoístas consumados: vence a parede ilusória da superfície e, esgueirando-se entre tapetes e bastidores coloridos, penetra em um palco onde o conto de fadas vive.

---

[15] VYGOTSKY, 1991. "O papel do brinquedo no desenvolvimento", in: *A formação social da mente*. São Paulo: Martins Fontes Ed., 1991.

[16] BENJAMIN, W. "Brinquedos e Jogos", in: *A criança, o brinquedo, a Educação*. São Paulo: Summus ed., 1984, p. 55.

Piaget denomina esta brincadeira de faz de conta de *jogo simbólico* que, segundo ele, é um mecanismo de satisfação de desejo.

O jogo simbólico

> não é um esforço de submissão do sujeito ao real, mas, ao contrário, uma assimilação deformada da realidade ao eu. [...] A linguagem intervém nesta espécie de pensamento imaginativo, tendo como instrumento a imagem ou símbolo.[17]

Freud, em "Escritores criativos e devaneios", de 1908, identifica a poesia com a brincadeira:

> Será que deveríamos buscar já na criança os primeiros traços da atividade imaginativa? A ocupação favorita e mais intensa da criança é o brinquedo ou os jogos. Acaso não poderíamos dizer que ao brincar toda criança se comporta como um escritor criativo, pois cria seu mundo próprio, ou, melhor, reajusta os elementos de seu mundo de uma nova forma que lhe agrade? Seria errado supor que a criança não leva este mundo a sério; ao contrário, leva muito a sério a sua brincadeira e dispende na mesma muita emoção. A antítese do brincar não é o que é sério, mas o que é real. Apesar de toda a emoção com que a criança catexiza seu mundo de brinquedo, ela o distingue perfeitamente da realidade, e gosta de ligar seus objetos e situações imaginados às coisas tangíveis do mundo real. Essa conexão é tudo o que diferencia o "brincar" infantil do "fantasiar"[18]

Quando brinca, a criança "tira o mundo do lugar", cria um "não lugar", onde as ações são realizadas num passado idealizado. O verbo, conjugado no passado, define as ações num desenrolar espontâneo, baseado numa lógica pessoal e, em certa medida, egocentrada e, como tal, pouco compartilhável, a não ser que uma outra criança ou um adulto que se envolvam na brincadeira submetam-se ao comando do dono da brincadeira, a um tempo autora, atriz e diretora da trama (muitas vezes, também, sua única expectadora, inclusive).

Na situação do brinquedo, a criança imita-inventa, articula ações e situações, desempenha papéis nunca antes vividos. O brincar introduz a criança em situações que exigem dela tomadas de decisões conscientes, controle sobre suas ações e palavras, em nome da fidedignidade do brinquedo em relação ao que a criança imagina e às regras que cria. O

---

[17] PIAGET, J, *Seis estudos de Psicologia*. Rio de Janeiro: Ed. Forense Univ. 1964, p. 29.

[18] FREUD, *Edição Standard Brasileira das Obras Psicológicas Completas de Sigmund Freud*. Rio de Janeiro: Imago Editora, v. IX, 1969, p. 149.

sujeito da brincadeira – seus desejos, sua compreensão de mundo, mais do que o apelo dos objetos – é quem a determina.

A criança vê um objeto, mas age de maneira diferente em relação àquilo que ela vê. Assim, é alcançada uma condição em que a criança começa a agir independentemente daquilo que ela vê... A ação, numa situação imaginária, ensina a criança a dirigir seu comportamento não somente pela percepção imediata dos objetos ou pela situação que a afeta de imediato, mas também pelo significado dessa situação...[19]

A criança, brincando, lida com os significados culturais de modo original e pinta o mundo com o colorido próprio de sua imaginação, atribuindo um *sentido* àquele mundo: um pedaço de madeira torna-se um boneco e um cabo de vassoura, um cavalo.

Brincando, a criança nega o empirismo comum nos adultos. Aquilo que é, não é.... Percebe desde cedo que os dados imediatos representam, tão somente, uma das dimensões do real, mas não são o real. A descoberta do real é uma viagem que vai muito além do mundo das aparências. [...] O brinquedo é capaz de revelar [...] muitas das contradições existentes entre a perspectiva adulta e a infantil.[20]

Os jogos de regra, tão comuns na infância, já mais estruturados que o jogo simbólico, também ocorrem num espaço existencial à parte do mundo social, e, embora tenham as regras e não a imaginação como marca, aquelas ganham seu sentido na imaginação: as peças do jogo de xadrez, seu contexto e suas regras exigem dos jogadores que se mudem para aquele mundo imaginário. Os jogadores, na verdade, assumem, nos jogos em geral, os papéis e valores que os tornam parte de um jogo. Desse tipo de jogo participam não só crianças, mas pessoas de qualquer idade. E, se não se aceitam os limites daquela realidade criada, nada tem sentido, como quando uma pessoa, que desconhece as regras do futebol, assiste pela primeira vez uma partida e não compreende porque vinte e duas pessoas correm atrás de uma bola e outras tantas se emocionam com isso.

A vida social pode ser vista como uma rede de jogos, de que todos fazemos parte, consciente ou inconscientemente. São jogos com regras predefinidas, mas que muitas vezes nos permitem uma flexibilidade maior no desempenho de nossos papéis.

---

[19] VYGOTSKY, L.S. "O papel do brinquedo no desenvolvimento", in: *A formação social da mente*. São Paulo: Martins Fontes Ed., 1991, p. 110.

[20] OLIVEIRA, P. de S., *O que é brinquedo*. São Paulo: Brasiliense, 1984, p. 9.

As pessoas adultas, muitas vezes, não conseguem, a despeito da possibilidade existente, marcar com originalidade seu desempenho no jogo. Engessam-se num papel.

Walter Benjamin[21], refletindo sobre o caráter repetitivo da brincadeira e do jogo, sustenta que a essência do brincar não é um fazer "como se", mas um "fazer sempre de novo". Há novidade na repetição.

E é neste jogo de imitar/criar, ser/não ser, estar/não estar, que a criança constrói e reconstrói o mundo e a si mesma, a cada momento.

Num palco, povoado de elementos fantasmáticos, de personagens da mitologia cultural e pessoal, num jogo de concordância e resistência, de mentiras verdadeiras e verdades cheias de embuste, o mundo da brincadeira é herdeiro do sonho e se distingue do mundo real, ou mundo dos outros, por uma tênue pele, que a criança sabe tão bem romper e reconstituir, num jogo de poder/não poder, de sim/não, de si/outro.

A filosofia e a grande brincadeira: o Congresso de Crianças

A criança, a cria do homem/mulher, que é um indivíduo da espécie humana, como dizem os dicionários, e que ainda não o é (na perspectiva dos que identificam ser humano com ser adulto, do sexo masculino), a criatura, que aqui tomamos como criadora, pode ser, tanto quanto a pessoa na idade adulta, um referencial para se definir o ser humano.

Nessa perspectiva, o adulto, homem/mulher, pode ser visto como capaz de ser criativo, de brincar com o que (supõe que) lhe é dado. Pode se lembrar do vivido, do desejado, do fantástico, de outros lugares que ocupou, de outras vozes que emitiu, do ser mulher-homem que vivenciou, do poder-tudo-o-que-não-pode, dos outros mundos que habitou, dos sonhos que sonhou e dos que não sonhou, das promessas que se fez. Pode se surpreender, no aqui e agora, podendo ser um outro, sonhar outros sonhos, redesenhar seu mundo. Pode ser criativo e não só produtivo.

A infância pode ser uma chave para se "decifrar, alegoricamente, o sentido da existência humana, a partir de uma visão da história que combine, simultaneamente, "utopia" e " ruínas". ... A infância, alegoricamente, representa a redenção do presente, na medida em que reordena o mundo segundo o desejo, estabelecendo alianças não com aquilo que lhe é dado (pelo adulto), e na forma que lhe é dado, mas segundo uma ordenação interior... Assim, ela faz história a partir do lixo da história.

---

[21] *Op. cit.*, 1984, p. 74.

Desse modo, a criança é devir, tornar-se, não aquilo que já se sabe que é, ou que foi, repetindo a história, mas livrando-se dela, do seu jugo que petrifica as possibilidades do presente."[22]

O adulto, visto pelos olhos da infância, em contraposição à criança vista pelos olhos do adulto – uma caricatura do possível, mas não do desejável.

O que quero propor aqui, na verdade, é que se tome o ser humano como criança, jovem, adulto, idoso, mulher, homem, que se o olhe a partir de muitos pontos, que se brinque, ironicamente, de ver-tudo, mesmo se sabendo dessa impossibilidade. Que se veja as crianças nas ruas e nas escolas e casas, os adultos cidadãos e os excluídos pela condição social, sexo ou idade.

E, nessa perspectiva, considero que a prática de filosofia com crianças abre a possibilidade de se ver a criança como participante ativa do processo de sua educação, como cidadã em sua comunidade, como uma de nós, e, ao mesmo tempo, como o desconhecido, como o outro, como aquele indivíduo capaz de dialogar com as outras pessoas, tanto quanto os adultos. E, ainda, permite que indivíduos em momentos distintos de sua vida sejam partícipes de uma conversa.

A filosofia, concebida como prática-teórica no Projeto Filosofia na Escola, define-se como uma atividade coletiva, cujo fundamento pode ser pensado, conforme Kohan (2000):

> (utilizando-se) um grupo de palavras: algumas delas tem sido decisivas na hora de pensar o trajeto; algumas outras poderão nos auxiliar a continuar demarcando nosso rumo. Estas palavras são: crítica, pergunta, experiência, diálogo, resistência, criação, participação, insatisfação, sentido, história, sujeito, infância, amizade. Estas palavras se encontram umas com outras, [...] se visitam, se entrecruzam; numas aparecem as outras; são palavras amigas como muitas outras que poderiam estar nesta relação [...]: curiosidade, diferença, debate, transformação, inquietação, liberdade, imaginação, dignidade, dúvida, pensamento, angústia, compromisso, autonomia... dentre outras.[23]

A concepção de filosofia como busca, investigação coletiva, enquanto um perguntar aberto ao não pensado, àquelas perguntas que

---

[22] CASTRO, L. R., " O Lugar da Infância na Modernidade", in: *Psicologia: Reflexão e Crítica*. Porto Alegre, v. 9, n. 2, 1996, p. 307-335.

[23] KOHAN, W., "Fundamentos à prática da filosofia na escola pública". In: KOHAN, W., LEAL, B. e RIBEIRO, A *Filosofia na Escola Pública*. Petrópolis: Vozes, 2000, p. 21-73.

o sujeito mesmo quer fazer e não às boas perguntas, ou àquelas que já foram respondidas, é um filosofar crítico, contando com a contingência das ideias e da própria crítica; é o fazer filosofia como uma experiência incerta, correndo riscos, "tirando o chão" seguro do que foi pensado no passado e tendo a História como interlocutor; é o filosofar como forma de resistência de um pensamento autônomo às formas padronizadas de pensamento globalizado; é o filosofar na busca de formas criativas de falar o mundo, de se relacionar esteticamente com a vida; é o filosofar enquanto possibilidade de participação política, de repensar as formas de dominação social e de escolher novos padrões de relacionamento e organização coletiva; é o fazer filosofia amando o saber e respeitando as pessoas com quem se compartilha esta prática.

O contexto do pensar filosófico é o contexto da busca, da suspeita, da troca, do diálogo, da não especialização, da abertura, da desnaturalização, da criação. A prática-teórica do PFE é interdisciplinar: Pedagogia, Psicologia e Filosofia participam da conversa que resulta em um vocabulário não restritivo, com que se tem escrito a história de um encontro.

Encontram-se, assim, pessoas – crianças, jovens e adultos – sem uma pauta predefinida, para a exploração das possibilidades deste encontro, para a descoberta de novas formas de pensar/agir.

Esses encontros nos têm inspirado na busca de um sentido para nossa prática como educadores, na criação de novas palavras para significar o que queremos expressar e o modo como fazemos/pensamos educação, como nos redescrevemos e como redefinimos a filosofia.

Fazemos filosofia *com* crianças, brincando com as palavras e seus significados. Desnaturalizamos conceitos, fazemos, as crianças e nós, perguntas: O que é uma família? O trabalho infantil é justificável, ou é algo indesejável em si? Por que as crianças têm de ir à escola? Os adultos sabem mais que as crianças? As pessoas de cor negra são iguais às de cor branca? O que é ser igual? O que é ser diferente? Quem decide sobre isso? Os animais têm direitos? Por que matamos os animais? É justo que algumas pessoas nasçam pobres e outras ricas? Os direitos humanos são para todos os homens e mulheres – até para os assassinos? Quem mata para se defender está agindo certo? E para conseguir alimento para seus filhos, os pais podem roubar? Por que meus pais mentem e dizem para eu não mentir? Se meu amigo faz algo errado comigo, ele ainda é meu amigo? O que é a amizade? Existe Deus? Como se pode saber se ele existe ou não? Minha religião é melhor que as outras? O mundo é do jeito que eu o vejo? Como começou o mundo? Começou, ou sempre existiu? É finito, ou infinito? O homem foi criado por Deus ou evoluiu a partir dos primatas? Por que morremos? É possível alguém ser imortal? O que é a morte? O que é a vida?

As crianças, por si mesmas, fazem perguntas sobre tudo o que as inquieta. Elas querem saber o que são as coisas, porque ocorrem, como começam e acabam, a finalidade de tudo. Elas fazem as perguntas mais cruciais. Elas jogam o jogo da suspeita, brincam com os conceitos e valores dados.

As crianças perguntam. E os adultos respondem, porque acreditam que seu papel é responder, é resolver os problemas das crianças. Eles pensam que já sabem as respostas. Ou, que, pelo menos, pelo papel que desempenham no jogo criança/adulto, cabe a eles responder, resolver, educar.

No PFE nós, adultos e crianças, estabelecemos outras regras, brincamos de outro jogo. O jogo da troca, do diálogo, do não saber, da busca. Adultos e crianças nos encontramos para conversar sobre as perguntas que temos, para, juntos, fazermos perguntas. Os adultos, atuando como mediadores, coordenamos a discussão, incentivando o grupo a estabelecer e respeitar regras de relacionamento durante as discussões, garantindo que todos tenham voz. Quando o grupo internaliza essas regras, podemos deixar que as próprias crianças façam o papel de coordenadores.

Nas escolas em que há encontros para o trabalho de Filosofia com Crianças, temos observado não só uma maior confiança das crianças para buscar conhecimento, para compartilhar suas dúvidas com o grupo, mas uma mudança de postura em relação às outras disciplinas e à participação dos alunos em questões da comunidade escolar, como organização de festas, reciclagem do lixo, além de eles assumirem atitudes críticas quanto a ações pouco democráticas de professores e da direção da escola. Nem sempre suas ações e questões são desejáveis. E nem é isso que buscamos com a filosofia. Não defendemos a maneira correta de pensar ou atuar, mas cultivamos a postura crítica. Em sua relação com as pessoas de seu meio, as crianças, implícita ou explicitamente, participam de negociações, como todos nós. Acreditamos que elas devam poder participar, ter voz neste processo.

Temos, também, além do cotidiano em sala de aula e das reuniões de formação continuada com os professores, mediadores e coordenadores, nossos momentos de "gala". Participamos de congressos e conferências no Brasil e outras partes do mundo e organizamos, em Brasília, encontros de pessoas envolvidas com filosofia para e com crianças.

O evento mais recente merece nossa atenção. Professores envolvidos com o ensino de Filosofia, em todo o Brasil e no mundo, reunimo-nos, de

14 a 16 de junho de 2001, na Universidade de Brasília, para o Encontro Internacional – Filosofia e Educação e o Fórum do Centro-Oeste sobre Ensino de Filosofia. O encontro foi promovido pelo Projeto Filosofia na Escola, da UnB, e abordou o ensino de Filosofia em todos os níveis da educação.

O ponto alto do Encontro, sua grande originalidade, foi o Congresso de Crianças. Durante toda uma manhã, 80 crianças que participam do PFE, em cidades satélites do Distrito Federal e em Uberlândia, Minas Gerais, e Itabuna, Bahia, fizeram seu encontro.

A abertura do Congresso de Crianças foi uma entrevista com a educadora e deputada federal Esther Grossi. As crianças perguntaram a ela sobre sua infância, sobre seus sentimentos quando da morte de seu pai, relatada por ela, sobre suas amizades na infância, a sua escola e brincadeiras. Perguntas como: Você era feliz quando criança? Você é feliz? O que é ser feliz? Por que morremos? Há vida depois da morte? O que é filosofia? – permearam a conversa, que teve a descontração e o ritmo ditados pelas crianças.

Depois da conversa – essa brincadeira tão séria de fazer perguntas – todos, crianças e plateia de adultos, dançaram frevo, animados por um grupo de dançarinos.

Em seguida, os adultos da plateia foram convidados a participar, com as crianças, de oficinas de filosofia, distribuindo-se em salas, que professores e crianças já tinham preparado, com os materiais necessários para o desenvolvimento do trabalho. Garantiu-se o arranjo circular das cadeiras, como se faz comumente nos encontros de filosofia com crianças, nas escolas.

Foram realizadas oficinas, compostas por crianças e adultos e coordenadas por professores das escolas públicas envolvidas no PFE, presentes no Congresso, e pelos mediadores, estudantes da UnB.

Seguem-se descrições sumárias de oficinas realizadas[24] no Congresso de Crianças:
- *Pensando a Arte* trabalhou a questão da sensibilidade estética e das possibilidades de se admirar o belo, de se criar e recriar o universo estético.

---

[24] As oficinas foram elaboradas e coordenadas por professores da rede pública do Distrito Federal, e de Uberlândia, e por alunos da UnB, que atuam como mediadores no PFE. A descrição que apresento foi escrita a partir de resumos feitos pelos professores. Para uma descrição mais detalhada das oficinas e de seus autores, consultar os anais do Encontro.

- *Filosofia – que bicho é este?* promoveu uma discussão filosófica sobre o que é o medo para cada pessoa, quais são seus monstros pessoais, a partir do desenho, por cada um, de um monstro, e da representação cênica da história "O Bicho", de autoria do professor Francisco, por um grupo de crianças.
- *Fazer e Escrever* abordou a questão da distinção entre a ação e a escrita e suas implicações, trabalhando-se com leitura e elaboração de textos.
- *A Criança e sua Expressão Artística: Uma atividade de Investigação Filosófica com Crianças* promoveu discussão filosófica a partir da elaboração, pelas crianças, de trabalhos arte visual, problematizando-os por meio da leitura de textos e discussão coletiva.
- *"A poesia é um barco sacudido. E a filosofia?"* utilizou a linguagem poética para delinear algumas ideias sobre o que vem a ser filosofia, a partir do cotidiano e da experiência de cada um.
- *E esse tal "pensar"?* A partir da história infantil *Pinote, o fracote e Janjão, o fortão*, sugeriu-se uma reflexão sobre "pensamento".
- *A Flor do lado de lá*, propôs uma reflexão sobre o texto de livro homônimo, de Roger Melo.
- *Qual o luxo do lixo?* Apresentaram-se objetos construídos a partir de coisas que comumente são jogadas no lixo e as pessoas foram convidadas a confeccionar seus próprios objetos. Na discussão, questionou-se o significado de "utilidade" das coisas e qual o critério de uso e desuso delas.
- *Investigando o Planeta Terra.* Diante de um globo terrestre, crianças e adultos foram estimulados a confeccionar algum objeto que julgavam importante para o planeta e para si e afixá-lo no globo. O grupo, então, foi encorajado a discutir sobre suas escolhas e a possibilidade de elas coexistirem com as dos outros, no mesmo globo.
- *Diferentes ou iguais?* discutiu a percepção das diferenças e semelhanças entre crianças de diversas partes do mundo e das participantes do grupo, refletindo sobre como esta percepção influi no estabelecimento de relações entre as pessoas.
- *Corpo, expressão e emoção, na busca da razão.* A discussão filosófica foi desencadeada a partir de movimentos expressivos, individuais e coletivos, com o auxílio de músicas. Que emoções surgem? Como se coordenam – ou não – os movimentos de todos?
- *Imagine uma vela...* A confecção de uma vela foi usada como elemento desencadeador de uma reflexão sobre o processo de observação, imaginação, admiração e realização, promovendo uma conversa sobre como cada um vivenciou esta atividade.

- *Violência, justiça e dignidade: Fragmentos para uma discussão filosófica.* Depois da montagem, por crianças e adultos, de um quebra-cabeça, em tamanho grande, disposto no chão e feito a partir da carta do Subcomandante Marcos às crianças de Jalisco, sobre o que levou os Chiapas a fazerem guerra, promoveu-se uma discussão sobre: guerra e paz, a possibilidade de se justificar a guerra, a relação entre a situação exposta na carta e a dos Sem Terra, no Brasil, as ocorrências de conflitos no cotidiano das crianças e as possíveis formas de os resolver.

As oficinas exploraram as possibilidades de uma grande diversidade de "textos, usados como "pré-textos" para crianças e adultos se envolverem em atividades de reflexão filosófica.

Foi uma experiência inédita, envolvendo crianças e adultos, preparada por crianças e adultos, uma oportunidade de as pessoas conhecerem as possibilidades do trabalho de filosofia com crianças e de as crianças poderem tornar pública, num ambiente formal, sua maneira de abordar questões consideradas "de adultos", e sustentar uma discussão filosófica com pessoas desconhecidas.

Adultos e crianças, certamente, saíram do encontro com mais perguntas do que entraram. Este o objetivo desse trabalho. Aprender a perguntar, a duvidar, a buscar coletivamente, a se abrir para o caráter provisório das respostas e das próprias perguntas.

Esta tem sido a nossa brincadeira. De criança, de adulto, de quem estiver brincando.

Montemos nosso palco. Brinquemos. Tracemos as regras do jogo. Inventemos novas palavras. Novas imagens. Novos sonhos. Comecemos a nos despir de nossas certezas e a nos soltar das amarras que nos fazem acreditar que o que somos e o que fazemos e o que queremos ser é o que é o melhor para se ser, se fazer e se querer. Ou que é o que é possível a nós.

Afinal, somos seres humanos. Seres que sonhamos que somos o que não somos.

Afinal, podemos brincar. Somos crianças! Somos crianças? Somos e não somos. Somos?

Posfácio

Uma sugestão de texto para reflexão filosófica:

Criança desordeira. Toda pedra que ela encontra, toda flor colhida e toda borboleta apanhada são para ela já o começo de uma coleção e tudo aquilo que possui representa-lhe uma única coleção. Na criança essa paixão revela seu verdadeiro rosto, o severo olhar de índio que nos antiquários, pesquisadores e bibliômanos continua a arder, porém com um aspecto turvado e maníaco. Mal entra ela na vida e já é caçador. Caça os espíritos cujos vestígios fareja nas coisas; entre espíritos e coisas transcorrem-lhe anos, durante os quais seu campo visual permanece livre de seres humanos Sucede-lhe como em sonhos: ela não conhece nada estável; acontece-lhe de tudo, pensa a criança, tudo lhe sobrevém, tudo a acossa. Seus anos de nômade são horas passadas no bosque onírico. De lá ela arrasta a presa para casa, para limpá-la, consolidá-la, desenfeitiçá-la. Suas gavetas precisam transformar-se em arsenal e zoológico, museu policial e cripta. "Por em ordem" significaria destruir uma obra repleta de castanhas espinhosas, que são as estrelas da manhã, papéis de estanho, uma mina de prata, blocos de madeira, os ataúdes, cactos, as árvores totêmicas e moedas de cobre, os escudos. Há muito tempo que a criança ajuda no guarda-roupa da mãe, na biblioteca do pai – no próprio terreno, contudo, continua sendo o hóspede mais inseguro e irascível. *Walter Benjamin*.[25]

Referências

ANDRADE, A. N., "A criança na sociedade contemporânea: do `ainda não' ao cidadão em exercício". In: *Psicologia, Reflexão e Crítica*, Porto Alegre, v. 11, n. 1, 1998, p. 161-174.

BENJAMIN, W. "Brinquedos e jogos" e "Rua de mão única". In: *A Criança, o Brinquedo, a Educação*. São Paulo: Summus ed., 1984.

CASTRO, L. R., "O Lugar da Infância na Modernidade", in: *Psicologia: Reflexão e Crítica*. Porto Alegre, v. 9, no. 2, 1996, p. 307-335.

CHOMBART DE LAUWE, M.-J. e FEUERHAHN, N. "La représentation sociale dans le domaine de l'enfance." In: Jodelet, D., *Les représentations sociales*. Paris: PUF, 1989, p. 320-340.

FREUD, S. *Edição Standard Brasileira das Obras Psicológicas Completas de Sigmund Freud*. Rio de Janeiro: Imago Editora, 1969, v. XVIII, p. 186; vol. IX, p. 149.

GALVÃO, I. *Wallon: uma concepção dialética do desenvolvimento infantil*. Petrópolis: Vozes, 1995.

KOHAN, W., LEAL, B. e RIBEIRO, A .(orgs.) *Filosofia na escola Pública*. Coleção Filosofia na Escola, v. V, Petrópolis: Ed. Vozes, 2000.

---

[25] "Rua de mão única", in: *op. cit.*, 1984, p. 79-80.

LARROSA, J. "O enigma da infância", in: *Pedagogia Profana*. Belo Horizonte: Ed. Autêntica, 2000, p. 183-198.

OLIVEIRA, P. de S. *O que é brinquedo*. São Paulo: Brasiliense, 1984, p. 9.

PIAGET, J. *Seis estudos de Psicologia*. M. A. M. D'Amorim e P. S. L. Silva, trad.. Rio de Janeiro: Forense Univ. Ed., 1964/1994, 20a. edição.

PULINO, L. H. C. Z. "Acolher a criança, educar a criança", Em *Em Aberto* n. 73, MEC-INEP, 2000, p. 29-40.

PULINO, L. H. C. Z. "A Psicologia no Projeto Filosofia na Escola – Construindo a Interdisciplinaridade" Em *Filosofia na Escola Pública*, v. V., p. 296-310.

RORTY, R. *A Filosofia e o Espelho da Natureza*. Lisboa: Publ. Dom Quixote, 1980.

SCHEURMANN, E.(comp.) *O Papalagui .Comentários de Taiávii, chefe da tribo Tiavéa, nos mares do sul*. Samuel P. A. Reis, trad. São Paulo: Marco Zero editora, s/d, p. 50.

VYGOTSKY, L.S. "O papel do brinquedo no desenvolvimento" Em *A formação social da mente*. São Paulo: Martins Fontes Ed., 1991, p. 110.

Uma educação da filosofia através da infância

Walter Kohan

> Repito: nós conhecemos outra experiência. Essa experiência pode ser hostil ao espírito e destruir muitos sonhos; não obstante, é o mais formoso, o mais intocável, o mais imediato, porque jamais pode faltar ao espírito se nós continuamos sendo jovens.
> (W. Benjamin, "Experiência")

> Batizemo-la *infantia*, o que não fala. Uma infância que não é uma idade da vida e que não passa. Ela povoa o discurso. Esse não cessa de afastá-la, é sua separação. Mas obstina-se, com ele mesmo, em constituí-la, como perdida. Sem sabê-lo, pois, a cobiça. Ela é seu resto. Se a infância permanece nela, é porque habita no adulto, e não apesar disso.
> (J-F. Lyotard, *Leituras de Infância*)

Estamos acostumados a associar infância a idade prematura. Isso é particularmente habitual na educação, provavelmente devido à enorme influência de alguns saberes – em particular da psicologia cognitiva – que pressupõem uma forma evolutiva de entender o ser humano. Assim, estamos habituados a ver a infância como uma fase da vida humana, fase que abandonamos ao chegar à vida adulta. Dessa forma, também, vemos a infância em nossa linguagem cotidiana, e às vezes chegamos a associar a infância e o infantil ao pueril, ao ingênuo e ao simples, àquilo que, por ser ainda prematuro, não se reveste de suficiente complexidade nem merece excessiva atenção. Em certos momentos, pode-se ser mais mordaz e fazer de "infantil" um insulto – "não seja infantil, cara"–, um sinal de tudo o que aparentemente não se quer ser, do que pertenceria a um mundo distante.

Contudo, ainda que em nossa linguagem cotidiana estejamos acostumados a associá-la com crianças pequenas, a infância pode ser muito mais que uma idade cronológica ou um motivo de puerilidade. Diversos filósofos, de todos os tempos, ofereceram outras visões da infância. Neste texto, vamos valer-nos de algumas ideias tomadas de um texto que Giorgio Agamben, tradutor italiano de W. Benjamin, escreveu há mais de vinte anos sobre a infância (2000/1978). Ali, Agamben estabelece uma conexão fundadora entre as categorias de experiência, linguagem, história e infância (2000/1978, p. 17-82).

Segundo Agamben, infância e linguagem referem-se mutuamente. Na infância, o ser humano constitui-se como sujeito na e pela linguagem (2000/1978, p. 59). No entanto, o ser humano não vem ao mundo já falando, a infância é ausência e busca de linguagem, e é na infância onde ocorre essa descontinuidade especificamente humana, onde se produz a passagem de língua a palavra (Saussure), de semiótica a semântica (Benveniste) ou de sistema de signos a discurso. É na infância onde cada ser humano se apropria da linguagem e faz do sistema de signos adquiridos um discurso com sentido, isto é, constitui-se em sujeito da linguagem ao dizer "eu". A infância, carente de linguagem, é também sua condição de emergência. Talvez não fosse demais esclarecer que não estamos pensando em um sujeito centrado, dono de si, que se apropria da linguagem como quem pega um peixe do mar, mas que se trata de uma subjetividade que é constituída e se constitui a si mesma no interior de complexas práticas discursivas e não discursivas – como a educação ou a filosofia – que a atravessam.

Ao mesmo tempo, nessa descontinuidade entre o linguístico e o humano, entre a semiótica e a semântica, Agamben funda a historicidade do ser humano (2000/1978, p. 67). Se o ser humano é um ser histórico, ele o é porque tem infância, porque a linguagem não lhe é dada "por natureza", mas porque tem que aprender a falar (desde que nasce), porque não fala desde sempre (nem é falado desde sempre pela linguagem), mas porque fala e é falado submerso em uma história. Se não há possibilidade de que o ser humano seja a-histórico, é precisamente porque não fala desde "sempre", porque tem que aprender a falar (a falar-se, a ser falado) em uma infância que não pode ser universalizada nem antecipada.

Por outro lado, a infância remete também à experiência. A experiência é a diferença entre o linguístico e o humano, entre o dado e o aprendido, o que temos e o que não temos ao nascer. Desse modo, que o ser humano não nasça já falando, que tenha infância, que seu falar e seu ser falado não estejam determinados de antemão é o que constitui a experiência (2000/1978, p. 65). Assim, na experiência, na infância como experiência, o ser humano constitui-se como ser histórico.

Importa destacar que não se trata apenas de uma questão cronológica. Experiência e infância não antecedem simplesmente a linguagem e deixam de existir uma vez que o ser humano acede à palavra (2000/1978, p. 62) ou é acessado por ela. Agamben chega a afirmar (2000/1978, p. 68) que uma e outra são condições originárias, fundadoras, transcendentais, porque não há humanidade (condição de ser humano) sem elas, não há sujeito que possa falar (nem ser falado) sem elas. Em um certo sentido, estamos sempre aprendendo a falar (e a sermos falados), nunca "sabemos" falar (nem somos de todo "sabidos" pela linguagem) de forma definitiva, nunca acaba nossa experiência na linguagem. Quando cremos sabê-lo todo, retornamos à natureza. Sem experiência da infância, somos natureza inerte, normalidade imodificável, mas não historicidade sempre modificável. Desse modo, experiência e infância (experiência da infância, infância da experiência) são condições de possibilidade da existência humana, não importa sua idade.

Diz Agamben:

> É por isso que a história humana não pode ser progresso contínuo da humanidade que fala, ao largo de uma continuidade linear; em sua essência, a história é intervalo, descontinuidade, *epoché*. Aquele que tem a infância por pátria e origem deve prosseguir seu caminho até a infância e na infância. (2000/1978, p. 68).

Porque há infância (nascimento) a história humana não pode ser contínua, linear, natural. Que a história humana tenha a infância por pátria significa que dela se deriva, que dela se origina e que sem ela nada é. Sem infância (experiência) não há história humana, nem experiência, nem linguagem, nem humanidade. Com infância (experiência) a história humana, a linguagem e a humanidade tornam-se possíveis.

Nesse registro, a infância deixou de ser um momento, uma etapa cronológica, e tornou-se uma condição de possibilidade da existência humana. Longe de ser uma fase a ser superada, torna-se uma situação a ser estabelecida, cuidada, alimentada. Acontece que em nossas sociedades contemporâneas há pouco espaço para a experiência, ou melhor, a experiência tornou-se uma máscara "inexpressiva, impenetrável, sempre igual" (BENJAMIN, 1989/1913, p. 41) do adulto, a do "que se há de fazer;

assim são as coisas; sempre foi assim e sempre o será", a da derrota, da resignação, do determinismo. A experiência passa a ser o simulacro de uma vida não vivida, de sonhos não realizados, nem sequer tentados; da lança de um adulto que combate sua própria infância, essa que não esquece os sonhos. Nossos tempos são hostis à infância e esse simulacro de experiência é uma de suas armas prediletas. Mas como diz W. Benjamin na epígrafe, estamos pensando em outra experiência, a máscara de sonhos incômodos, imprescindíveis ainda que irrealizáveis; a que enfrenta sua outra máscara, combate-a, resiste a ela, fustiga-a: a companheira da infância.

Não idealizamos a criança nem a infância, não vemos uma e outra com romantismo; não entendemos o resgate da infância como a restauração de uma natureza perdida, oprimida, originária, como a postulação de uma metafísica e de uma ordem transcendente, um estado ideal ou algo no estilo. Não afirmamos uma visão romântica da infância e das crianças. Não veneramos a infância, não a consideramos "um mundo completo, um estado de perfeição ao qual nada falta" (BRUCKNER, 1996, p. 96), nem propomos a confusão das idades, o "pastiche recíproco" (*ibidem*). Nada menos infantil que o infantilismo tão em voga em nossas sociedades. Sequer nos referimos à questão "dos direitos das crianças" e outros instrumentos jurídicos com os quais nossas sociedades mostram toda a sua "preocupação" pelas crianças e acalmam sua consciência. Não se trata de confundir idades nem de acalmar consciências. Pelo contrário.

A infância que afirmamos é uma possibilidade – impensada e imprevisível – da experiência humana. É uma chance de abrir essa experiência à novidade, à diferença; é uma "figura do começo" (LARROSA, 2000, p. 16), no sentido de uma imagem que abre um porvir, o inesperado, o diferente, o insuspeitado, o insólito; em outras palavras – melhor, em palavras de outro –, "a infância consiste em que alguém é e faz *como se* se tratasse, contudo, de liberar-se do enigma de ser-aí, de fazer frutificar a herança do nascimento, do complexo, do acontecimento, não para gozar dela, mas para transmiti-la e para que permaneça remetida" (LYOTARD, 1997/1991, p. 69, grifos do autor).

Fazer frutificar o acontecimento que leva consigo cada nascimento, sugere Lyotard. Assim percebida, a infância é o reino do "como se", do "faz de conta", do "e se por acaso as coisas fossem de outro modo..."; é levar a sério a novidade de cada nascimento; é não se deixar determinar pelos mais diversos condicionamentos; é impedir que esse nascimento se esgote em si mesmo; é apostar nos frutos que dali possam emergir; é tornar múltipla, diversa, essa novidade; é prolongar a vida do acontecimento sem que ele deixe de ser acontecimento, é afirmá-la no outro, na diferença, no que ela mesma não contem nem revela.

Como idade primeira (no sentido temporal mas também ontológico), a infância é a positividade de um devir múltiplo, de uma produtividade sem mediação, a afirmação de que não há nenhum caminho predeterminado que uma criança deva seguir para tornar-se um adulto, um exercício imanente de potências (KATZ, 1996, p. 90). Leiamos esta homenagem a Deleuze:

> *Crianceira* é devir, não delimitada por algum pacto social, nem algo que desapareça pelo fato de se encontrar "adulto". Devir que não se captura por nenhum estado de adulto, devir que se capacita sempre por expressões longe do equilíbrio. Digamos, procura incessante de novos mapeamentos, encontro real-imaginário. Crianceira se constitui de multiplicidades em processo, diferença enquanto o eu experimenta a vida." (KATZ, 1996, p. 93).

Vamos ler esse texto através de um exercício de infância na linguagem. Buscamos a infância da linguagem e da experiência na leitura, aprendemos a falar, lendo; vejamos que podemos ler: a infância é devir, sem pacto, sem falta, sem captura, desequilíbrio, busca, novos mapas, encontro, multiplicidade em processo, diferença, experiência.

Acerca da educação

> [...] a tarefa do escritor não é revisar os arquivos familiares, não é interessar-se por sua própria infância. Ninguém se interessa por isso. Ninguém digno de algo se interessa por sua infância. A tarefa é outra: tornar-se criança através do ato de escrever, ir em direção à infância do mundo e restaurar essa infância.
> Essas são as tarefas da literatura.
> (G. Deleuze, *Abecedário*)

> Somente com a ajuda de um pessoal adequado poderemos conseguir que o mundo inteiro retorne à infância.
> (W. Gombrowicz, *Ferdydurke*)

De uma infância como a que delineamos no tópico anterior me parece que fala Deleuze na epígrafe. Recuperar a infância no ato de escrever significa afirmar a experiência, a novidade, a diferença, o não determinado, o não previsto e imprevisível, o impensado e o impensável; um devir-criança singular que propicia encontros e resiste aos agenciamentos totalizantes ou individualizantes. Ir ao encontro da infância do mundo e restaurá-la. Buscar uma relação "infantil" com o mundo. Ainda que Deleuze situe essa tarefa no espaço da literatura, seguimos o alerta de Gombrowicz: faz falta um pessoal adequado para restaurar a infância do mundo inteiro. Não temos mais remédio, então, que ocupar-nos de educação e de filosofia.

É conhecida a sentença de Hannah Arendt segundo a qual a essência da educação radica na natalidade, no fato de que os seres humanos nascem no mundo (1961, p. 174). Que nasce algo novo no mundo significa que o mundo e o recém-chegado são mutuamente estranhos, que não há continuidade entre eles, mas ruptura. Nasce um início, um novo começo, um ser independente que se atualiza em cada ação e em cada palavra (Masschelein, 1990, p. 768). A educação, assim, é uma reação à experiência do nascimento (*ibidem*, p. 769), à irrupção inesperada e imprevisível de outro ser; chega alguém novo em um mundo também novo a partir de sua presença. Assim, a educação só se torna possível a partir da pluralidade. Há educação porque nasce um outro e temos que responder de alguma forma a esse nascimento.

Como reagir diante da experiência do nascimento? Para que educar? A diversidade de respostas, pensadas e pensáveis, é asfixiante: para apropriar-se da novidade, para associá-la, acomodá-la, acompanhá-la, desenvolvê-la, calá-la, abri-la, domesticá-la, eliminá-la, apagá-la, explorá-la, conduzi-la, aceitá-la, expandi-la. O que torna desejável alguma dessas respostas?

Parece-nos que é nessa postura frente à novidade onde se afirmam os alcances conservadores ou transformadores de uma pretensão educativa. Tradicionalmente, a educação não esteve demasiado preocupada com essa novidade (Kohan, 2000). A partir de óticas iluministas – carregadas de categorias como sujeito, progresso, teleologia, razão e verdade – as propostas educacionais são medidas sobretudo em função dos alcances, objetivos e fins predeterminados. Assim, promessas transformadoras, aquelas que se propõem a alcançar um outro estado de coisas frente à ordem dominante, são comumente consideradas como progressistas e aquelas que pretendem manter a ordem vigente são observadas como conservadoras. A importância da educação residiria, antes de mais nada, em sua capacidade para manter ou mudar a ordem existente. Noutras palavras, educamos os novos para transformar ou para conservar o mundo existente.

Propomos situar o dilema no lugar que se dará ao novo e aos novos e não na tentativa de transformar o mundo ou conservá-lo. Uma educação aberta aos novos, aquela que não pretende mitigar nem cooptar sua novidade, já é transformadora pela afirmação dessa novidade que abriga, enquanto uma educação que captura os novos – inclusive nos projetos políticos mais sedutores e aparentemente revolucionários – já é conservadora na medida em que afirma para os novos uma ordem dos velhos, dos que já estão no mundo. Nesse sentido, não se trata tanto de conservar ou de transformar mas de acolher, ou não, a novidade dos novos, perceber, ou não, sua alteridade, hospedar, ou não, essa pluralidade, dar espaço, ou não, à diferença.

Este é um problema significativo de toda educação: qual espaço será dado à voz dos sem voz, dos que não nascem falando, que estão aprendendo a falar e a serem falados, os infantes. Uma vez mais, não devemos pensar a infância apenas como uma idade cronológica. Infante é todo aquele que está aprendendo a falar, ou seja, todos os que estão em condições de serem sujeitos da linguagem, da história humana, da experiência (Agamben). Na medida em que não falamos nem sabemos tudo, na medida em que o mundo não é o que (pensamos que) deveria ser e portanto "nossa" história está inconclusa, nessa mesma medida somos seres de linguagem, de história, de experiência. E de infância. Ao mesmo tempo, na medida em que a infância não é uma condição de nossa existência, enquanto nossas sociedades parecem hostis a uma infância como a que acabamos de caracterizar, um dos sentidos da educação de nosso tempo pode ser visto na restauração da infância, em criar as condições para a experiência, em gerar os espaços para que seja possível, em nós, a infância e a experiência, a infância da experiência e a experiência da infância.

Assim, estamos muito longe de uma educação que "prepara as crianças para o futuro" ou "para o mercado de trabalho" ou "para o mundo adulto" ou para qualquer outra coisa que não seja a própria infância, entendida como experiência da diferença, da novidade, do inesperado. Uma educação em e para a experiência educa as crianças em seu serem crianças, permite viver a infância como novidade, como experiência, como descontinuidade, como multiplicidade, como desequilíbrio, como busca de outros mapas, como história sempre nascente, como devir, como possibilidade de pensar o que não se pensa e de ser o que não se é, de estar em outro mundo diferente do que se está. Se para algo prepara uma educação, é para não deixar nunca a infância, a experiência, ou para recuperá-las, se se as perdeu. Se a educação é educação dos que não estão na infância, dos excluídos da experiência – porque a deixaram, sejam crianças ou adultos –, a tarefa de uma tal educação é recuperar essa infância, mantê-la, não deixar que se perca de novo.

Acerca da filosofia

> Mas, que é pois a filosofia hoje em dia – quero dizer a atividade filosófica –, se não o trabalho crítico do pensamento sobre si mesmo? Se não consiste, em vez de pretender legitimar o que já se sabe, pretender saber como e até onde seria possível pensar de outro modo?
> (Michel Foucault, *Uso dos Prazeres e das Técnicas de Si*)

> Historicamente constituiu-se uma imagem do pensamento chamada filosofia que impede que as pessoas pensem.
> (Gilles Deleuze, Claire Parnet. *Diálogos*)

Como sugerimos no primeiro tópico, a infância e a experiência são componentes insubstituíveis da experiência humana. Vimos também nesse primeiro tópico que nossas sociedades são hostis à infância e à experiência, tal como ali as caracterizamos. Propusemos, no segundo tópico, que a educação seja sensível à infância e à sua novidade. Nesse ponto, o último, sugeriremos um exercício educativo da filosofia que contribua para uma tal educação. A filosofia é um conceito filosófico, controverso, múltiplo. Não pretendemos fechá-la mas apenas sugerir uma forma de entendê-la que nos permita desdobrar seus potenciais transformadores. Entendemos a filosofia, seu exercício, sua prática como uma experiência intersubjetiva do pensar. Nessa dimensão, a filosofia é um pensar questionador, único e intransferível. Como experiência do pensar, a filosofia não pode normalizar-se, uniformizar-se, estandardizar-se. Ninguém pode fazer filosofia por outro, ninguém pode ter experiências por outro, ninguém pode pensar por outro, ninguém pode perguntar por outro.

Para especificar ainda mais que formas do pensar a filosofia afirma como experiência, retomaremos a crítica de Deleuze ao que ele chamou de "imagem dogmática do pensamento", a imagem que tem o senso comum como pressuposto do pensar. Essa imagem se afirma em oito postulados. Pressupõe-se que: a) existe uma boa vontade do pensador e da natureza do pensamento; b) o senso comum é o que unifica as faculdades humanas e o bom senso é o que respalda tal união; c) o modelo ou reconhecimento guia o exercício das faculdades; d) a diferença está subordinada ao Mesmo e ao Similar, ao Análogo e ao Oposto; e) o erro expressa todo o negativo que pode acontecer no pensamento por fatores externos ao próprio pensamento; f) a proposição é o lugar da verdade;

g) os problemas definem-se por sua possibilidade de serem resolvidos;
h) o aprender subordina-se ao saber e a cultura, ao método (DELEUZE, 1988, p. 276).

Essa imagem dogmática ou moralista do pensamento, baseada no modelo do reconhecimento, inibe as duas potências, a diferença e a repetição. Quando se reconhece uma diferença, quando já se sabe dela e se apropria dela, ela deixa de sê-lo. O reconhecimento não pode promover outras coisas que o reconhecido e o reconhecível, é incapaz de gerar mais que conformidades. O reconhecimento não cria nem transforma. Não se trata de negar que o reconhecimento desenvolva papéis vitais na vida humana. Pelo contrário, ele é a base de muitos processos vitais, mas se também o é do pensar, inibe-o porque, quando se reconhece, convalida-se, legitima-se, confirma-se, e o pensar tem a ver com propiciar o novo, com dar espaço à diferença livre e à repetição complexa no heterogêneo (DELEUZE, 1988, p. 25). De modo que na negação dessa imagem dogmática do pensamento radica a possibilidade do pensar e da própria filosofia. Somente quando pensamos o que hoje não é reconhecido nem reconhecível, o que em nosso tempo parece impensável, o pensar pode acontecer.

Em que se apoia o pensar senão no reconhecimento? Na experiência, no encontro, na descontinuidade, no acontecimento. Toda experiência, todo encontro que se preze como tal, não pode ser antecipado, previsto, deduzido. É o encontro com aquilo que nos força a pensar, que nos comove, que nos deixa perplexos, que nos leva a problematizar-nos, a pensar o que até agora não podíamos pensar. É a afirmação do indeterminado, do imprevisto, do imprevisível. Onde há formas, ideias ou modelos predeterminados, não há pensar no pensamento.

Entendida como experiência, como encontro do pensar, a filosofia não admite nenhuma ordem determinante. Pensa o impensável. Suspeita que o impossível é possível. Dá testemunho da soberania da pergunta. Afirma a diferença livre e a repetição complexa, põe em questão as bases da ordem, dá espaço a suas outras possibilidades, explora seus pontos negros, seus enfrentamentos, suas exclusões, seus devenires. Abre as portas ao múltiplo. Permite a experiência da infância, um encontro com a infância, com a infância da experiência, com a infância do pensamento.

Assim entendida, a experiência da filosofia pode, talvez, ajudar em uma educação sensível à novidade dos novos. Pode ser um espaço para um pensar múltiplo, indeterminado, imprevisto. Pode, ao fim, ajudar a esse "pessoal adequado" do qual precisamos para conseguir que "o mundo inteiro retorne à infância", para restaurar a infância no mundo, o mundo da infância. Como sugerimos desde o título, como Deleuze denuncia na epígrafe, incluímos nessa educação a própria filosofia, a filosofia dominante, aquela que se mostra, em suas instituições, tão distante de sua infância.

É possível que essa experiência do pensar ocorra em instituições superpovoadas de ordens determinantes como a escola ou a universidade? É possível ensinar a pensar, no sentido aqui especificado? É possível promover ou provocar uma experiência, um acontecimento? É possível aprender a pensar? Como? É verossímil o encontro entre essa filosofia e essa infância? Talvez essas perguntas possam parecer um tanto infantis. Pretendem sê-lo.

Referências

AGAMBEN, Giorgio. *Enfance et historie*. Paris: Payot e Rivages, 2000/1978.

ARENDT, Hannah. "The Crises of Education". In: *Between Past and Future. Six Exercises in Political Thought*. New York: The Viking Press, 1961, p. 173-196.

BENJAMIN, Walter. "Experiencia". In: *Escritos. La literatura infantil, los niños y los jóvenes*. Buenos Aires: Nueva Visión, 1989/1913, p. 41-43.

BRUCKNER, Pascal. *La tentación de la inocencia*. Barcelona: Anagrama, 1996.

DELEUZE, Gilles. *Repetición y Diferencia*. Gijón: Júcar, 1988/1968.

KATZ, Chaim Samuel. "Crianceira. O que é a criança". *Cadernos de Subjetividade*. São Paulo: PUC, 1996, p. 90-96.

KOHAN, Walter Omar. "La enseñanza de la filosofia frente a la educación como formación". Trabajo presentado en las *VII Jornadas sobre la Enseñanza de la Filosofia*. Programa para el Mejoramiento de la Enseñanza de la Filosofia. Universidad de Buenos Aires, octubre de 2000.

LARROSA, Jorge. "Filosofía e Infancia". *Novedades Educativas*. Buenos Aires, a. 12, n. 115, jul. 2000, p. 16-17.

LYOTARD, Jean-François. *Lecturas de Infancia*. Buenos Aires: EUDEBA, 1997/1991.

MASSCHELEIN, Jan. "L'education comme action. A propos de la pluralité et de la naissance." *Orientamenti Pedagogici*. a. xxxvii, n. 4, 1990, p. 760-771.

VI – Filosofia da Educação

Método e Liberdade

Hubert Vincent

Gostaria de propor aqui algumas reflexões sobre a noção de método, bem como sobre a ligação, que convém ou não fazer, entre método e liberdade. Eu a farei, todavia, a partir de uma problemática específica. Minha intenção, enquanto professor, é reapropriar-me da noção de método, o que significa mostrar como essa noção possui um lugar importante na pedagogia e analisar seu lugar na minha atividade de ensino. Acrescentaria apenas que tal intenção me levará a observar e compreender tudo o que em mim e fora de mim se constituiu como obstáculo para tal reapropriação, principalmente alguns discursos, a meu ver dominantes, que se têm sobre essa noção.

Entretanto, uma tal perspectiva somente tem sentido se admitirmos, primeiramente, que algo designado por este nome se teria perdido: "O método se teria perdido; o sentido e a experiência dessa noção se teriam perdido". Eis algumas fórmulas no mínimo paradoxais, tanto que seria difícil encontrar um único professor que não diga, ou não se diga, que as questões de método são realmente centrais, quanto seria difícil, ainda, encontrar aquele que não sinta incomodado pela falta de método de seus alunos na faculdade ou no colégio. Assim, essas fórmulas só fariam repetir, uma vez mais, uma das queixas constantes que os professores fazem aos seus alunos, ou ao tempo, ou à evolução das coisas.

Mas, para mim, essas constantes queixas só confirmam o seguinte: que a noção de método é pensada espontaneamente e, na maioria das vezes, como uma injunção um pouco exterior, ou como um conjunto de regras que viriam ou deveriam vir do exterior para pôr em forma um processo de pensamento já existente. Acredita-se que, com o método, a questão seria pensar bem ou corretamente, seria, *enfim*, pensar bem e corretamente. Ora, como geralmente sentimos dificuldade para pensar ou pensamos mal ou, ainda, nunca estamos certos de que pensamos e fazemos bem, a exigência metodológica se apresenta, mais constantemente, como uma exigência sobre nós mesmos, exigência em relação à qual estaríamos sempre em falta. Na minha opinião, isso explica a vontade, também muito frequente, em sentido inverso, de rejeitar qualquer regra metódica, em benefício de uma certa inventividade ou espontaneidade do pensamento que o método teria abafado.

Que não haja oposição entre método e liberdade, mas que, ao contrário, o método foi o nome dado por alguns à experiência de uma certa emancipação, é o que se poderia verificar através da leitura de inúmeras obras. Evocarei três que foram bastante determinantes no meu próprio percurso, isto é, na minha reapropriação da noção propriamente dita.

Primeiramente, Michel Leiris, no breve ensaio (*De la littérature considérée comme une tauromaquie*)[1], que servia de prefácio a *L'âge d'homme*. Lendo-o atentamente, percebe-se que a noção de método que esse filósofo cria e reivindica é esclarecida pelo contraste e até pela oposição ao cuidado com a forma e a bela forma. Aquela é a recusa desta, ou a arma graças à qual Leiris pôde emancipar-se do domínio da bela forma, que ele via como uma alienação. No seu projeto, que era o de dizer toda a verdade sobre ele e dizê-la total e cruamente, a exigência metódica lhe serviu como meio para evitar que caísse nas facilidades do narcisismo.

Em seguida, o Descartes das *Règles pour la direction de l'esprit* e, em especial, as regras 9 e 10. Neste último texto, vê-se claramente que a experiência do método não pode ser compreendida sem referência à experiência do que nós chamaremos de um sujeito pré-metódico, no qual Descartes insiste incansavelmente. As características desse sujeito pré-metódico são as seguintes: gosto pelas questões chamadas, ao mesmo tempo, de obscuras e profundas; gosto pelos mistérios profundos e desprezo concomitante pelas questões simples e comuns; gosto também pelas pesquisas casuais, nas quais nossa própria genialidade estaria suscetível de brilhar; e, finalmente, gosto pelo segredo e recusa em revelar os caminhos, geralmente simples, através dos quais encontramos o que encontramos. E o mais importante, eu não poderia deixar de citar a surpreendente frase de Descartes em que ele diz que aquele cujo procedimento é movido pelo acaso e sem método, pode, às vezes, encontrar alguma verdade, mas fica na superfície das coisas, e que, pelo contrário, aquele que procede seguindo um método atinge o mais íntimo das

---

[1] N. T. A tradução para o português, desse ensaio, acaba de ser publicada, em formato de livro, pela Cosac e Naify, com o título *Espelho da tauromaquia*.

coisas. Aqui, o método está ligado a uma experiência muito precisa, que acredito ser muito forte: aquela em que temos a impressão de penetrar passo a passo, e progressivamente, em uma certa intimidade das coisas. O método é, então, aquilo por meio do qual vivemos a experiência da espessura das coisas.

Existe aí uma ideia que se pode apreender intuitivamente. Para isto, basta lembrarmo-nos de certos cursos e livros; aqueles livros em que o autor, progredindo passo a passo, dispondo elemento por elemento, depois procurando fazer a ligação entre esses elementos entre si e repetindo, finalmente, esses resultados, torna-se capaz de dar passos novos e dá, novamente, a impressão de penetrar no íntimo das coisas. Parece-me haver aí um desejo muito forte, o de avançar passo a passo, procurando encadear intuições e aproveitar-se destas ligações para propor outros encadeamentos.

Enfim, algumas páginas de Nietzsche, especialmente de *Par delà le bien et le mal*. Nietzsche se convencera da ligação entre disciplina, regras metódicas e liberdade, mas vira todos os perigos e efeitos perversos que isso acarretaria, e examinou, principalmente, a distância entre uma perspectiva individual sobre essas questões e uma outra, mais comum.

Correndo o risco de decepcioná-los e desculpando-me por isso, não quero relatar mais detalhadamente o que essas obras me ensinaram e o que, a partir delas, se poderia dizer da relação entre método e liberdade. Creio que seria necessário um tempo maior do que o desse trabalho, um tempo mais meditativo, que reuniria a experiência que cada um pôde fazer da ligação entre método e liberdade. No entanto, essa reflexão seria essencial porque daria ênfase à forma específica e historicamente localizada que a exigência metodológica pode, hoje, requerer de nós. Nesse sentido, a referência a Michel Leiris é e foi para mim bem mais que uma exigência entre outras, pois foi através dele que pude estabelecer, com precisão, duas ou três regras de um certo método. Tenho, portanto, clara consciência de deixar de lado uma questão importante, mas se me permito isso é, por um lado, porque já iniciei, em um outro momento, a realização de parte desse trabalho, e, por outro, porque gostaria de concentrar-me na experiência escolar da noção de método. Ao menos será uma maneira de não cair na objeção tão frequente segundo a qual a ligação entre método e liberdade pode muito bem estar relacionada com algumas individualidades excepcionais, mas não com o comum dos mortais, o qual, por sua vez, se vê obrigado a seguir os métodos comuns. Objeção que não creio ser totalmente pertinente, mas tão frequente que é preciso considerá-la. Mas será, sobretudo, uma maneira de questionar a pedagogia em uso, seu sentido e suas condições.

Tomarei dois pontos de referência para essa análise. Um, tirado da minha experiência, já antiga, de estudante de filosofia, e outro, da minha prática atual de professor de filosofia.

O comentário de texto

Há já algum tempo, fui estudante de filosofia na França. Quero dizer com isso que fiz estudos de filosofia, que fui educado na repetição de determinados exercícios e que prestei exames de filosofia, segundo uma tradição muito francesa, sem dúvida, desse ensino, como podem imaginar. Um desses exercícios era o comentário de texto filosófico. Devíamos comentar trechos curtos de uma obra, geralmente clássica que, aliás, em princípio, deveríamos estudar em seu conjunto.

Um dos meus professores nos havia ensinado algumas regras metodológicas. Comentar ou compreender um texto de filosofia, dizia ele, era, fundamentalmente, seguir e aplicar as três regras seguintes. Era mister mostrar, primeiramente, que compreendíamos literalmente o texto; em seguida, que o compreendíamos conceitualmente, finalmente, que o compreendíamos na sua progressão argumentativa. E era só. Quero dizer com isso que ele não nos dizia nada mais a respeito de como fazê-lo, pressupondo que nós sabíamos, no geral, o que era uma compreensão literal, uma compreensão conceitual, uma compreensão argumentativa. Quanto a mim, eu via que, nos textos que ele nos propunha, havia frases complicadas, sobre cujo sentido preciso eu devia refletir, e que havia palavras, geralmente substantivos, que tinham um lugar diferente e que estes eram, indubitavelmente, os conceitos; via, enfim, que havia partículas de ligação que não estavam ali inteiramente por acaso. Compreendi, então, rapidamente, que fixar-me na argumentação era o melhor meio de tornar-me sensível ao conceito e perceber o que estava em questão. Compreendi também, rapidamente, que seguir essas regras não me levaria a ficar quite com nenhuma delas, fazendo uma primeira parte sobre a compreensão literal, uma segunda sobre a compreensão conceitual etc. Em outras palavras, essas regras não me diziam exatamente o que fazer, e eu teria me enganado se as tivesse compreendido assim, pois elas se limitavam a orientar minha atenção.

Baseado nesse exemplo que, à primeira vista, pode parecer banal, gostaria de fazer as seguintes observações.

Para começar, haveria muitas coisas a dizer sobre essas regras e sobre sua conveniência. Um texto filosófico é apenas isso? Não passa da reunião de um conceito e de um argumento? Evidentemente que não, e bastaria pensarmos nos textos de Pascal, Nietzsche e mesmo nos de Platão. Todavia, esse ponto não é decisivo, pela razão, já indicada, de que as regras propostas eram apenas indicativas, tinham como função orientar a atenção e que, nesse sentido, continuavam abertas a outros indicadores de atenção. Compreender um argumento é também compreender, por exemplo, o peso metafórico de certos termos ou, ainda, a localização específica do argumento, sua progressão dramática e outras coisas mais. Para a atenção que era exigida ali, a preocupação com o argumento não implicava que nos tornássemos cegos ao que, na escolha das palavras e no ritmo do texto, podia ir além dele. Assim, e isso é um ponto importante, orientar os alunos a serem atentos à argumentação não pressupõe, de nenhuma maneira, que todos os textos filosóficos devam obedecer, e que obedeçam, de fato, a normas argumentativas.

Haveria, também, muitas coisas a dizer sobre o próprio tipo de exercício proposto aqui: para que finalidade ele servia efetivamente? A qual objetivo atingia de fato? Qual hábito constituía em nós sem que o soubéssemos exatamente e, em decorrência disso, qual hábito ele excluía? Em resumo: o quê fazia de nós, exatamente? Quando nos exercitávamos em alguma particularidade do texto, por ele mesmo criada, esta podia nos tornar cegos para outras maneiras de ler, de entender e de pensar, e com o mesmo rigor. No fundo, essas questões me parecem tão importantes quanto, ou mais, que as que poderiam ser colocadas a respeito da adaptação desse exercício às finalidades gerais do ensino da filosofia, como, por exemplo, a aptidão para pensar por si próprio. Ao se focalizarem exclusivamente essas últimas indagações, o que, me parece, têm sido feito com muita frequência, deixamos de compreender aquilo que nós somos realmente, o que um determinado mundo fez de nós mesmos, perdemos a possibilidade de reconhecer e compreender o que o mundo onde crescemos fez de nós, e, consequentemente, a possibilidade de dele nos desprendermos o quanto for necessário. A liberdade sempre me pareceu começar aí, na observação primeira do que um determinado mundo fez de nós, do que uma determinada educação fez de nós, com a preocupação de descobrir o seu sentido, dispostos a conhecer e sentir a limitação de alguns hábitos adquiridos e que nos constituem.

E, ainda, principalmente, quando se focalizam demasiado essas finalidades gerais, e um tanto abstratas, elabora-se mal a questão dos fins, de maneira idealista, fazendo acreditar ou esperar que alguns exercícios sejam suscetíveis de constituir aquilo que chamamos de liberdade de pensamento, isto é, um pensamento inteiramente livre de qualquer forma de contingência, de qualquer forma específica, assim como de qualquer inscrição corporal e histórica. Nesse sentido, me parece sempre decisivo manter uma distância entre as formas de exercício dentro das quais somos educados e a liberdade de pensamento que nós buscaríamos. Esta deveria ser representada como um excesso necessário em relação a essas formas de exercício, ainda que fosse para tornar possível seu questionamento.

No entanto, e aí está a dificuldade real, essas reflexões sobre o próprio sentido dos exercícios e sobre o sentido dos hábitos que eles constituem, o que me parece bastante necessário, não podem ser assumidas pelo próprio professor, não podem atingir diretamente o professor enquanto aquele que ensina. Quero dizer que me parece não ser possível, *ao mesmo tempo*, ensinar e conferir hábitos, fazer refletir sobre esses hábitos, buscar o seu sentido. São, necessariamente, duas pessoas distintas que fazem isso (o professor e o sociólogo, Bourdieu, por exemplo) ou, então, pode ser a mesma pessoa, mas em tempos diferentes (eu, que aqui volto a falar dessa formação muitos anos depois, não teria podido, ao mesmo tempo, aprender, fazer, refletir e indagar sobre o próprio sentido dos hábitos que me conferiam). Da mesma maneira, não posso, hoje como professor, *ao mesmo tempo* desenvolver algumas formas de exercício e tornar totalmente claro e transparente para mim o próprio sentido desses exercícios, o que fazem, o que neles constitui o que ensino.

Para dizer as mesmas coisas de maneira um pouco diferente, há algo na educação que está marcadamente relacionado com a questão dos hábitos, com os hábitos que nós somos, com aqueles que nós conferimos de fato. Em um certo sentido, entre um professor que cultivasse regularmente certos hábitos que, aos olhos do nosso julgamento consciente nos parecessem de pouco valor, e um outro, que se propusesse objetivos mais sutis, profundos ou prometedores, mas sem poder relacioná-los a algumas regularidades, sem dúvida, não hesitaríamos um só instante sobre a quem confiar nossos filhos. Tirando alguns casos extremos que são, de fato, casos marginais, tudo acontece como se constituir hábitos valesse mais que o conteúdo deste ou daquele hábito. Tudo acontece como se constituir hábitos fosse a obra mais essencial e mais legítima da educação. Como professor e, no caso, professor de filosofia, não podia furtar-me a essa exigência nem podia recusar-me a avaliá-la devidamente.

Parece-me ser aí que o tradicionalismo do ensino encontra sua razão ou, melhor dizendo, seu conservadorismo, tradicionalismo que, às vezes, é preciso saber preservar em situações em que, por exemplo, o apelo à inovação torna-se o discurso dominante, tal como acontece um pouco na França hoje em dia. Mas querer preservá-lo contra tais discursos dominantes não impede, de modo algum, que nos recusemos a fazer uma reflexão sobre o sentido desses exercícios, bem como uma reflexão e uma preocupação em propor exercícios, portanto, hábitos, de sentido um pouco diferente. É isso, aliás, que me proponho a fazer mais adiante.

Essas observações também permitem situar a filosofia em sua relação com um ensino de filosofia, e situá-la a partir de dois centros, dois pontos focais, no fundo sempre distintos; por um lado, os hábitos que esse ensino confere – e como ensino ela não pode deixar de conferir e, por outro lado, as finalidades que ela busca e acredita estar buscando. Mas, digo mais uma vez, não me parece que esses dois centros possam ser alinhados.

Volto, agora, a essas regras.

1- Em primeiro lugar, eu diria que essas regras eram puramente indicativas; em outras palavras, elas nos diziam em que direção orientar nossa atenção, sem, portanto, traçar um objetivo preciso para essa atenção. Elas não diziam respeito ao produto de nossa atividade; elas orientavam a atenção convidando-a a dividir-se, a espacializar-se.

Nós as teríamos compreendido mal, como eu disse há pouco, se as tivéssemos compreendido como a obrigação de fazer uma primeira parte sobre a compreensão literal, uma segunda sobre a compreensão conceitual etc., ou, ainda, se tivéssemos pensado que se estivéssemos quites com esses três níveis de compreensão, que deveriam então ser modelizados, o resultado de nosso trabalho estaria garantido. Elas teriam tomado o lugar de outra coisa, que era, sem dúvida, a possibilidade de cada um pensar determinadas coisas se apoiando no texto, de começar, então, a compreendê-lo e dele apropriar-se, e fazer a experiência de que, com ele, nos era simplesmente possível pensar algo. Uma tal finalidade nunca nos seria dita pelo professor a que me refiro aqui, ele no-lo apresentaria como uma obrigação, tornando isso impossível para nós. Quando certas finalidades que julgamos serem essenciais são colocadas muito prioritariamente, acabamos por nos proibir realizá-las. É verdade que faz pouco tempo que, como professor, aprendi a calar-me sobre isso.

A única coisa exigida era que as compreendêssemos intuitivamente e mais ou menos de maneira geral. O que não impedia que, com o tempo e a experiência, pudéssemos ser levados a precisá-las, mas sem que desaparecesse esse caráter intuitivo e grosseiro.

2- Regras indicativas e intuitivas, regras para orientar a atenção, que, em segundo lugar, não garantiam de modo algum a correção do resultado. Elas não nos preservavam de um mau uso dessa atenção, de uma palavra que não soubemos ver, de uma partícula de ligação que nos escapara, de uma ínfima nuance dita sutilmente e que transformaria o sentido do conjunto, de uma arquitetura mal identificada etc. Resumindo em poucas palavras, e esse ponto me parece muito importante, essas regras não garantiam o resultado. E isso nada mais é do que dizer o seguinte: era perfeitamente normal e esperado que cometêssemos erros, também era normal ver mal e não ver tudo, normal no sentido de ser corrigido e retomado, e não por alguém que soubesse mais, mas que tivesse um olhar mais aguçado, ou mais bem educado, e isso porque ele sabia, por si próprio, dessa dificuldade de ver e de ver bem, e da incerteza que temos sobre essa questão.

A meu ver, existe uma diferença ínfima, mas capital, entre um professor que simplesmente vê melhor, mais longe, corrigindo aqui e ali, confrontando-se, ou que se tenha confrontado com essa dificuldade de ver e de ver bem, e saiba que aí está o problema, e aquele que deixa que se pense e se acredite que ele sabia, que seu olhar é imediatamente transparente e sem história ou que ele mesmo não está exposto a essa dificuldade de ver, que nunca esteve, o que significa que não teve necessidade de ser educado com relação a isso e nem necessita de ninguém para aprender a ver. Para mostrar que nós mesmos somos educados, que fomos educados, não é preciso, absolutamente, fazer-se tão cego quanto aqueles que ensinamos. É preciso, simplesmente, fazer ver que outros também são suscetíveis de nos fazer ver com o nosso próprio olhar.

Todavia, essa diferença depende de condições muito precisas, particularmente desta que, atualmente, acredito ser decisiva. Para que fique claro que um professor esteja diante dessa dificuldade de ver, é preciso, pelo menos, que o material com que trabalha (os textos de que fala, os problemas que ele soluciona etc.) não tenha sido inteiramente construído e calculado por ele, não esteja totalmente sob seu controle ou perfeitamente transparente previamente. Creio que aqui se percebe o perigo de uma determinada reflexão didática, quando os exercícios são calculados e preparados bem demais, quando acabamos por neutralizar a questão de saber o que eles ensinam e como ensinam, quando a questão do que eles ensinam não é mais uma questão para nós.

3- Dito isto, e eis o terceiro ponto que eu gostaria de frisar, se essas regras não garantiam o resultado, nem por isso eram menos capazes de construir uma certa confiança. Temos aí o modelo de uma confiança que não está estritamente ligada a uma garantia do resultado, assim como eu posso confiar em determinadas regras do jogo mas consciente de que elas não me garantem que eu vá ganhar. Elas apenas me garantem, ou devem garantir, que vou jogar. E quanto a isso (aprender a ser um bom jogador) há, penso eu, aprendizagens importantes a serem feitas, como observou insistentemente H.G. Gadamer (in *L'héritage de l'Europe*, col. Rivages, Payot, p. 23). Há, naturalmente, casos em que acabamos por perceber que uma regra serve apenas para nos prejudicar e desorientar, ou, também, para nos fazer tomar direções nas quais só poderíamos fracassar; há também casos em que mostramos que certas regras só se prestam a favorecer determinados grupos sociais, apesar de, aparentemente, favorecerem igualmente a cada um. Existem casos assim, e é essencial saber denunciá-los, como se, entretanto, essa tarefa coubesse forçosamente aos críticos. Mas, é por causa da existência desses casos que, às vezes, achamos que deveria haver regras que, ao contrário, pudessem nos garantir o resultado. Talvez fosse preciso, em alguns casos, naqueles que tivessem sido especialmente mal orientados, ou submetidos a regras que sistematicamente os desorientassem, oferecer regras infalíveis, que lhes garantissem o resultado. É possível que alguns tenham sido de tal maneira desorientados que é preciso passar por isso para que seja restaurada uma certa confiança. Mas, sobre isso, nós nos situamos em uma ótica de reparação, em um processo cujo primeiro momento é apenas uma etapa, sendo que a próxima exigirá um pouco mais de manobra.

Não há dúvida de que essas regras, conquanto não garantissem o resultado, permitiam a cada um fazer uso do seu talento. Contudo, pode-se muito bem dizer que, ao deixar fazer uso desse talento, elas também contribuíam, na repetição dos exercícios, para que a capacidade de ler e de compreender fosse exercida e cultivada. Neste ponto, gostaria de precisar que a preocupação com a igualdade pode ser justamente um obstáculo para o conceito de método que estou desenvolvendo aqui, na medida em que tal preocupação nos conduziria a fazer com que as regras indicativas evoluíssem para regras mais estritas, menos indicativas, mais suscetíveis de propiciar sempre êxitos e garantir, a partir daí, o que eu chamo de êxito de todos. Vejo aí, transposto para o campo da educação, um argumento que haverão de reconhecer, o da tradição de filosofia política liberal (intensamente desenvolvida em Hayek, in *Droit, Législation et Liberté*, tome 2, P.U.F., e que encontramos também em Hegel) segundo o qual a preocupação com a igualdade pode acabar prejudicando a liberdade.

Para resumir os traços principais dessa análise, eu diria que o método se apresenta assim: trata-se de um conjunto de regras que têm como objeto nem tanto o resultado, mas o trabalho psíquico dos alunos e estudantes e especificamente o trabalho da atenção. Se elas convidam a uma certa disposição e espacialização desse trabalho, nem por isso fixam essa disposição em uma forma específica que se supõe atuar como modelo ou, mais exatamente, como forma a ser reproduzida (a noção de modelo é mais rica que isso e pressupõe, ao menos, haver um sujeito que vê o modelo). Elas deixam em aberto a questão do resultado e assim, deixam-na para as correções de um professor que não sabe tão melhor, que vê e que viu melhor. Enfim, elas constroem uma certa confiança, confiança esta que não está associada à garantia do resultado, e cujo modelo pode ser encontrado na noção de regra do jogo.

Parto, agora, para um exemplo mais ligado ao meu atual trabalho de professor.

Método de reflexão

Gostaria de falar a respeito de algumas regras metodológicas de que faço uso atualmente e também de precisar os exercícios que peço aos meus alunos para fazer e para, enfim, falar da finalidade buscada com tais exercícios. Mas essas tentativas não estão perfeitamente asseguradas atualmente e espero que se perceba nelas uma certa imperfeição. Começarei pela última questão. O objetivo pretendido é levá-los ao que chamo de reflexão. No fundo, eu desejaria uma escola ou um ensino no qual os indivíduos fossem, com maior frequência, levados à situação de reflexão. Com isso, corro o risco de decepcioná-los mais uma vez, pois não vou propor uma análise do que chamo de reflexão, apoiando-me no que a tradição filosófica diz a esse respeito, ou no que certos pedagogos disseram e que se encaminha na direção dessa noção (penso especificamente em J. Dewey e em outros autores mais contemporâneos).Vou, ao invés disso, orientar-me para o próprio enunciado das regras metodológicas e para sua análise, explicando, tanto quanto possível, quais são meus pressupostos, mas sem fazer o confronto entre esses e aquela tradição. Peço-lhes, novamente, que me desculpem. Pareceu-me mais urgente ir ao cerne de minha atividade.

Antes mesmo de expor essas poucas regras, duas ou três observações são importantes.

Primeiramente, e de acordo com o que dizia mais acima, não se trata de dizer aos estudantes que é preciso refletir. O fim não pode ser dito, ou o é, quando é o caso, por injunção. É aí que começa o problema pedagógico, na preocupação de encontrar as tantas regras suscetíveis de caminhar nessa direção no instante em que nos proibimos dizer a finalidade do que nos propomos, ou que não fazemos questão nenhuma, ou pelo menos muito pouca, desse esclarecimento. De maneira mais radical, e acredito, também aí começa a pedagogia, quando nos privamos da crença de que bastaria revelar nossos objetivos para que fossem entendidos e quando criamos uma vontade mais subterrânea e inquieta, e também mais atenta para identificar o que, no real, pode acenar para nossos fins. É aí, sem dúvida, que se percebe novamente a distância necessária entre os exercícios e as finalidades.

Em segundo lugar, não se trata, de modo algum, de fazer com que os estudantes na faculdade ou no colégio, reflitam todo o tempo ou, pelo menos, durante o tempo em que estão na escola ou universidade. A reflexão é melhor quando não é pedida, e creio que a escola deveria, sobretudo, fazer valer um princípio de não sistematização de certos exercícios. Talvez se assegurem melhor os objetivos quando se sabe localizá-los e dar-lhes um tempo preciso, quando se dá lugar a uma certa diversidade, nem tanto dos exercícios, mas do trabalho psíquico necessário à sua realização. Em outras palavras, quando se toma cuidado com um certo ritmo dessa atividade. Para mim, foi Montaigne quem melhor fixou essa exigência (*Les Essais* I, 26; cf. também meu capítulo sobre "alternância" em *Éducation et scepticisme*, Paris: Harmattan, 1997). E talvez seja uma maneira de dizer que a própria reflexão somente é possível na diversidade reconhecida dos nossos modos de pensar, escrever falar e fazer.

Logo, querer uma escola de reflexão certamente não é querer uma escola onde se reflita o tempo todo, mas ao contrário, uma escola diferenciada e mais bem ritmada. Pois bem, não deem peso demais ao que vou dizer agora e à forma como insistirei na definição e na análise das regras que vou propor. Este exercício não pretende ocupar o lugar todo, mas simplesmente um lugar. Outros me parecem tanto quanto legítimos e necessários; assistir a uma aula, por exemplo, apresentar obras e também alguns exercícios muito mais mecânicos do que o que vou apresentar. Nesses exercícios também se reflete espontaneamente e se, porventura, o exercício que vou propor orientar esse trabalho de maneira específica e quiser torná-lo mais consciente, ele não tem por objetivo ser sistematizado.

Ao menos um traço do que eu chamo de reflexão pode ser aqui explicitado: existe reflexão a partir do momento em que há uma certa diversidade dos modos de trabalho, de atenção e de regras, e quando é possível encadear os momentos em que há uma certa limitação criada por regras, momentos em que se sonha, se sente e, evidentemente, os momentos em que se dorme e em que demonstramos nosso cansaço.

Dito isso, qual será, então, a reflexão de que falo, quais são as ferramentas metodológicas que utilizo, senão para desenvolvê-la, ao menos para fazê-la existir.

Eis a primeira regra: "A respeito das questões que lhes propus ou que lhes são propostas, os senhores sabem bastante, sem dúvida. O que lhes compete fazer é reunir ou juntar o seu saber, ou esse saber". No fundo, com essa única regra, eu quase disse tudo.

A reflexão como distância

Como se vê, é um enunciado performativo: ele situa e institui esses estudantes e alunos segundo uma relação tríplice. Antes de tudo, sabendo, e muito bem, e diante da dificuldade de dizer e lembrar-se do que eles sabem; sabendo algumas coisas, e diante da dificuldade de recolher essa diversidade; abertos, enfim, a uma certa exterioridade. E, a essa altura, devo precisar a "gramática", um elemento da gramática da palavra "saber". Há uma diferença entre "saber certas coisas" e "ter representações ou ideias", e creio ser esta a diferença: "saber certas coisas", dizer que as sabemos, nos situa de imediato em relação a uma determinada exterioridade. "Saber certas coisas" é, de fato, poder dizer coisas sobre o mundo, ou a respeito do mundo, referindo-se ao que nomeamos, seja uma certa experiência seja uma certa literalidade dos textos, de todo tipo, que parecem dizer como é um determinado real.

Assim, esse enunciado provoca uma certa abertura, na medida em que não se sabe onde se encontra o saber requerido, que poderia ser encontrado tanto na aula quanto em uma aula anterior mais distante ou na aula de uma outra disciplina ou, enfim, naquilo que se aprendeu lendo, olhando, discutindo. Parece-me que, desse ponto de vista, uma frase como essa deva acompanhar diretamente uma aula (inaugurando o que se chama de exercícios de aplicação, sob a forma de um "agora vocês estão sabendo bastante sobre isso"), ou a acompanhe de mais longe ou que não faça referência a nenhuma aula específica. Em todos os casos, não se sabe previamente onde se encontra o saber requerido. O que podemos mais ou menos saber é a região onde ele se encontra, mas não onde ele se encontra nessa região. Eu não posso, aqui, entregar-me ao que é mais fácil, dizendo que os estudantes sabem o que se desejaria lhes ensinar, o que me pareceria inteiramente inexato. Ao invés disso, quero dizer que eles têm dificuldades para reconhecer tal coisa e para orientar corretamente sua atenção. A diferença que existe aqui, entre um saber altamente formalizado e escolar, como seria a matemática, e um saber menos formalizado e escolar, que poderia ser um saber relacionado com a experiência moral, da educação moral, é apenas uma diferença de grau, o que não significa que podemos negligenciá-la. Em todos os casos, trata-se mesmo é de encontrar um saber que se tem, mas sem que se saiba exatamente encontrá-lo.

Vemos, então, que esse enunciado coloca os estudantes em uma certa tensão, por um motivo triplo: lembrar-se, recolher, dizer algo sobre o mundo, algo objetivo, como nós dizemos.

Para que um enunciado assim "funcione", isto é, para que seja compreendido "intuitivamente e numa forma mais geral" e possa originar um trabalho, o que é exigido? Que se possa supor que todos podem identificar-se com a posição de um sujeito que sabe algumas coisas, mas que tem dificuldade em reuni-las, que, na sequência, também possa continuar identificando-se, tendo como consequência, pelo menos, que o enunciado inicial não seja uma armadilha, uma maneira de mostrar a eles que, na verdade, nada sabem, a fim de, em seguida, poder instruí-los melhor. E, enfim, que sejam acompanhados nas diferentes fontes de tensão que analisamos. Isso já indica, por um lado, as obrigações do professor.

Como disse mais acima, o único requisito aqui é que possamos admitir que aqueles que ouvem esse enunciado o compreendem, intuitivamente, ou numa forma mais geral.

Mas em que pré-compreensão todas essas coisas estão baseadas?

"Se eu soubesse tudo o que sei, quero dizer, se eu soubesse tudo o que ouvi, li e até soube nesse ou naquele momento, e mais, se eu soubesse tudo o que eu deveria saber, se tudo o que eu sei estivesse disponível para mim à vontade, não haveria razão para refletir. Mas, por um lado, não estou em uma situação desse tipo a respeito do meu saber e que talvez ninguém esteja, e por outro, qualquer um, professor ou estudante, adulto ou criança, encontra-se nessa distância entre o que sabe, o que estaria em condições de saber e o que efetivamente sabe ou é capaz de saber. Talvez o saber de que somos capazes seja mais importante do que o saber que acreditamos saber e, em todo caso, diferente". Dessa forma, a reflexão nasce como uma distância entre o que somos e o que sabemos, entre nossos possíveis e nossos possíveis, entre nossos possíveis reais e nossos possíveis apenas possíveis, se assim podemos dizer.

Como objeção, dirão que essa talvez seja uma reflexão de um adulto, que leu muito, viu muito e soube muito. Mas o que é inteiramente desconcertante nesse ponto é que parece impossível dizer em que exato momento cada um pode ser considerado como uma pessoa que sabe ou como a que pode saber. Em que idade de um aluno poderei dizer-lhe: "você está sabendo bastante sobre isso", em que idade não poderei lhe dizer isso? Dirão, após o vestibular, mas porquê não após a universidade e até mesmo, vendo os estudantes saindo da universidade, ao vermos a nós mesmos bem mais tarde, é pertinente dizer que sabemos o suficiente a respeito de algo? E a partir daí, porquê não poder dizê-lo bem mais cedo? Não existe a possibilidade de impor um limite certo para isso, aquém do qual, os indivíduos que educamos não podem ser considerados como indivíduos que sabem e além do qual eles poderiam sê-lo.

Qual a consequência dessa impossibilidade, senão que qualquer um, sem exceção, pode pelo menos saber certas coisas, e isso a qualquer momento; que qualquer um pode saber coisas e que a questão é partir disso. Mas também que qualquer um, sem exceção, pode, no entanto, não saber o que sabe.

O tempo da reflexão

Ora, o que todos nós sabemos perfeitamente é que lembrar-nos do que sabemos toma tempo ou que a capacidade de nos lembrarmos do que sabemos requer tempo. Preciso ser mais claro. O tempo da reflexão não é um tempo qualquer, e ele me parece muito diferente do tempo que constantemente dizemos nos faltar, quando nos queixamos. Quando refletimos, não é tanto de mais tempo que necessitamos, mas de um tempo, um tempo para voltarmos a nós e encontrarmos o que sabemos, o que podemos dizer sobre essa ou aquela questão, problema ou decisão. Um tempo até para dizermos que nada temos a dizer que seja bom e sensato. A linguagem corrente diz muito bem que "é preciso que a decisão amadureça" ou que "isso já durou demais, tem que acabar", como se houvesse uma espécie de medida natural da reflexão, mas sem que fosse possível, entretanto, fixar previamente o número dessa medida. Nesse sentido, o tempo da reflexão é um tempo específico que pode tanto ser um tempo muito curto quanto muito longo.

O segundo traço de minha reflexão é essa relação com o tempo. Mas como essa relação é levada em consideração no exercício que proponho a eles? Tenho que acrescentar aqui duas regras metodológicas: primeiramente peço-lhes que trabalhem sozinhos, em seguida em grupo, e depois comigo. E digo-lhes o seguinte: o sentido do trabalho em grupo não é simplesmente "colocar em comum", como se diz muitas vezes, o que vocês tiverem encontrado, mas o sentido é que cada um precise novamente para si mesmo o que pensava haver encontrado, o que cada um pensava saber como, em toda discussão, nossa atenção se volta para a precisão do que queríamos dizer. O objetivo aqui não é convencer aquele com quem falamos, mas dizermos para nós mesmos, com precisão, o que pensávamos, o que acreditávamos saber, e isto através do retorno que nos é dado por aquele com quem falamos, do que ele também pode dizer. Novamente, postulo que essa regra é intuitivamente clara ou que eles conhecem este sentido da discussão.

Depois disso, digo-lhes também o seguinte: "a resposta não se mostra por si mesma; não pensem que a resposta tem que estar situada previamente dentro do que vocês julgam importante ou dentro do que lhes ensinaram a julgar como tal. A resposta pode ser encontrada em coisas perfeitamente simples, comuns e banais, nas quais não pensamos espontaneamente, justamente porque são tidas como banais e comuns". E para que esse conselho torne-se exigência metódica, e do espírito, dou-lhes alguns exemplos (principalmente DESCARTES, *Regulae*, regra 10).

O que está em jogo nesse último conselho é uma liberação da atenção ou a educação de uma atenção flexível que não se focaliza no que ela teria tendência a considerar como importante. É claro que não se trata simplesmente de reverter as coisas e dizer que o banal e o comum é que são importantes, mas de desfazer a ligação da atenção com certos pressupostos de valor e, por meio disso, devolver-lhe uma certa flexibilidade.

Reflexão e elementos dogmáticos

A partir daí, como se desenvolve minha intervenção como professor?

Ela é necessariamente orientada por duas coisas.

Em primeiro lugar, a primeira resposta dada por eles, e o campo por elas delineado, o que me obriga a encontrar, nas minhas leituras e reflexões, o texto ou o argumento adaptado ao que então terá surgido. O que não é tão evidente assim.

Em seguida, esta intervenção é necessariamente orientada pela exigência de lembrar-lhes do que sabem efetivamente, do que não podem deixar de saber e do que até então não fora levado em conta (ver, mais abaixo, a noção de observatório). E isto, o dispositivo inicial me permite simplesmente introduzi-lo como elemento de reflexão deles, com o estatuto de elemento, a partir do qual será necessário remodelar o que foi esboçado.

Creio que esta segunda exigência não é uma exigência qualquer, isto é, não é simples, tampouco fácil de ser assumida a partir do momento em que queremos que ela intervenha como proposta de novo elemento em uma reflexão já iniciada e que desejamos que ela seja realmente uma lembrança do que eles sabem.

Mas parece-me também que ela não está sem ligação com a filosofia, como preocupação em lembrarmo-nos efetivamente do que sabemos, mas podendo acontecer de nos esquecermos.

Essa modalidade de intervenção supõe realmente algo como um dogmatismo: existe o saber, existem coisas que cada um sabe; mas ela supõe um dogmatismo do elemento: existem elementos de saber, pontos difíceis de recusar, pelo menos à primeira vista, e com os quais temos que contar, quite a compreender mais tarde o caráter parcial desse elemento, que ele tem como elemento.

A reflexão, o seu trabalho, lida, pois, com elementos dogmáticos, e a dificuldade maior é aprender a situá-los bem.

Lugar da intuição

Finalmente, insistirei um pouco sobre o lugar que atribuo, nessas regras, à noção de intuição, ao modo como represento tal noção. De fato, elas são duas. As regras de método devem, como eu disse antes, ser apreendidas intuitivamente ou no geral. Para mim, como já mostrei, isso é essencial para o bem andamento das regras, bem como à liberdade daqueles que as seguem. Postulei, então, por exemplo, no nível em que me situava, que aqueles a quem me dirigia sabiam, não a diferença, mas simplesmente que há diferença entre "saber algo" e "ter pensamentos ou representações". Supus, ainda, que sabiam o sentido da conversa. Este é um primeiro sentido do termo intuição, tal como o representei aqui: "vocês sabem no geral e, afinal de contas, sem que tenha sido ensinado a vocês". Em outras palavras, se nem sempre temos ideias adequadas, ou até mesmo simplesmente claras, temos, entretanto, ideias distintas. Existe um saber da diferença.

Mas eu represento a noção de intuição em um outro sentido. Se, por exemplo, eu quiser esclarecer para mim a distinção entre "saber" e "ter pensamentos", bastará um pequeno exemplo ou, mais precisamente, um jogo de linguagem específico a respeito de uma situação dada, para que eu encontre uma ideia mais viva e um pouco mais clara, a partir do que seria possível começar a refletir. Em outras palavras, em muitos casos, e para iniciar a reflexão, basta pensar em um caso, uma situação ou uma maneira de falar nos quais o próprio problema se resolve de acordo com um determinado aspecto.

Se eu quiser fazer com que meus alunos reflitam sobre o que é um Estado de Direito e quiser provar-lhes que eles sabem o que é um Estado de Direito, que sabem o que é isso no corpo e na vida de todo dia, basta pedir-lhes para analisar o que se chama de PV (multa de trânsito), para desenvolverem tudo o que existe dentro dessa realidade. Esse tipo de caso tem um estatuto bem diferente do que seria um exemplo, pois faz sentido dizer que o fato de haver algo como PV é o Estado de Direito, ao menos um de seus aspectos, tão ou não menos importante quanto o fato de haver preâmbulos de constituição. Encontrar os casos, encontrar os casos certos, encontrar o que chamo, algumas vezes, de o laboratório certo, isto é, aquilo a partir de que podemos encontrar uma visão rica e parcial a respeito de um objeto dado, e então, encontrar também casos e observatórios de sentido mais ou menos próximos, mais ou menos complementares, me parece remeter a uma capacidade de entregar-se à intuição, capacidade que pode ser chamada de imaginação. E então, novamente, este trabalho nunca me pareceu ser exterior à atividade filosófica.

Conclusão

Para terminar, eu voltaria à questão das relações entre método e liberdade. A exigência metódica é simplesmente exigência de divisão, de espaçamento, e, também, de uma seriação, no espaço (o espaço da folha) e no tempo. O importante é que essa exigência de espaçamento se renove, ou que não se fixe em uma forma específica que se tornaria, a partir daí, uma forma para ser reproduzida.

Por uma definição da filosofia da educação

Lílian do Valle

De todas as questões com que se defronta, atualmente, a filosofia da educação, na tentativa de (re)construção de sua própria identidade, algumas das mais cruciais poderiam ser expressas em uma simples indagação: qual é hoje o lugar e o sentido que consideramos poder, e dever, atribuir à reflexão filosófica da educação? Ela mesma desdobrada em, pelo menos, duas outras: sob que condições nos é possível afirmar como *propriamente filosófica* uma reflexão sobre a educação? Mas, igualmente: como garantir a *identidade propriamente educacional* de nossa atividade de reflexão, isso é, que exigências nos seriam particularmente impostas pelo objeto de pensamento que é o nosso – a educação?

Antes mesmo, porém, de examinar a ecceidade de nosso objeto de reflexão e, ademais, de buscar fazê-lo à luz de uma elaboração *especificamente* filosófica, é preciso considerar o terreno histórico-cultural em que essa pretensão se formula e do qual retira seus aparentes impasses. E esse, sem dúvida, não é nada favorável à filosofia, mas, ao contrário, retraça, especificamente no que concerne à sua influência sobre o pensamento educacional, a história de um poder dogmático que, a partir da modernidade, é submetido a lento declínio. A substituição da antiga autoridade filosófica pelas referências provenientes do saber científico consolidou-se no século passado, em função da crescente confiabilidade que esse último alcançou, e foi finalmente selada, em nossos tempos, pela definitiva adoção da identidade que as "ciências da educação" passaram a conceder à "pedagogia" – mas não sem um considerável ônus, a nosso ver, para a própria reflexão sobre a educação.

Assim, resume Franco Cambi, no século XX o saber pedagógico teria finalmente se emancipado do modelo metafísico que, a partir de Platão e até seu apogeu, no século XVII, dominou a educação, encarregando-se de prover-la de definições acabadas sobre sua natureza e seus fins.

...o declínio do modelo metafísico da pedagogia [...] tinha começado entre os séculos XVII e XVIII, com Locke, aumentando depois com Rousseau e Kant, com o romantismo e o positivismo, para expandir-se em nosso século, onde permaneceu como apanágio de posições que não eram de vanguarda, embora combativas e religiosas (como o idealismo, como muito pensamento católico, neoescolástico ou espiritualístico). A centralidade da especulação filosófica como guia da pedagogia foi substituída no pensamento contemporâneo pela centralidade da ciência, e de uma ciência autônoma, cada vez mais autônoma em relação à filosofia.[1]

A concepção que, mais do que identificar historicamente, Cambi em toda evidência defende para a pedagogia manteve-se, sem qualquer dúvida, uma tendência largamente dominante na educação a partir da modernidade, sobretudo no que se refere à definição da prática educacional – que teria, assim, sido "emancipada" da subalternidade a que a definição idealista da educação a reduzia. Para o fazer educativo, antes espaço mudo de aplicação das leis e determinações absolutas engendradas pela especulação, voltam-se as atenções despertadas pela nova atitude investigativa, que enfatiza a experimentação de novos métodos e procedimentos técnicos para a aprendizagem e para a administração da educação escolarizada. Segundo essa *definição cientista* da educação, o fazer educativo é campo de permanente exploração das ciências humanas – feitas, agora, "ciências da educação".

Eis como a filosofia teria sido definitivamente substituída pelo conhecimento científico que, cada vez mais especializado e complexificado, a rigor forneceria não uma, mas múltiplas definições para a educação – às quais corresponderiam, a cada vez, perspectivas e abordagens específicas para o fazer educativo. Mas, nesse caso, por que e como atribuir ainda à filosofia o papel de mediação que o autor sugere, na organização e regulação desses diferentes saberes "dismórficos" e "conflituosos" – restabelecendo-a como uma espécie de "metadiscurso" capaz de exercer o *controle* epistêmico e *crítica* ideológica de posições cientificamente amparadas e, mais do que tudo, responsável pela própria "escolha dos valores e fins da educação"?

E, de fato, sem o selo de autenticidade e de solidez que a crença numa verdade absoluta e incorruptível lhe outorgava, isso é, sem o recurso, ainda, à autoridade metafísica, não se vê como a filosofia poderia legitimamente postular o lugar que alguns ainda teimam em querer

---

[1] CAMBI, Franco. *História da Pedagogia*. São Paulo: Ed. UNESP, 1999, p. 402.

lhe reservar. Por um lado, dificilmente se poderia explicar *às ciências* porque caberia à filosofia e não a elas próprias esse controle epistêmico (crítica da coerência interna, eminentemente lógica, da propriedade e da correta apropriação do discurso especializado que cada ciência supostamente domina; e questionamento e contextualização dos instrumentos, das práticas, conceitos e concepções de que lança mão cada um desses discursos, que apelam por uma contextualização histórica) que é condição indispensável do próprio exercício de investigação. Por outro lado, é evidente que a simples ideia de que a crítica ideológica possa ser monopolizada por *um só discurso* remete à afirmação de um privilégio que, em nome de Deus, da Verdade, da História ou mesmo da Ciência, é ele mesmo ontologicamente marcado pela presunção de uma instância transcendente, supra-humana ou metassocial.

Admitamos, porém, que se possam qualificar de "filosóficas" a reflexão epistemológica e a crítica em geral – e há, decerto, uma vocação, mais antiga talvez na filosofia do que nos demais discursos, de impregnar as diferentes disciplinas, alimentando com o seu patrimônio de conceitos, de questões e de esquemas mentais as operações de produção racional de sentidos e de exame. Não foi exatamente nessa acepção mais ampla que a filosofia encontrou abrigo nas "ciências da educação", confundindo-se, como entre nós queria Anísio Teixeira, "com a [própria] atividade de pensar"[2]?

Nesse caminho, poder-se-ia, inclusive, ir mais longe. Na atualidade, quando a identidade dos empreendimentos intelectuais parece decorrer muito mais das questões que os movem do que dos "recortes disciplinares" – esses mesmos que, em educação, as teorias de currículo, em especial, tanto abominam – não faria sentido designar de "filosófica", por falta de melhor termo, ou na medida em que todos esses recortes acabam por se equivaler, a busca de compatibilização interdisciplinar, ou organização e regulação transdisciplinar dos saberes necessários à definição da educação?

É preciso que convenhamos que a filosofia é, a cada vez, o que dela fazem a época e o terreno de elaboração que a ela recorrem. Não há como negar, dessa forma, o enorme poder de sedução dessas propostas, para as quais tantos atualmente vêm sendo atraídos, e pelas quais não somente a filosofia, entendida numa amplíssima acepção, acaba por se confundir com o próprio pensamento, como passa a ter por incumbência

---

[2] TEIXEIRA, Anísio. *Pequena Introdução à Filosofia da Educação*. Rio de Janeiro: DP&A, 2000, p. 168.

produzir as provas de sua unicidade. No entanto, apesar das aparências, no que concerne à nossa discussão essas propostas nada têm de novo: ainda do início do século ecoam as palavras de Gramsci, que o campo educacional repetiu até a exaustão: todos são filósofos. E, citando ainda Anísio Teixeira: "conforme o tipo de experiência de cada um, será a filosofia de cada um"[3].

É bem verdade que, dissolvido na generalidade dessa atribuição, pouco resta ao "privilégio" filosófico, porque também pouco resta à filosofia como domínio de reflexão especializada. Porém, talvez somente assim se possa enfim enfrentar sem maiores sustos a questão axiológica que aqui deixamos temporariamente de lado, e que consiste em querer conceder à "filosofia" a prerrogativa da escolha dos valores e fins da educação. Mas – questão tipicamente filosófica – em que a filosofia, ou o pensamento *tout court*, se apoiaria, para realizar essa importantíssima decisão? Parece evidente que, qualquer que seja a resposta, para aqueles que acreditam dever imputar à filosofia a decisão sobre os fins da educação, essa decisão deverá forçosamente escorar-se em uma elaboração racional – essa mesma que a ciência teria emancipado do dogmatismo metafísico. Eis porque é no mínimo curioso reencontrar, no seio dessas reflexões que pretendem assimilar a educação ao discurso científico, a filosofia do lado... de tudo que não decorre explicitamente do discurso racional. Forçoso é admitir que, nessas condições, o propriamente "filosófico" adquire uma estranha vacuidade, uma arbitrariedade somente compatível com... a arte, com a profecia, com a crença:

> A filosofia não busca verdade no sentido estritamente científico do termo, mas valores, sentido, interpretações mais ou menos ricas de vida. Vai às "causas últimas" para usar a velha expressão, porquanto nos deve levar à compreensão mais larga, mais profunda e mais cheia de sentido que for possível obter, do universo, à vista de tudo que o homem fez e conhece na terra. A filosofia tem, assim, tanto de literário quanto de científico. Científicas devem ser as suas bases, os seus postulados, as suas premissas; literárias ou artísticas as suas conclusões, a sua projeção, as suas profecias, a sua visão. E, nesse sentido, a filosofia se confunde com a atividade de pensar, no que ela encerra de perplexidade, de dúvida, de imaginação e de hipotético. Quando o conhecimento é suscetível de verificação, transforma-se em ciência, e enquanto permanece como visão, como simples hipótese de valor, sujeito

---

[3] TEIXEIRA, Anísio. *Pequena Introdução à Filosofia da Educação*. Rio de Janeiro: DP&A, 2000, p. 170.

aos vaivéns da apreciação atual dos homens e do estado presente de suas instituições, diremos, é filosofia.[4]

Dir-se-ia, assim, que haveria uma *definição científica da educação* que, por regional que fosse, responderia pela identificação de *determinações* observáveis, de *regularidades* verificáveis, de *explicações* que dotariam o fazer educativo de instrumentos de controle, de predição e de planificação; tanto quanto haveria, também, uma *definição filosófica da educação* que, marcada pela generalidade de seu discurso, corresponderia a tudo aquilo que a razão não pôde afiançar, devendo permanecer como intuição... a menos que se pudesse reintroduzi-la na racionalidade, por meio de uma ordenação lógica, totalmente derivada das elaborações da(s) ciência(s). É, pois, assim que se confere à filosofia (e somente a ela) o privilégio de fazer profecias, de ter visões, de mostrar incertezas, dúvidas e perplexidades; mas o preço dessa formidável concessão é que a filosofia se submeta antecipadamente – em suas bases, postulados e premissas, ao controle e à autoridade da ciência. Nesses termos, o que restaria do privilégio filosófico?

O que nos confunde, no entanto, nas formulações que visam recuperar para a filosofia um lugar no seio da valorização moderna da ciência, não é só a profunda perda de sentido e de substância a que o pensamento filosófico deve se submeter, para ser ainda aceito, mas o acumpliciamento, proposto à filosofia, na manutenção de um ideal de unidade que a ciência não mais consegue realizar.

> O fundamento "teórico" da proclamação do fim da filosofia – brevemente falando, que a filosofia é "metafísica" e que a metafísica foi absorvida *restlos*, sem resíduos, pela ciência contemporânea – só faz sentido a partir da tese de Heidegger de que pode haver um "pensamento do Ser" ou um "pensamento do sentido do Se" separado de qualquer reflexão acerca do ente ou do ser do ente. A tese é, ao mesmo tempo, estéril e privada de sentido.[5]

Na verdade, nesse cenário aberto a partir da modernidade para a definição da educação, hoje sabemos, a valorização do saber científico (ou dos saberes científicos) implicou, mais do que na mera rejeição do dogmatismo da metafísica em nome de uma atitude mais madura e desencantada em relação à realidade, na imposição de um novo dogmatismo; pois, ainda que abrindo espaço para muitos inegáveis avanços, essa posição não só

---

[4] TEIXEIRA, Anísio. *Pequena Introdução à Filosofia da Educação*. Rio de Janeiro: DP&A, 2000, p. 168.

[5] *Idem*, p. 238.

não conduziu à eliminação total da metafísica, como, muito frequentemente, procedeu à sua simples substituição por um tipo de resposta que também se pretendeu absoluta – em que a reflexão sobre o ente, sobre o ser encarnado, conjugado como singularidade irredutível é substituída pelo pensamento que se constrói construindo seu objeto como um Ser desencarnado, mutilado pela atenta e improvável redução de tudo que, nele, poderia ser singular, particular, resistente às generalizações.

Assim, e sobretudo, a desmedida valorização da ciência acabou por ocultar exatamente a face mais radical da crítica da modernidade – aquela que, voltada contra os dogmatismos, atacava o que Castoriadis denominou a "hipercategoria da determinidade", seu ocultamento resultando na reintrodução do dogma, mas dessa feita sob a forma de aspiração a um saber capaz de estabelecer, objetivamente, *a certeza, ainda que disfórmica e conflituosa*, sobre o enigma humano, sobre o enigma da educação; uma ciência (*epistéme*) guiando, assim, a descoberta de *determinações* que pudessem servir de referência para a ação – e, é claro, também para o fazer educativo. Pois a insistência anteriormente metafísica e, na modernidade, científica, na busca de identificação de "fontes legítimas" para a explicação, o controle e a predição do sentido humano e social resulta, na verdade, da incapacidade de lidar com o que *não pode ser inteiramente determinado, definido de antemão*: o processo pelo qual o homem cria, continuamente, social e coletivamente, suas próprias *determinações* para seu modo de existência individual e coletiva.

De tal modo que se, sob a influência científica, o fazer educacional de fato se "emancipou" das concepções dogmáticas da filosofia, que o reduziam a mero terreno de aplicação do que de suas verdades podia e devia ser implicado, foi só para melhor submeter-se ao domínio da suposta autoridade científica – que, quanto a ela, jamais deixou de pretender estabelecer, antecipadamente, as regras e os procedimentos a partir dos quais todo fazer educativo poderia e deveria ser pautado. Assim sendo, a natureza *indeterminada* e *indeterminável* do fazer educativo, pela qual ele existe primeiramente como *atividade* (e não como puro pensamento sobre uma atividade abstrata), como criação permanente de um sentido sempre singular e como deliberação racional e razoável que só a liberdade pode colocar em perspectiva, acabou sendo ocultada.

Para Cornelius Castoriadis, o "fim da filosofia" decretado por Heidegger é uma falácia que só poderia ser imaginada como o fim da própria liberdade. O autor se insurge contra o que é para ele a verdadeira condenação que pesa sobre o pensamento: para além da ameaça sempre atual do totalitarismo e dos regimes autoritários, a emergência de um "conformismo generalizado", "pela atrofia do conflito e da crítica, pela expansão da amnésia e da irrelevância, pela crescente incapacidade de questionar o presente e as instituições existentes, quer sejam propriamente políticas ou contenham concepções do mundo."[6]

Em Heidegger e em Hegel, segundo Castoriadis, o "fim da filosofia" corresponderia aos próprios limites de um pensamento em que a ontologia se faz, *indissoluvelmente*, "filosofia da história e história da filosofia". Castoriadis condena particularmente, em Heidegger, as profundas distorções a que submeteu o pensamento e a tradição gregos, para melhor adequá-los a seu projeto de uma filosofia da Antiguidade completamente extraída de seu *contexto político* de engendramento. A firme crença na história como destino (*Geschick*) ou como cadeia de superações levando ao saber absoluto – a filosofia heideggeriana da história – tornaria indispensável que os filósofos do passado fossem reduzidos a "momentos" da história do Ser, em direção à consciência de si do espírito, ou em direção ao esquecimento do Ser, precipitando a história da filosofia naquilo que Castoriadis denomina a "clausura metafísica". A consequência, para Castoriadis, é que a filosofia passa, na atualidade, a ser simples comentário e interpretação, continuamente oscilante entre um academicismo escolástico e um desconstrucionismo míope e inconsequente: e é sem dúvida dessa forma que, frequentemente, ela pretende investir a educação – em ambas as hipóteses, por ela transformada em campo incapaz de produzir suas próprias significações, em terreno bruto de atividade cuja flacidez deve ser permanentemente tensionada pelos sentidos que somente o puro pensamento filosófico pode fornecer.

Criticando a submissão do pensamento filosófico a uma definição (a uma "filosofia da história") prévia e inteiramente determinada de seu sentido e de sua "história", Castoriadis não está, não obstante, supondo que seja possível a filosofia sem uma concepção da história da filosofia, e sem uma concepção da história; sem, enfim, uma filosofia do social-histórico. Uma dupla injunção pesa, assim, sobre a filosofia – que, ao interessar-se pelo mundo dos homens, não pode pairar sobre sua história e é condenada a tomar partido, a construir sentidos que são, de fato, definições; mas que, propondo-se a ser questionamento aberto, deve travar uma luta incessante contra a absolutização desses sentidos e definições que ela própria constrói, sob pena de esterilizar-se em um formalismo ou em uma inconsequência igualmente nefastos para o pensamento. Sob o signo dessa provisoriedade, mas também desse compromisso de encarnação, poder-se-ia propor

---

[6] CASTORIADIS, Cornelius. "La fin de la philosophie?" in: *Les carrefours du labyrinthe III – Le monde morcelé*. Paris: Seuil, 1990, p. 227.

uma outra forma de conceber a filosofia, considerando sua especificidade histórica e a singularidade que, nessa história, pôde adquirir:

> A democracia é o projeto de romper a clausura, em nível coletivo. A filosofia, que cria a subjetividade com capacidade de refletir, é o projeto de romper com a clausura [em nível] do pensamento... O nascimento da filosofia e o nascimento da democracia não coincidem, eles cossignificam. Ambos são expressões e encarnações centrais do projeto de autonomia.[7]

Sob a perspectiva democrática, isso é, à luz do projeto de autonomia individual e coletiva, a filosofia deve então ser dita forma sistemática e *deliberadamente investida* de interrogação sobre a amplitude e os limites da criação humana. Nessas condições, o exercício filosófico é associado a uma determinação que o pensamento faz pesar livremente sobre si próprio, e que respeita à busca de autonomia. Livremente, porque essa determinação simplesmente não pode ser implicada da natureza do ser – seja ele o ser encarnado e sempre singular ao qual nos referíamos, ou o Ser pleno dos filósofos, ou o puro ser do pensamento. Não sendo uma condição necessária, nem da existência humana, nem do pensamento sobre essa existência, a decisão de sentido que implica em qualificar a filosofia por sua relação com o projeto de autonomia está destinada a permanecer, como aliás todas as outras que são propostas, absolutamente *infundada*; mas nem por isso, ela é menos determinante:

> A filosofia não existe pela questão: o que é o Ser, ou qual é o sentido do Ser, ou por que há algo, ao invés de nada, etc. Todas essas questões são secundárias, no sentido que todas são condicionadas pela emergência de uma questão mais radical (e radicalmente impossível em uma sociedade heterônoma): o que devo pensar (do ser, da *phusis*, da justiça, etc. – *e* de meu próprio pensamento)?[8]

Assim, a filosofia se faz, em primeiro lugar, compromisso do pensamento com a elucidação das condições, das vias, dos limites e da abrangência que, em cada contexto social-histórico, se impõem os homens em sua autocriação e na criação coletiva de seu mundo: compromisso, portanto, com a autorreflexão sobre o que é, para cada ser, autocriação e exercício da *proairésis*, da deliberação individual que constitui a conduta ética (termo que Castoriadis evitava, o que deu origem a alguns

---

[7] CASTORIADIS, Cornelius. "La fin de la philosophie?" in *Les carrefours du labyrinthe III – Le monde morcelé*. Paris: Seuil, 1990, p. 235.

[8] *Idem*.

mal-entendidos históricos); e sobre o que, construindo-se coletivamente, se apresenta como política, nessa acepção que, em grande escala, o autor compartilhava com H. Arendt.

Para o domínio educacional, a crítica a que a modernidade submeteu o pensamento metafísico não foi um acontecimento meramente intelectual: ela correspondeu a um momento de muito especial de criação social-histórica, em que – após o gesto platônico original, e depois de muitos séculos de subserviência ao dogma – a definição filosófica da educação voltou a buscar, na radicalidade de sua tradição de questionamento, seu caráter eminentemente instituinte.

Em especial, a dimensão *instituinte* do fazer educativo foi proclamada com insistência durante o período revolucionário francês, que redescobriu sua direta relação com a instituição política da sociedade. Fez-se, assim, da nova *definição filosófica da educação*, uma *definição política*. Aos poucos, porém, o ideal de unidade reconverteu à autoridade científica o poder que havia sido subtraído ao dogma: a prática do controle se reinstituiu, pela ambição ampliada de uma *definição científica da educação*, que fez das "ciências da educação" e, muito em particular, da psicologia – no que se refere aos aspectos individuais – e da estatística – no que se refere ao aspecto coletivo – referências centrais para a definição dos métodos e procedimentos de administração e de realização do fazer educativo.

Não se pode dizer que essas definições especializadas da educação tenham liberado o fazer educativo de seus enigmas – na verdade, elas apenas ajudaram a ocultá-lo.

É bem verdade que nossos tempos já não desconhecem os efeitos nefastos do mito do "progresso" técnico-científico, que Rousseau começara a denunciar, e os riscos da descontrolada ambição de domínio racional da realidade. Como diria A. Heller, hoje sabemos que tudo tem seu preço! Mas nem por isso nos tornamos mais capazes de interferir, coletivamente, sobre esses processos. Nem por isso nos tornamos mais imunes à sedução das promessas de eficácia das técnicas e de validade universal das teorias que entoam os arautos dos discursos especializados sobre a educação.

É bem verdade que hoje já não esperamos que as diferentes disciplinas possam convergir espontaneamente para uma compreensão organizada e harmônica da realidade humana e social – mas nem por isso deixamos de buscar essa visão unificada e unificadora, que pretendemos fazer a própria tarefa da filosofia. É somente na medida em que aceita voltar a cada vez à reflexão sobre a liberdade humana que a filosofia ajuda a colocar essa pretensão de unicidade em perspectiva, contribuindo para denunciar seu caráter mistificador.

Isso decerto não implica em dizer que as disciplinas que compõem as chamadas "ciências da educação" deveriam ser dispensadas do exercício da autorreflexão – que, por ser de natureza filosófica, nem por isso pode ser alienado de seu objeto, isso é, da atividade de pensamento em que se inscreve, para se constituir em patrimônio da "filosofia". Sem essa exigência de autorreflexão, que é, também, de *autolimitação*, sem dúvida os diferentes discursos científicos continuarão disputando, em que pese sua inexorável regionalidade, ou exatamente por causa disso, a prerrogativa de fornecer a definição acabada e total para a educação, sob a forma da resposta mais conveniente para os dilemas que ela coloca.

Kant havia começado a praticar essa autolimitação, e a demonstrar os limites do conhecimento científico, no que se refere ao homem e à sociedade: sob esse aspecto, sua contribuição tanto para a definição filosófica da educação, quanto para a própria definição da ciência é inegável, ainda que pouco explorada. No entanto, ele julgou poder estabelecer não só os fundamentos universais e absolutos para o entendimento humano, mas também as bases inquestionáveis de um "conhecimento prático", sucumbindo à tentação de estabelecer parâmetros universais a reduzir a criação educativa a uma questão de método. No entanto, entendida sob a ótica da criação, toda "definição" que se apoie inteira e exaustivamente sobre *as dimensões cientificamente determináveis* da natureza humana e social, sem qualquer questionamento quanto aos limites dessas determinações e quanto à lógica que delas é derivada, é nociva para a educação. Volta-se, assim, repetidamente, à tradição platônica, e à herança metafísica:

> Com Platão começa a torção – e a distorção – platônica que dominou a história da filosofia ou, pelo menos, a sua principal corrente. O filósofo deixa de ser um cidadão. Sai da *pólis*, ou coloca-se acima dela, e diz às pessoas o que devem fazer, deduzindo isso de sua própria *epistéme*. Procura, e acredita encontrar, uma ontologia unitária – isso é, uma ontologia teológica. No centro dessa ontologia, como de todo o resto, ele situa a metaideia da determinidade (*peras*, *Bestimmtheit*). Ele tenta derivar dessa ontologia o regime político ideal. E, mais tarde (com os estoicos e, muito mais ainda, com o cristianismo,) ele santifica a realidade, isso é, começa a racionalizar o que existe em todos os domínios.[9]

Em fins do século XIX, Nietzsche afirmava que só seríamos de fato "modernos" quando, enterrando de uma vez por todas a tradição

---

[9] CASTORIADIS, Cornelius. "La fin de la philosophie?" in: *Les carrefours du labyrinthe III – Le monde morcelé*. Paris: Seuil, 1990, p. 236-237.

platônica, abraçássemos definitivamente o "niilismo". De um certo ponto de vista, a filosofia do século XX deveria conduzir a esse ponto crucial a partir do qual se pode exclamar, como o faz Jean-François Mattéi: "Nem Deus, nem Essência, nem Ideia, nem Substância, o Céu dos Modernos está vazio, e seus filhos já não choram a morte do pai."[10] Seria esse o preço a pagar, para nos livrarmos definitivamente do ideal de saber que substitui a criação humana pelas certezas da determinação?

A rápida análise de algumas tendências no interior do discurso que vem sendo produzido, ultimamente, acerca da educação nos faz suspeitar que, de fato, em muitos casos, se esteja realizando a crítica aos mitos da racionalidade moderna em condições excessivamente onerosas: as da efetividade da razão, ela mesma. Buscando fugir às "grandes sínteses", ao "discurso linear", à "herança cartesiana", aos "universal abstrato" e até mesmo à própria ontologia (como se toda interrogação sobre a existência fosse necessariamente uma especulação ociosa e, fatalmente, uma forma de dogmatismo) a reflexão educacional vem trilhando perigosamente o caminho das descrições inanes e sentimentalistas, do pedantismo formalista, para não falar da simples retórica esvaziada de todo conteúdo e qualquer de precisão conceitual e analítica. Entre o "nada há a saber" e o "tudo é saber" as distâncias são, na verdade, bem mais curtas do que usualmente se admite. O que fica de fora é o que C. Castoriadis denominava filosofia: a atividade que, longe de assimilar o repúdio ao dogma à recusa das dificuldades do pensamento, constitui-se como crítica radical ao instituído, como interrogação incessantemente aberta acerca "do que devemos pensar".

Ao tomar como objeto de sua interrogação a realidade humana e social, a filosofia abre diante de si o domínio daquilo "que não está inteiramente determinado" e, assim sendo, das coisas que "dependem de nós, que podemos realiza-las" como diria Aristóteles.[11] A filosofia se debruça, assim, sobre o que é criado pelo homem, sobre o *nómos*, diriam os gregos. Sobre os sentidos instituídos para a existência humana individual e coletiva, sentidos que estão materializados nas instituições sociais, nas práticas materiais e simbólicas, nos hábitos, nas normas, nos valores, nas concepções e nas teorias... Mas porque essa interrogação

---

[10] MATTÉI, Jean-François. "Platon et la modernité", in: POL-DROIT, Roger (org.), *Les Grecs, les Romains et nous – l'Antiqüité est-elle moderne?* Paris: Le Monde Ed., 1991, p. 64.

[11] "Pode-se deliberar sobre todas as coisas, isso é, será que tudo é objeto de deliberação, ou há coisas sobre as quais não há deliberação?" Após examinar as coisas sobre as quais não é possível deliberar (a natureza, a necessidade e o acaso) Aristóteles conclui: "Deliberamos sobre as coisas que dependem de nós e que podemos realizar por nós mesmos...". *Ética a Nicômaco*, III, 5, 1112 a 18 e seguintes. Paris: Vrin, 1997, p. 132-134.

é precisamente ilimitada, ela também se faz questionamento radical da validade dessas criações, e das condições que permitem, ao falar desses sentidos, empregar ainda os termos de verdade e falsidade, justiça e injustiça... Sem pretender substituir-se à criação que é fruto da atividade política e da atividade de autoinstituição individual, sem pretender sequer funda-las em princípios ou valores exteriores a elas, a filosofia participa do requisito democrático, que é o de submeter essas atividades às exigências da razão, ao regime de prestação de contas pessoal e coletivo. Não há filosofia do homem e da sociedade que não implique o questionamento sobre as dimensões ética e política que são partes indecorticáveis de sua existência.

Se, tanto quanto do dogmatismo metafísico e cientificista, a educação deve poder se liberar, hoje, das falsas seduções do subjetivismo e do relativismo que impregnam muitas das correntes filosóficas atuais, é por que não é toda filosofia que interessa à educação – como não é toda filosofia que se interessa, realmente, pelo que é a singularidade da educação. Feita compromisso racional e deliberado com o projeto de autonomia, a filosofia está enfim em condições de reconhecer a educação como atividade – e, mais precisamente, como atividade prática de formação coletiva de subjetividades reflexivas e deliberantes de que a democracia carece.

Mas não há método, ou regra, ou receita, que garanta antecipadamente o êxito de uma empreitada em que se trata, na verdade, de socializar os indivíduos, com base nas instituições heterônomas da sociedade (e já encarnadas por eles), para a criação de um novo modo de existência individual e coletiva, em que a autonomia seja possível. Não há método, ou regra, ou receita, que garanta antecipadamente o êxito de uma tarefa em que se trata, para o professor, de desistir de suas ambições de controle, para admitir a liberdade, a rebeldia, o erro, a singularidade do aluno – sua autocriação concretamente manifestada – não como um obstáculo, mas como uma condição essencial da construção comum da educação. Não há método, ou regra, ou receita, que garanta antecipadamente o êxito de uma tarefa em que se trata de realizar, a cada dia, a descoberta do imponderável da criação, com base em todas as teorias e métodos e técnicas que, tomados dogmaticamente, acabam por ocultá-la. Não há método, ou regra, ou receita, que garanta antecipadamente o êxito do fazer educativo. Eis o que é próprio da definição filosófica da educação, à luz do projeto de autonomia humana, elucidar quanto ao enigma do fazer educativo.

A ideia de que "decisão sobre os valores e fins da educação" caberia à filosofia não somente reproduz a concepção racionalista, metafísica ou científica – a afirmar, no primeiro caso, a existência de sentidos eternos e incorruptíveis, no segundo, uma produção de sentido exteriores à *práxis* humana e independentes dessa; ela implica, mais profundamente, no prolongamento da concepção autoritarista de razão que instituiu, em nossa tradição, a ideia que as deliberações que concernem à política (a ação que cria o mundo humano) e à educação (entendida como atividade de autocriação humana) podem e devem ser fundadas na razão e implicadas de sua atividade.

Sem dúvida, a filosofia, ou a teoria, como já mostrava Aristóteles, tem um papel importante na construção do que Castoriadis chamava de "subjetividade deliberante" e isso, particularmente, através da educação. Mas o que chamamos de "valores e fins da educação", isso é, os sentidos que a ela atribuímos, é a cada vez obra de instituição de cada sociedade; eles estão encarnados no modo de ser, nas instituições dessa sociedade. A filosofia pode e deve levar à permanente interrogação acerca desses sentidos – que, de outra forma, permaneceriam invisíveis e inquestionados: essa é, aliás, uma das formas específicas pelas quais a filosofia investe a educação.

Tanto quanto é falaciosa e autoritária a ideia de uma filosofia como atividade pura, distinta e isolável do fazer educativo sobre o qual se debruçaria, é mistificadora a noção de que caberia a essa filosofia fornecer, do exterior, os conceitos e as exigências para a produção desses sentidos e para a deliberação sobre eles. Não é, em qualquer hipótese, a teoria, filosófica ou científica, que vai "fundar" a educação e a política, que vai "salvar" essas atividades dos homens e do mundo que as instituem. Enquanto pudermos chamar também de razão às brechas que, abertas no mito poliforme do controle ampliado, nosso conformismo não preencheu de sem-sentido, enquanto pudermos sustentar a autonomia como princípio e como fim da atividade humana, a educação e a política deverão ser entendidas como atividades pelas quais o homem constrói suas próprias determinações. E a filosofia, como exercício de questionamento incessante dessas determinações. De forma que toda filosofia da educação que pretender ainda esquecê-lo, ou ocultá-lo, simplesmente não poderá ser dada como digna desse nome.

Filosofia e educação: pistas para um diálogo transversal

Sílvio Gallo

> Sempre que se está numa época pobre, a filosofia se refugia na reflexão "sobre"... Se ela mesma nada cria, o que poderia fazer, senão refletir sobre? Então reflete sobre o eterno, ou sobre o histórico, mas já não consegue ela própria fazer o movimento. De fato, o que importa é retirar do filósofo o direito à reflexão "sobre".
> O filósofo é criador, ele não é reflexivo.
>
> (Gilles Deleuze, *Conversações*)

Como pensar o diálogo entre Filosofia e Educação?

Filosofia e Educação caminham próximas desde as origens. Produzem aproximações, tangenciamentos, fugas, interpenetrações... Por alguns momentos se encontram, noutros se distanciam. Em certas ocasiões os encontros são amigáveis; noutras, conflituosos.

Filosofia e Educação caminham próximas desde as origens. Mas desde as origens que não se pode falar propriamente em Filosofia, mas em filosofias; também desde as origens que não seria de todo próprio se falar em Educação, mas em educações... De modo que os encontros, fugas, tangenciamentos e interpenetrações se dão em meio à diversidade: diversidade de filosofias, diversidade de concepções e práticas educativas.

Em meio a tais diversidades, trabalharei aqui o diálogo (ou diálogos...) da filosofia com a educação (doravante tratando a ambas apenas com o "f" e o "e" minúsculos...) a partir de dois pressupostos, que desejo deixar claros desde já.

O primeiro é o de tomar a filosofia como uma atividade, como prática. Desde que li *O que é a filosofia?*, de Gilles Deleuze e Félix Guattari, lançado na França em 1991, tenho adotado a noção de filosofia como *criação de conceitos* como ferramenta básica de trabalho. Compreendida dessa forma, a filosofia aparece necessariamente como ação e não como algo "sempre já presente", como algo dado de antemão. A filosofia mostra-se como produção, como ato essencialmente criativo, e o filósofo como artesão, como um demiurgo que, da vivência cotidiana produz seus conceitos como pequenas ou grandes obras de arte, que perdurarão por séculos ou mesmo milênios, admirados nas grandes galerias com renovado interesse, ou serão esquecidos nos porões desabitados, sendo consumidos e carcomidos pelo tempo, perdendo eficácia.

O segundo pressuposto é o de tomar a educação como *área aberta*. Conhecemos o movimento pelo qual tem passado a área de educação de se tentar construir para ela um estatuto epistemológico próprio. O principal argumento em favor dessa especificidade epistemológica da educação, a meu ver, consiste em afirmar que a perspectiva educativa dá aos problemas uma característica que os diferencia dos demais. Em outras palavras, tentando simplificar um pouco as coisas: o *locus* educacional de um problema faz com que seja necessária para sua análise uma Filosofia da Educação, que não seria propriamente a Filosofia. O mesmo dar-se-ia com a Sociologia, com a História, com a Psicologia... E todas essas áreas encontrariam uma guarida comum, sob o teto epistemológico da educação, que garantia uma identidade própria, uma singularidade como campo de saber. Penso que este argumento está equivocado. Os problemas relativos à educação são problemas como quaisquer outros: problemas, nada mais. Não seria o simples fato de estarem relacionados à educação que fariam deles algo especialmente distinto. Se assim fosse, teríamos que admitir que qualquer adjetivação de um problema dar-lhe-ia uma condição especial e justificaria uma filosofia de..., uma sociologia de... etc., criando uma miríade de ciências e filosofias aplicadas, distintas entre si e compondo um rol de saberes com fundamento epistemológico próprio.

Penso que essa necessidade de encontrar um estatuto epistemológico da educação nada mais é do que um eco do positivismo novecentista, que incutiu nas mentes a noção que só é possível a verdade se ela for científica. E como a educação desejou ser verdadeira... Como ela desejou encontrar ou produzir suas próprias verdades, com autonomia (esse outro mito de uma modernidade perdida!) em relação a outros saberes! Como ela (claro que aqui me refiro a seus atores) desejou emancipar-se, encontrar a maioridade, nem que isso fosse feito através do exercício de uma racionalidade técnica que a despotencializa ao infinito...

Contrário a esse movimento, prefiro ver na educação uma área aberta. Uma "terra de ninguém", que não tem especificidade nem se encontra mapeada e loteada, com "proprietários" dos saberes ali produzidos. Para dizer de outra forma, não consigo ver "especialistas em educação"... Prefiro a imagem da educação como uma "terra de ninguém" povoada por forasteiros, que seriam os filósofos, cientistas, artistas que, com espírito aventureiro, dedicam-se a desbravar esta "terra incógnita", de todos e de ninguém... Sendo uma área aberta, a educação necessariamente abre-se para o diálogo e para a contribuição dos diferentes campos de saberes, sendo por eles potencializada e mutuamente potencializando-os.

É, pois, a partir de uma concepção de filosofia como atividade de criação de conceitos e de uma concepção de educação como área aberta que procurarei pistas para diálogos possíveis entre elas, diálogos que sejam potencializadores, tanto da filosofia quanto da educação.

Contra a Filosofia como "reflexão sobre" a Educação

Iniciei este texto com uma citação de Deleuze. Em *O que é a filosofia?*, ele e Guattari fizeram o movimento de mostrar que, enquanto atividade, a filosofia não é nem contemplação nem diálogo nem reflexão, muito menos discussão. Com isso, puseram-se a destruir uma série de noções de filosofia que foram se tornando senso comum na prática cotidiana da filosofia, sobretudo naquela ensinada nas escolas de todos os níveis. O leitor interessado neste assunto pode procurar a obra dos filósofos franceses[1] ou alguma das muitas obras que foram produzidas sobre ela; aqui me concentrarei na questão de tomar a filosofia como reflexão, uma vez que ela apresenta uma interface óbvia com a educação.

Não são poucos os textos de filosofia, em especial aqueles que se propõem a fazer uma introdução a esse campo de saberes e mesmo os didáticos, que apresentam a filosofia como uma forma especial de reflexão. É por demais conhecida a afirmação de que a filosofia é uma reflexão radical, rigorosa e totalizante sobre problemas que afligem a humanidade em sua tarefa cotidiana de dar conta de sua sobrevivência. Não uma reflexão qualquer, mas uma reflexão que busque a raiz do problema, para conhecê-lo em profundidade; que trabalhe o problema com o rigor do método; e que procure uma visão abrangente, vendo o

---

[1] DELEUZE, Gilles e GUATTARI, Félix. *O que é a filosofia?* Rio de Janeiro: Ed. 34, 1992.

problema não isolado do mundo, mas de forma totalizante e de conjunto, percebendo-o como parte em necessária relação com um todo.

No caso de uma Filosofia da Educação, a transposição é imediata: ela seria uma reflexão radical, rigorosa e totalizante sobre problemas educacionais.

Mas será que essa abordagem de fato define a filosofia? Deleuze e Guattari estão convictos que não. Segundo eles, a filosofia pode valer-se, e certamente se vale, da reflexão em sua atividade de criação de conceitos; mas não é a reflexão que faz com a filosofia seja filosofia. Por outro lado, a reflexão não pode ser encarada como algo específico da filosofia: o matemático, o físico, o biólogo, o artista, o vendedor de peixe não refletem? Então o que faria o filósofo de diferente e específico ao refletir? Abarcaria uma suposta totalidade que o matemático, o físico, o biólogo, o artista ou o vendedor de peixe não conseguem vislumbrar? Uma pretensão absurda, de sonhar ser capaz de pairar sobre o mundo, etérea e intocável... Pobre filosofia!

Além de não garantir a singularidade da filosofia, a sua limitação ao ato de refletir a despotencializa como empreendimento criativo: se o filósofo limita-se a refletir, ele nada cria. É por isso que Deleuze já havia feito a crítica à filosofia como "reflexão sobre" que vemos na epígrafe deste texto. E se, em épocas difíceis para a produção, é verdade que a filosofia refugia-se na "reflexão sobre", também é verdade que é bastante comum que se encontrem definições de Filosofia da Educação como sendo uma *"reflexão filosófica sobre"* problemas educacionais... Nas épocas pobres, a educação é mais uma vítima da filosofia, desta filosofia vampiresca que vive de forma parasita, sugando do outro uma energia e uma potência que nunca teve.

E também aqui valeria perguntar: mas não deve cada professor refletir sobre a educação? Não deve cada educador refletir sobre a educação? Não deve cada estudante refletir sobre a educação? Não deve qualquer cidadão preocupado com sua sociedade refletir sobre a educação? Por que apenas o filósofo refletiria sobre a educação? Ou, se todos efetivamente refletem, o que resta ao filósofo? A reflexão radical rigorosa e totalizante? Mas o que é ela, de fato?

Compreender a interface, o diálogo da filosofia com a educação como uma "reflexão sobre" é despotencializador para ambas as partes. Para a filosofia, que perde seu potencial criativo – e muito poderia ser criado pela filosofia no âmbito da educação – e para a educação que, por sua vez, perde as boas contribuições que uma filosofia como criação de conceitos poderia dar.

"Fazer o movimento", escreveram Deleuze e Guattari. Possibilitar à filosofia uma postura criativa, produtiva. Na sua relação com a educação, não proceder a uma parasitose perversa, na qual uma se alimenta das parcas energias da outra, mas ao contrário, buscar possibilidades de fazer emergir o novo.

Contra a Filosofia como fundamento da Educação

Outra concepção corrente do diálogo da filosofia com a educação é a de tomar a primeira como fundamento da segunda. Não é por acaso que nos antigos e já quase extintos cursos médios de magistério, nas graduações em Pedagogia e nas diferentes licenciaturas, a disciplina (ou disciplinas) de Filosofia da Educação aparece(m) logo no início do curso. Entende-se que ela seja um dos "pilares" sobre os quais se erige qualquer saber educativo. E o mesmo se repete com a História, com a Sociologia, com a Psicologia...

Como age a Filosofia da Educação quando entendida como um fundamento da educação? Em geral, busca resgatar conceitos produzidos ao longo da história da filosofia para aplicá-los aos problemas relativos ao fenômeno educativo, procurando com isso construir (para ficar na metáfora arquitetônica) um saber educacional, que teria tais conceitos como base. Outra atitude recorrente é a do resgate daquilo que diferentes filósofos ao longo da história pensaram sobre educação, subsidiando o pensamento nos dias de hoje. Na perspectiva de Deleuze, também essa atitude é despotencializadora, pois inibe a produção de novos conceitos, em lugar de estimulá-la.

> Não fazemos nada de positivo, mas também nada no domínio da crítica ou da história, quando nos contentamos em agitar velhos conceitos estereotipados como esqueletos destinados a intimidar toda criação, sem ver que os antigos filósofos, de que são emprestados, faziam o que já se queria impedir os modernos de fazer: eles criavam seus conceitos e não se contentavam em limpar, em raspar os ossos, como o crítico ou o historiador de nossa época. Mesmo a história da filosofia é inteiramente desinteressante, se não se propuser a despertar um conceito adormecido, a relançá-lo numa nova cena, mesmo a preço de voltá-lo contra ele mesmo.[2]

Parafraseando, eu afirmaria que nada faremos pela educação, se nos limitarmos a repetir velhos conceitos fora de contexto, a raspar esses ossos

---

[2] DELEUZE, Gilles. *Conversações*. Rio de Janeiro: Ed. 34, 1992, p. 109.

como cães famintos... É preciso que a relação seja criativa e potencializadora, que os conceitos deslocados para o campo da educação sejam novos conceitos, que produzam novas dimensões e cenários antes insuspeitos.

Não resta dúvida, porém, que a própria filosofia forneceu as condições para ser tomada como fundamento da educação, servindo ela mesma para "fundamentar" a noção da filosofia e de outras áreas de saber como fundamentos da educação. De certo forma, nos currículos de cursos de formação de professores essa noção acaba gerando um conflito com a noção anterior, pois ao se conceber a filosofia como fundamento ela é alocada, como já disse, nos momentos iniciais dos cursos; por outro lado, solicita-se da filosofia que exercite a "reflexão sobre" os fenômenos educacionais. Mas como praticar a reflexão sobre a educação com os estudantes, se eles ainda não estão cientes dos fenômenos educativos? Fundamentar e refletir, eis o "pouco" que se solicita da filosofia no processo de formação de educadores...

A noção mesma de fundamento implica no conceito de causalidade, na explicação da existência de algo pela ação imediata de outra.[3] Nessa perspectiva, assume-se que a educação depende desses sustentáculos para que possa existir; as próprias "ciências da educação" são decorrência deste *approach* de áreas de saber fundamentais com o campo educativo. Essa concepção fundacionista da educação denuncia uma perspectiva metafísica. Essa área da filosofia que, ao longo dos séculos, tornou-se uma forma de compreensão da própria filosofia, buscou, desde Aristóteles, a "causa primeira", o fundamento, a "razão de ser" de cada coisa. E com a educação não foi diferente.

Mas pelo menos desde Nietzsche que a noção de *fundamento* está sob suspeita. O filósofo maldito da Basileia aplicou suas marteladas sobre os ídolos e sobre os fundamentos todos, fornecendo as pistas para que se buscasse perspectivas de conhecimento que prescindissem da fundamentação, por considerá-la falsa, sobretudo por impedir a ação. Citarei aqui apenas um pequeno trecho da *Genealogia da Moral*, para ficar com um único exemplo dessa crítica mordaz de Nietzsche, tão presente ao longo de sua obra. Tomando o singelo exemplo do raio e do trovão e de como o saber popular relaciona um ao outro, como causa e efeito (ou fundamento de uma ação), ele aponta para o equívoco desta visão.

> Pois assim como o povo distingue o corisco do clarão, tomando este como ação, operação de um sujeito de nome corisco,

---

[3] Ver o verbete *fundamento*, no *Dicionário de Filosofia* de José Ferrater Mora (São Paulo: Loyola, 2001. Tomo II, p. 1159-1160).

do mesmo modo a moral do povo discrimina entre a força e as expressões da força, como se por trás do forte houvesse um substrato indiferente que fosse livre para expressar ou não a força. Mas não existe um tal substrato. Não existe "ser" por trás do fazer, do atuar, do devir; o "agente" é uma ficção acrescentada à ação – a ação é tudo.[4]

A ação é tudo. Clara reação à metafísica aristotélica, uma das influências básicas da filosofia ocidental, para a qual todo ato tem um fundamento, uma causa. Para Nietzsche, há apenas o ato e seus efeitos, sem causa ou "desculpa" sobre a qual se assentar. Mais que isso: a ilusão da causa, do fundamento, pode ser inibidora da própria ação.

De modo que, no caso de uma visão fundacionista da educação, a filosofia (ou qualquer das "ciências da educação"), mais do que um sólido pilar a sustentar a possibilidade do ato educativo, acaba por mostrar-se como um empecilho, uma trava a impedir que, de fato, o ato educativo se dê.

A ação é tudo, escreveu Nietzsche. No diálogo da filosofia com a educação, devemos buscar o ato, não a potência; devemos buscar uma perspectiva que possibilite que tanto uma quanto outra sejam produtivas e criativas.

Por um diálogo transversal

Para um diálogo da filosofia com a educação de uma forma que ambas possam ser criativas, penso que elas devam assumir uma relação marcada pela *transversalidade*.

A noção de transversalidade atravessa a filosofia francesa contemporânea, ao menos aquela de inspiração nietzscheana. Foucault, Deleuze, Guattari e outros assumem a necessidade de que a produção de saberes se dê através de atravessamentos dos mais distintos e diversos campos, e não esteja apenas circunscrita a um campo singular. Dessa forma, a produção dos saberes filosóficos não se dá apenas e tão somente no solo clássico da filosofia, mas ela deve alimentar-se, fecundar e ser fecundada, na medida em que transversaliza com outros campos: as artes, as diferentes ciências etc.

Penso que quem cunhou um conceito dos mais interessantes de transversalidade foi Félix Guattari, ainda nos anos sessenta do século

---

[4] NIETZSCHE, Friedrich. *Genealogia da Moral*. São Paulo: Cia. das Letras, 1998. Primeira Dissertação, § 13, p. 36.

vinte. O pensador e ativista francês, buscando produzir alternativas para as intenções e efeitos burgueses da psicanálise – seja a freudiana, seja a de seus seguidores, como Lacan, na França – visando uma perspectiva mais social, criou a chamada análise institucional. Nesse contexto, propôs substituir o conceito de *transferência*, central no processo analítico, pelo de *transversalidade*. Vejamos porque.

Transversalidade em oposição a:

- uma verticalidade que encontramos por exemplo nas descrições feitas pelo organograma de uma estrutura piramidal (chefes, subchefes etc.);

- uma horizontalidade como a que pode se realizar no pátio do hospital, no pavilhão dos agitados, ou, melhor ainda no dos caducos, isto é, uma certa situação de fato em que as coisas e as pessoas ajeitem-se como podem na situação em que se encontrem.[5]

Dessa maneira, percebemos que o conceito de transversalidade tem a intenção de romper com uma hierarquia fundamental presente no conceito freudiano de transferência. Na relação analista-analisando, não resta dúvida de quem fala e quem ouve, não resta dúvida de quem interpreta, qual a direção dessa interpretação. As relações de poder e hierarquia aí postas ficam bem claras, para quem desejar ver (claro que há os que não o desejam!). Guattari buscou uma forma de romper com isso, a uma hierarquia vertical das estruturas organizacionais e a uma hierarquia horizontal daqueles desvalidos que acabam se ajeitando a uma situação dada.[6]

O conceito de transversalidade permite uma relação de atravessamento na qual não há hierarquia, na qual as interações são mútuas e múltiplas. E pode ser facilmente transportado para a discussão dobre o conhecimento; não poucas vezes Foucault, Deleuze, Guattari definiram suas atividades de produção filosófica como transversais, mostrando sua interação e o atravessamento de múltiplos campos de saberes.

Aqui a noção de fundamento já não faz sentido. A filosofia não pode ser tomada como fundamento de nada, nem pode ser fundamentada por nada. Adeus, metafísica! No diálogo da filosofia com a educação,

---

[5] GUATTARI, Félix. A "Transversalidade", in: *A Revolução Molecular – pulsações políticas do desejo*. São Paulo: Brasiliense, 1985, p. 93-94.

[6] Permitam-me aqui colocar um exemplo absolutamente transversal: em seu romance *Ensaio sobre a Cegueira*, José Saramago nos faz pensar em como seria um mundo em que os indivíduos fossem, um a um, tornando-se cegos, sem nenhuma causa ou motivo. E os cegos se ajeitam; constroem relações, de solidariedade, uns, de exploração, outros; parece-me que as situações descritas pelo escritor português dão uma ideia exata desta hierarquia horizontal, produzida quase que "naturalmente", da qual fala Guattari.

são dois campos de saberes que se atravessam, desdobrando-se em múltiplas possibilidades, como um caleidoscópio que, a cada golpe de mão, faz surgir um novo quadro, novas possibilidades. Sem hierarquia, sem fundamento, com criatividade. Eis a possibilidade de diálogo e de interação que o conceito de transversalidade nos coloca.

Resgato aqui a noção de educação como área aberta já colocada no início deste texto. É como área aberta, como multiplicidade de referenciais que a educação se mostra apta a uma relação transversal com a filosofia e com outros saberes. E nessa relação de atravessamentos, a diversidade e a criatividade florescem.

A toda essa discussão, poder-se-ia objetar: qual a razão, qual o sentido do diálogo da filosofia com a educação, nessa perspectiva? Esse diálogo é necessário? Teria algo a acrescentar? Se a filosofia não se presta a fundamentar a educação ou a refletir sobre problemas educacionais, para que a filosofia na educação?

Tanto em *O que a filosofia?*, quanto em textos anteriores, Deleuze frisou bem a questão: a filosofia tem uma utilidade, que é a da produção de conceitos. A afirmação de que a filosofia é inútil é uma bravata que muito poderia valer, como argumento impactante, nos tempos gregos, eivados de aristocracia. Mas mesmo ali a filosofia era útil, sob sua elegante capa dourada de inutilidade. Se apenas ela produz conceitos, se os conceitos são uma forma de produzir o mundo, há uma singularidade da filosofia e a filosofia faz sentido.

Se para a educação é importante a produção conceitual, está justificado seu diálogo com a filosofia. Assim, a filosofia como singularidade de campo de saberes atravessa o platô educação, que por sua vez assume a perspectiva de um "plano de imanência" do qual podem brotar conceitos filosóficos.[7] Deleuze e Guattari mostraram que a filosofia é necessariamente imanente; os conceitos são criados a partir de um plano, que é um corte na multiplicidade, permitindo um solo firme para os conceitos. Em outras palavras, um conceito nunca é criado do nada. Ora, podemos compreender a educação como um plano, um corte, a partir do qual conceitos poderão ser criados. Esses conceitos serão, necessariamente, produções ao nível da problemática educativa, dirão respeito aos problemas suscitados pela educação.

Dessa forma, filosofia e educação, respeitadas as respectivas singularidades, são necessárias, uma como plano, outra como atividade

---

[7] Para a compreensão da noção de plano de imanência, ver DELEUZE, Gilles e GUATTARI, Félix, *O que é a filosofia?*, op. cit.

de criação, para que seja possível a produção de conceitos que digam respeito à problemática específica da educação. Não se produz conceito sobre problemas educativos sem a filosofia, assim como não se faz filosofia sem uma problemática e um plano de imanência, que por exemplo a educação pode fornecer.[8] Penso que assim fica justificada a necessidade do diálogo transversal da filosofia com a educação.

Conclusão, à maneira de quem firma uma posição política...

Buscando concluir, na medida em que alguma conclusão, ao menos provisória, é possível, quando se admite a transversalidade, quero colocar algumas implicações para o ensino de tomarmos o diálogo da filosofia com a educação da forma como proposta aqui. Não entrarei na especificidade do ensino de Filosofia da Educação, que ficará para outro momento, mas centrarei esforços neste problema tão atual e tão nosso, que é o do ensino da filosofia nos níveis fundamental e médio da educação brasileira.

Penso que se faz urgente pensar filosoficamente as necessidades, os sentidos, as técnicas, as metodologias e as práticas da atividade filosófica em sala de aula. Se há uma singularidade, uma especificidade do fazer filosófico, aqui colocado como criação conceitual, a aula de filosofia, em qualquer nível de ensino, deve refletir essa singularidade e esta especificidade, ou teremos muitas coisas, mas não aulas de filosofia. Dizendo de outra forma, é importante que o professor de filosofia seja, em algum nível, filósofo, para que a aula de filosofia seja um local de atividade filosófica.[9] E, como decorrência disto, é importante que pensemos filosoficamente a formação do professor de filosofia. Nossos cursos de licenciatura em filosofia não podem deixar apenas para a área pedagógica a tarefa da preparação do professor de filosofia; é necessário que a própria filosofia se envolva com a formação deste professor.

Essa formação filosófica do professor de filosofia é importante, sobretudo no momento histórico e político que vivemos na educação brasileira. Em nossas atuais políticas educacionais, nunca se deu tanto

---

[8] Desenvolvi melhor a noção de Educação como um plano de imanência para a Filosofia no texto "Notas deleuzianas para uma filosofia da educação", publicado em Paulo Ghiraldelli Jr. (org.). *O que é filosofia da educação?* Rio de Janeiro: DP&A, 1999.

[9] Desenvolvi essa ideia e a noção da aula de filosofia como "oficina de conceitos" no texto *Filosofia no Ensino Médio: em busca de um mapa conceitual*, preparado para o I Simpósio Sul-Brasileiro sobre Ensino de Filosofia, que aconteceu em Passo Fundo/RS, em abril de 2001.

destaque para a filosofia; no entanto e paradoxalmente, a filosofia parece estar por demais fragilizada. As políticas educacionais têm induzido à ideia de que a presença da filosofia nos currículos deve ser "transversal", que ela não deve estar reduzida e confinada a uma disciplina. Ora, num contexto em que o currículo disciplinar a cada dia apresenta mais provas de seu desgaste e da necessidade de sua transformação, muito se promete à filosofia ao apresentá-la "transversalizando" o currículo.

Mas isso parece ser um canto de sereia! Explico o porquê. Penso ter deixado claro neste texto que, ao menos na noção de transversalidade cara à filosofia francesa contemporânea que apresento aqui, só se pode transversalizar a partir uma singularidade. Assim como não se produz conceito do nada e no vazio, também não se transversaliza do nada e no vazio. Sem a singularidade da filosofia estar presente na escola, através de um professor bem formado, apto a promover a atividade filosófica com os jovens estudantes, não haverá possibilidade de um aporte de fato filosófico. E o projeto estará perdido no vazio ou fadado a ser desconsiderado, pois de fato não será filosófico.

Como nossos currículos seguem sendo absolutamente disciplinares e como, infelizmente, ainda levaremos um bom tempo para lograr diminuir a influência disciplinar e, quem sabe, "des-disciplinarizar" os currículos, vejo como muito remota a hipótese de uma escola, seja ela pública ou privada, contratar um professor de filosofia para "transversalizar" seu currículo, sem que haja uma disciplina de filosofia disciplinarmente alocada neste currículo, uma vez que nosso modelo de contratação de docentes, na quase totalidade das escolas, é um modelo "aulista", isto é, contrata-se pelas aulas que o professor terá na escola.

Nesse panorama, infelizmente, apenas a afirmação do disciplinar é possível. A filosofia esteve e tem estado alijada dos currículos há um bom tempo, e se ela não for reintroduzida como disciplina, as chances de que ela possa um dia vir a transversalizar os currículos, como hoje se aponta, é muito remota. De modo que me parece que a posição fundamental hoje é a defesa da filosofia como mais uma disciplina em nossos currículos, por mais que isso pareça retrógrado. Mas é isso que nos permitirá, quem sabe um dia, tê-la como um aporte transversal, podendo assim ter uma contribuição muito mais importante e interessante.

Tendo iniciado este texto com uma citação de Deleuze e Guattari, gostaria de deixá-los novamente na companhia dos autores franceses, quando colocam a questão da indiferença frente ao pensamento e de sua periculosidade. Penso que este talvez seja um dos mais fortes argumentos em torno da defesa do ensino da filosofia, como atividade de pensamento que cria conceitos, e portanto um bom final para este pequeno texto, tão cheio de reticências.

> [...] pensar suscita a indiferença geral. E todavia não é falso dizer que é um exercício perigoso. É somente quando os perigos se tornam evidentes que a indiferença cessa, mas eles permanecem frequentemente escondidos, pouco perceptíveis, inerentes à empresa.[10]

Que tenhamos a coragem necessária para este momento!

---

[10] DELEUZE, Gilles e GUATTARI, Félix, *op. cit.*, p. 58.

Autores

ALEJANDRO A. CERLETTI

Professor de Didática de Filosofia do Departamento de Filosofia da Universidad de Buenos Aires, Argentina. Na Secretaria de Extensão Universitária da mesma Universidade é Diretor do Programa "La UBA y los Profesores". É autor de *A filosofia no ensino médio* (Brasília: Editora da UnB, 1999, com Walter Kohan)

E-mail: *acerlett@filo.uba.ar*

ANTÔNIO JOAQUIM SEVERINO

Professor Livre Docente em Filosofia da Educação da Faculdade de Educação da Universidade de São Paulo. Autor, entre outros livros, de *Metodologia do trabalho científico*, (Cortez, 1975; 21ª edição, 2000); *A filosofia no Brasil* (ANPOF, 1990); *Filosofia* (Cortez, 1992; 4ª ed. 1996); *Filosofia da Educação* (FTD, 1995; 2a. ed. 1997) e *A filosofia contemporânea no Brasil: conhecimento, política e educação* (Vozes, 1999).

E-mail: *ajsev@uol.com.br*

DIEGO ANTONIO PINEDA R.

Professor Associado da Faculdade de Filosofia da Ponitifica Universidad Javeriana, Bogotá, Colômbia. É autor de "Invitación" e "Actividades tras la lectura". In: CONAN DOYLE, Arthur. *Cinco Aventuras de Sherlock Holmes*. Madrid: Siruela, 1999 e de *Formación del Pensamiento* (Bogotá: Publicaciones de la Universidad Javeriana, 2001).

E-mail: *dp000459@javeriana.edu.co*

FILIPE CEPPAS

Doutorando em Educação da Pontifícia Universidade Católica do Rio de Janeiro. Membro ativo do Grupo de Trabalho em "Filosofia da Educação" de ANPEd.

E-mail: *fceppas@terra.com.br*

GABRIELE CORNELLI

Professor da Faculdade de Filosofia, História e Letras da Universidade Metodista de Piracicaba, SP. Coordenador do Projeto de Formação Permanente "Nova Canudos".

E-mail: *gabrielec@uol.com.br*

HUBERT VINCENT

Professor de Filosofia da Educação da Universidade Parix X, Nanterre. É autor, entre outras obras, de *Vérité du scepticisme chez Montaigne* (Paris: L'Harmattan, 1998) e de *Éducation et scepticisme chez Montaigne ou Pédantisme et exercise du jugement* (Paris: L'Harmattan, 1997).

E-mail: *huvinc@libertysurf.fr*

HUMBERTO GUIDO

Professor Adjunto de Filosofia da História e Prática de Ensino de Filosofia do Departamento de Filosofia da Universidade Federal de Uberlândia.

E-mail: *guido@ufu.br*

LÍLIAN DO VALLE

Professora Titular de Filosofia da Educação e coordenadora do grupo de pesquisas sobre Escola Pública do Programa de Pós-Graduação em Educação da Universidade do Estado do Rio de Janeiro. Autora de *A escola imaginária* (Rio de Janeiro: DP&A, 1997) e *A Escola e a Nação* (São Paulo: Letras & Letras, 1997).

E-mail: *lvalle@antares.com.br*

LÚCIA HELENA CAVASIN ZABOTTO PULINO

Psicóloga (USP), Mestre em Lógica e Filosofia da Ciência (Unicamp), Doutoranda em Filosofia (Unicamp). Professora Assistente do Departamento de Psicologia Escolar e do Desenvolvimento, do Instituto de Psicologia da Universidade de Brasília. Participa do Projeto de Extensão "Filosofia na Escola" da UnB.

E-mail: *lupulino@solar.com.br*.

María Elena Madrid M.

Professora de Filosofia na Universidad Pedagógica Nacional e na Universidad Nacional Autónoma de México. Autora, entre outras obras, de *Juchitán de los niños. Habilidades cognitivas en el aula*. México: Universidad Pedagógica Nacional, 2001) e *La fábrica de la miseria. Metaética y educación moral*. México: Universidad Pedagógica Nacional, 1997).

E-mail: *mariem@upn.mx*

Maughn Gregory

Professor da Montclair State University, Upper Montclair, New Jersey, Estados Unidos, onde é diretor do IAPC (Institute for the Advancement of Philosophy for Children).

E-mail: *gregorym@mail.montclair.edu*

Raquel Viviani Silveira

Pesquisadora do Grupo *FOCUS* – Grupo de estudos sobre instituição escolar e organizações familiares. FE-UNICAMP.

E-mail: *raquelsilveira@hotmail.com*

Renê José Trentin Silveira

Professor do Departamento de Filosofia e História da Educação da Faculdade de Educação da UNICAMP.

E-mail: *rene@unicamp.br*

Ricardo Sassone

Diretor de teatro e professor de filosofia. Fundador e coordenador do Taller de Teatro Universitário na Facultad de Filosofía y Letras da Universidad de Buenos Aires.

E-mail: *resass88@hotmail.com*

Roberto de Barros Freire

Professor do Departamento de Filosofia da Universidade Federal de Mato Grosso.

E-mail: *teofrei@vsp.com.br*

Rodrigo Dantas

Professor do Departamento de Filosofia da Universidade de Brasília.

E-mail: *rodrigos@unb.br*

SÍLVIO GALLO

Professor Titular da Universidade Metodista de Piracicaba, ocupando atualmente o cargo de Diretor da Faculdade de Filosofia, História e Letras; Professor Assistente-Doutor do Departamento de Filosofia e História da Educação da Universidade Estadual de Campinas.

E-mail: *silgallo@uol.com.br*

VERA WAKSMAN

Professora da Facultad de Ciencias Sociales da Universidad de Buenos Aires. No programa "La UBA y los Profesores" desta Universidade, coordena a seção "Filosofía con niños". É autora de *Filosofia con niños. Aportes para el trabajo en el aula* (Buenos Aires: Novedades Educativas, 2000; com Walter Kohan).

E-mail: *veraw@movi.com.ar*

WALTER KOHAN

Professor de Filosofia da Educação da Faculdade de Educação da Universidade de Brasília. Coordenador da série "Filosofia na Escola" (Editora Vozes). Autor, entre outras obras, de *Filosofia para crianças* (Rio de Janeiro: DP&A, 2000). Na Autêntica Editora coordena, com Jorge Larrosa, a série "Educação: experiência e sentido".

E-mail: *walterk@unb.br*

Este livro foi composto com tipografia Palatino e impresso
em papel Off set 75 g/m² na Gráfica Paulinelli.